왕의 길을
즐 거 움걷는

왕의 길을 즐거움 걷는

이재호와 함께 신라 왕릉 가는 11길

힐링아트

책을 내면서

세상 모든 진리와 인연은 만남에서 출발한다. 세상 이치가 그러하지만 그 만남도 그냥 주어지지 않는다. 노력하고 찾고 부딪쳐야 진리가 찾아오고, 기회가 오고, 아름다운 인연도 이루어진다. 길을 떠나야 세상을 만난다는 사실을 잘 알고 있는 나는 또 다른 세상을 만나기 위해 길을 나섰다.

나는 어릴 때부터 자연의 이치에 골몰했고 온갖 상상을 했다. 이 나무 저 나무, 이 바위 저 바위 그리고 절이나 문화유적에 관심이 많아 자연히 그쪽으로 발길이 닿았다. 그러다가 전국의 문화유적을 찾아다녔고, 문화유산에서 흔적을 건져 올려 세상에 감동을 전해주기 위해 문화유적이 가장 많은 경주에 평생을 걸고 정착하여 문화유적 곳곳을 헤매고 다녔다.

그중에서 가장 큰 여운과 쓸쓸함을 주는 고즈넉한 절터와 고요한 왕릉들을 수없이 거닐었다. 특히 지척에 있는 효공왕릉과 신문왕릉, 선덕여왕릉, 진평왕릉, 헌강왕릉 등은 내 집 드나들듯 자주 찾아가 머물렀다. 인연이 닿은 답사객들과 함께 걸으며 가슴 시린 여운과 벅찬 감동을 나누고자 왕릉과 왕릉을 연결한 길의 문화유적과 마을을 답사해온 것이다.

걷기 열풍

걷기는 인간의 대표적 이동수단이고 문화와 문명의 전파수단이기도 했지만 파괴의 모순도 있다. 걷는 것이 유일한 수단일 때는 아무리 멀어도 걸어야 했다. 동서를 잇는 그 험난한 비단길(실크로드)이 길고 긴 6천4백 킬로미터였으며, 알렉산드의 동방원정대의 도보 이동 거리는 3천2백 킬로미터였다. 그러나 문명이 발달할수록 걷는 것보다 기계에 의존해 타는 것으로 이동수단이 달라졌다. 인간이 스스로 걷는 것을 포기한 대가는 온갖 질병에 시달리는 것으로 되돌아왔다. 이제 다시 건강의 회복과 마음의 치유를 위해 걷는 시대가 되었다.

걷기가 전국적으로 열풍이다. 지방자치단체는 거의 광적이고 문화체육관광부, 환경부, 국토해양부, 산림청 등등도 앞다투어 걷는 길을 만든다고 난리다. 우리나라가 온통 길뿐인 길 공화국 같다.

산천이 아름다운 우리나라는 각 지역마다 독특하고 다양한 풍경을 선사하지만 천년 왕국 신라의 경주는 2천 년의 세월을 안고 오롯이 흔적이 남아 있는 한국 역사 문화의 중심이라 더욱 의미가 깊다. 더구나 험준한 산길이 아니라 분지형의 넉넉하고 아늑한 길은 역사의 흔적을 고스란히 안고 향기를 전하는 어머님의 품과 같이 포근한 여유를 준다. 엄마 품이 그리워 지친 몸을 이끌고 그립고 정겨운 고향을 향하는 길이 얼마나 설레였던가. 나는 그 설렘을 안고 행복한 나그네가 되어 길을 나섰다. 엄마 품속 같은 왕릉을 만나기 위해……. 그러나 엄마라고 다 지혜롭고 따뜻한 엄마가 아니듯 왕이라고 다 백성을 위하는 것이 아니다. 망나니 같은 폭군이 왕위에 오르면 백성들은 얼마나 괴로웠던가. 조선의 몇몇 왕이 그러했고 나라를 빼앗긴 일제강점기야 정복당한 고통이라지만 따지고 보면 시대를 모르는 왕과 부정부패로 자신들의 배만 채운 썩어빠진 권력자 때문이었다. 해방이 되면 눈물의 기쁨을 안고 정이 흐르는 행복한 나라를 만들어야 하는데 자신의 권력을 위해 이데올로기를 핑계 삼아 북은 북대로 남은 남대로 나뉘어 분단이 고착되었다. 소련의 사주를 받은 북한은 김일성 일당독재가 시작되었고, 남한은 미군정의 감시하에 반공을 핑계 삼아 이승만의 독재가 이어지다 4.19혁명으로 민주정부가 들어섰다. 그러나 목적을 위해서는 수단과 방법을 가리지 않았던 변신의 귀재 박정희가 쿠데타로 18년간 근대화를 핑계로 독재하다 부하의 손에 죽고 나서야 영구 집권의 꿈이 사라졌다.

　　그러나 어쩌랴, 희망을 안고 주어진 길을 또다시 묵묵히 걸어가는 수밖에. "길은 곧 희망이고 희망이 곧 길이다."라는 루신의 말에 위안을 삼으며, "천하를 다스리는 건 나 하나의 책임, 이 몸 때문에 천하를 고생시키지 않으리."라고 했던 청나라 세종(5대 황제로 연호는 옹정, 1722~1735)같은 황제(대통령)를 기대하는 것보다 우리 모두 그런 마음으로 살아가는 것이 너와 나의 삶에 감동스런 행복이 밀려오게 하는 방편일 것이다. 아우구스티누스도 『고백록』에서 "길은 이 모든 것을 해결한다."라고 했듯이 걷는 것은 나에게 행복과 감동을 주고 생각의 깊이를 영글게 해주었다. 결국 걷는다는 것은 자신을 돌아보고 나를 통해 세상을 보는 사유의 과정이다.

향기로운　덕의　정치

한 왕조가 개창하면 나름대로의 이상과 철학이 생기기 마련이다. 신라는 고대왕국, 세계 어디에도 찾아볼 수 없는 독특한 화백제도에 의해 집단지도체제의 전원 합의체 방법론의 나라였다. 이 합의체는 소통을 근간으로 한다. 지금 시대는 소통이 안 된다고 난리다.

　　소통이란 무엇인가. 서로 다른 생각의 차이를 인정하는 바탕에서 출발하는 것이다. 공자는 이것을 다름을 인정하는 화이부동(和而不同)이라 했다. 이러한 기본도 모르고 덕이 없으니 소통이 될 리가 만무하다. 신라를 한마디로 정의하기는 어렵지만, 신라가 1천 년을 이어온 통치철학은 '덕(德)의 정치'였다고 생각한다. 그리고 '다문화 수용의 정치'였다.

　　사람마다 자신의 길이 있다. 그 길을 온전히 가야 훌륭한 사람이며 혼신의 힘을 다할 때 향기롭고 아름답다. 왕이란 어떤 길을 가야 하는가? 거창한 제왕학이 아니더라도 나라와 백성의 아픔을 어루만져줄 수만 있어도 훌륭한 왕이리라. 정치의 요체도 나의 주장을 토하는 것보다 세상 사람의 아픔과 고통을 들어주는 것이리라. 이런 훌륭한 왕들이 과연 몇이나 될까. 동서양의 수많은 왕들과 우리나라의 왕들도 역사의 기록만 남아 있고 존재하지 않는다. 우리나라에서 인생의 중반까지 살았는데 12명의 대통령(이승만, 윤보선, 박정희, 최규하, 전두환, 노태우, 김영삼, 김대중, 노무현, 이명박, 박근혜, 문재인)을 겪으면서 살고 있다. 그러나 우리가 겪었던 위의 대통령들만 보아도 "짐이 곧 국가"라고 했던 프랑스 루이 14세같이 자신이 국가인양 행세한 오욕의 이름이 얼마나 많은가. 그래서 허균도 '호민론'에서 "천하에 두려워할 만한 자는 백성뿐이다. 백성은 물, 불, 범, 표범보다도 더 두렵다. 그런데도 윗자리에 있는 자들은 백성을 제멋대로 업신여기며 모질게 부려 먹는다."라고 한 걸까? 봉건시대 맹자(BC372~BC289)도 "백성이 가장 귀하고, 사직은 그 다음이고, 군주는 가볍다(民爲貴, 社稷次之, 君爲輕)."라고 했는데 우리의 대통령중 이와 반대의 길로 간 이가 얼마나 많았던가. 깨어 있는 국민들이 피 흘리며 독재에 항거하여 민주주의와 정의를 쟁취하다 이제는 평화적인 촛불집회로 맹자의 역성혁명에 준하는 탄핵의 원동력을 만들어 대통령을 하야시키고 새로운 대통령을 뽑아 나라다운 나라를 만들어 가고 있는 중이다. 그래서 우리 국민은 저마다 대통령의 장단점과 옳고 그름에 상당한 식견을 갖고 있는 대단한 정치 평론가다. 우리나라에서는 정치 평론가나 전문가는 전문용어 몇 마디를 붙여 세련되게 포장할 뿐 일반 국민들과 별 차이가 없다.

　나의 왕릉 순례는 신라 최초의 왕인 박혁거세의 오릉부터 시작해 경주의 모든 신라 왕릉을 걷는 길로 이어진다. 신라는 박씨의 기반 위에 석씨가 초석을 다지다가 김씨에 의해 삼국을 통일한 나라다. 통일의 에이스 무열왕과 문무왕, 문화의 꽃을 피운 현란한 개인기의 에이스 경덕왕 이후부터 기우뚱거려도 워낙 바탕이 좋으니 잘 이어갔고 김씨의 마지막 신라 구원투수는 헌강왕이었다. 그러나 그 불씨를 살리지 못하고 시들거리다 앞이 가물가물할 때 남동생(정강왕), 여동생(진성여왕), 아들(효공왕)이 아버지만큼 능력 발휘를 못하고 대도 끊기자 사위 박씨(신덕왕)에게 넘겼다. 7백28년 동안 등판도 못하고 불펜에서 공만 뿌리다가 신라의 마지막 구원투수가 된 박씨의 신덕왕, 경명왕, 경애왕은 워낙 등판 기회가 없어 실전에서 힘을 발휘하지 못하고 난타당하며 무너졌고 이로써 신라도 사라졌다. 마지막 경순왕은 패전 처리용 투수였으니까.

천년 왕국 신라의 '덕의 정치'는 언제쯤 실현될까

공자도 『논어』에서 "법률로 다스리고 형벌로 질서를 유지하면, 백성들은 법망을 빠져나가 형벌을 면하게 되는 것을 수치로 여기지 않고, 덕으로 다스리고 예로써 질서를 유지한다면 백성들은 스스로 잘못을 알고 수치스럽게 여겨 바른길로 간다."라고 하였다.

국가나 개인이나 수용하는 포용력이 클 때 발전하고 문화의 꽃을 피운다. 신라의 다문화 수용의 포용력은 대단했다. 부족연합체의 대표 박씨와 철을 다루는 석씨 그리고 금을 다루는 김씨 세력이 왕위를 주고받으며 서로 화합하면서 신라를 발전시켰다. 그 결과 삼국 중 가장 미약했던 신라가 왕과 귀족 백성들이 혼연일체가 되어 마침내 삼한을 통합한다. 그리고 도움을 주었지만 결국 신라까지 차지하려는 당의 침략 야욕을 물리치고 통일국가를 이룩해 찬란한 문화의 꽃을 피운 나라다. 그 바탕이 고려로, 조선으로, 상해임시정부를 거쳐 오늘날 대한민국을 탄생시키는 모태가 된다.

왕의 길을 걷는 즐거움

　　지금 같은 현대의 국가에서는 선거로 대통령을 뽑고 총리를 뽑지만 고대국가는 대개 혈족을 중심으로 한 성씨가 왕을 하는데 신라는 아주 특이하게도 3성(박, 석, 김)이 번갈아 왕을 하는 민주적인 방식을 고수했다. 그 결과 박씨가 10명, 석씨가 8명, 나머지 38명이 김씨였다. 56명의 신라 왕들은 나름의 한계가 있었지만 백성을 사랑하고 아끼는 아름다운 덕의 정치를 펼쳤기에 그 결집된 힘으로 마침내 반도를 평정하는 최초의 통일국가를 이루었다. 1천 년이나 존재한 신라, 망한 지 1천 년, 즉 2천 년의 역사가 땅속과 지상의 유적을 찾는 이의 옷깃을 여미게 한다.

　　『천년고도를 걷는 즐거움』과 『삼국유사를 걷는 즐거움』에 이어 이번에는 경주의 전 신라 왕릉과 왕릉을 연결하여 『왕의 길을 걷는 즐거움』을 출간하는데, 간직한 역량으로 현장에서 썼지만 언제나 부족한 글이 되어 홀가분하면서도 부끄러움이 밀려온다. 그리고 경주와 주변의 아름다운 길을 찾아 매달 함께 걷고 느낀 '경주 길(왕의 길)'의 모든 회원들께도 고마움을 전한다. 나의 거친 글을 교정 보면서 부드럽게 갈무리해준 울산대학교 정민자 교수에게도 따뜻한 마음의 정을 보낸다. 이 책을 책답게 따뜻한 디자인과 편집으로 마무리해준 디자인 주의 박은주 대표님께는 마음 가득 행복한 고마움을 보낸다. 마지막으로 '왕의 길'을 걷고 쓰는 동안 어김없이 세월은 흘러 산천초목이 변하고 변하였다. 향기로운 그리움을 가슴에 안고 행복한 나그네가 되어 길을 걷는 내내 나는 진정 행복했다. 인연이 닿아 이 글을 보는 독자분들과도 그리움과 행복의 잔잔한 감동을 함께 나누고 싶다.

2017년 성큼 와버린 열정의 여름 7월에
경주 수오재(守吾齋)에서
이재호

차례

제2장 불국토의 염원, 경주 남산

제3장 통일의 기운은 싹트고

제4장 찬란한 신라의 꿈

신라의 건국과 패망

세계 어느 나라든 건국이 있으면 패망이 있다.

신라도 기원전 57년에 건국하여 기원후 935년에 새로운 통일국가 고려에 나라를 넘겨주고 사라졌다. 싸워보지 않고 나라를 송두리째 넘겨주는 것은 왕조사(王朝史) 입장에서 볼 때 슬픔의 눈물을 흘려야 할 일이지만 백성들의 입장에서는 천만다행이다. 신라 왕의 탄생과 건국이 이곳 남산이었고 패망도 남산의 포석정이었다. 발길이 그 흔적을 느낄 수 있을지는 모르지만 신라의 숨결을 가슴에 담아보겠다는 심정으로 그 왕들이 걸어온 길을 걷는다.

우리나라같이 봄, 여름, 가을, 겨울이 뚜렷한 나라에서 어느 계절이 걷기 가장 좋을까? 각 계절마다 장단점이 있지만, 일반적으로 꽃피고 낙엽 지는 봄과 가을은 계절이 주는 생동감과 풍성함이 크고 덥지도 춥지도 않아 선호하는데, 정말 걷기 좋은 계절은 겨울이다. 우리네 인생을 계절에 비유하자면 불타는 봄의 인생, 성숙한 여름, 완숙의 가을 인생을 지난 쓸쓸한 겨울 인생은, 삶이란 무엇인가를 반추해볼 수 있고 앙상한 나뭇가지에서도 '삶이란 버리고 내려놓는 것'을 느낄 수 있는 시기인 것이다. 무엇보다도 겨울은 모든 소리에 귀 기울일 수 있는 사유의 계절이다. 바람 부는 12월 하순, 나의 발길은 신라 최초의 왕이었던 박혁거세왕이 잠들어 있는 곳에서 출발했다.

덕스럽고 아름다운 왕릉

추운 겨울이라도 바람이 고요하면 걷기를 즐길 만하다. 그런 날에 오릉에 왔다. 평평하고 넓은 공간에 사람 하나 없다가 지나가는 이 가끔 보이는 스산한 겨울의 왕릉.

왕릉 산책은 파란 잔디가 생기를 내뿜는 5월에서 10월까지가 제격이지만 지금처럼 누런 잔디에 쓸쓸히 누워 있는 적막한 왕릉 또한 삶의 깊이를 느끼게 해 돌아보는 맛이 있다. 능선은 아주 완만하고 부드러웠다. 잘났다고 뽐내지도 않고 그저 수줍은 듯 미소를 머금은 채 다소곳이 앉아 있는 여인 같다. 곡선의 아름다움과 봉긋봉긋 솟은 능선은 흡사 순정 어린 처녀의 수줍은 젖가슴 같아 내 마음도 덩달아 설레며 순해진다. 서산으로 기운 햇살을 받은 능선이 어찌나 곱고 아련한지 가벼운 긴장마저 안겨준다. 나도 모르게 누워버렸다. 아름다움이란 이런 것이 아닐까. 문득 윤자운(尹子雲)의 시 한 구절이 떠오른다.

오릉의 가을에는 석양이 짙구나(五陵秋草夕陽多).

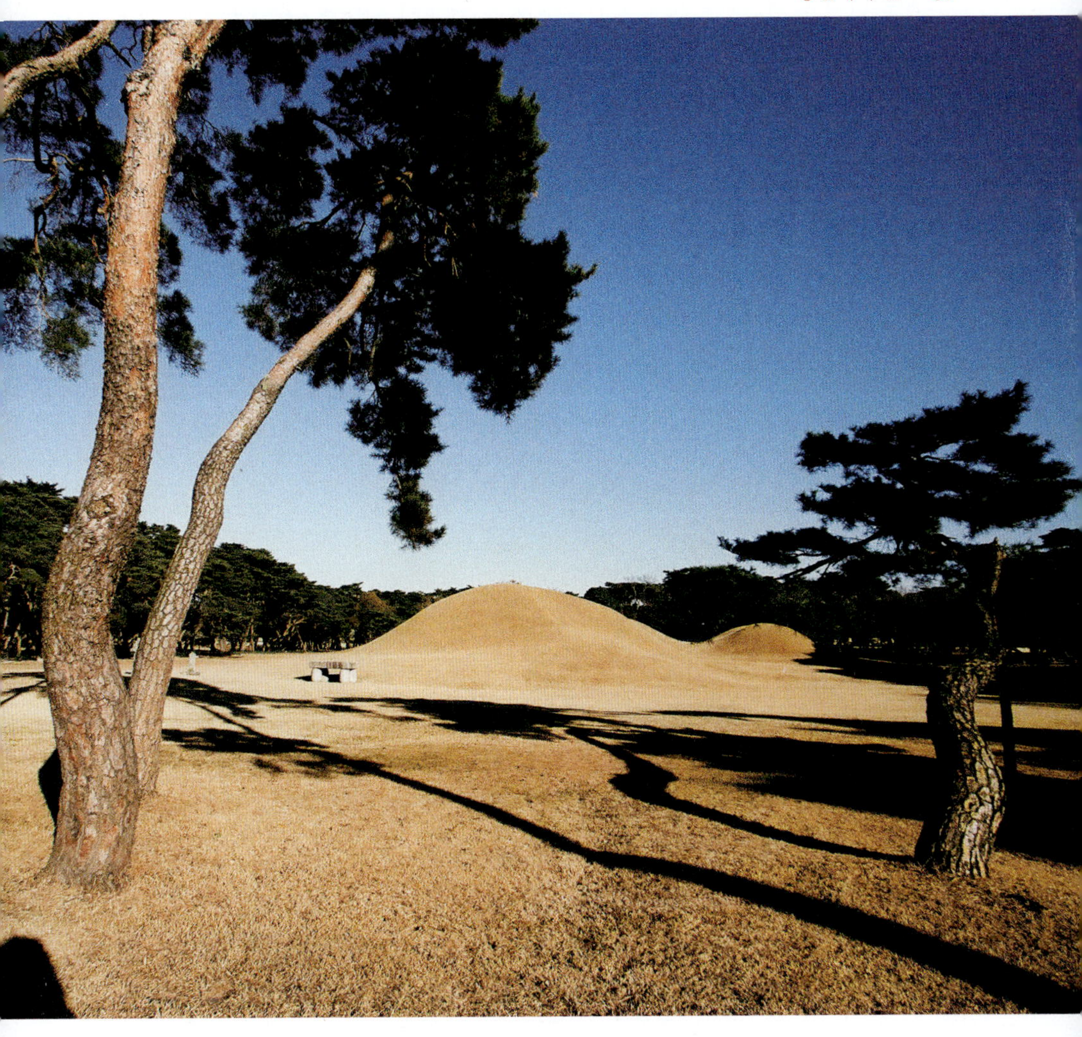

제1장 신라의 건국과 패망

아득한 지난 일 물을 곳 없어라(微茫往事問無處).

어느 방향에서 보아도 오묘한 이 아름다운 왕릉은 누구의 것일까? 『삼국유사』에 "박혁거세는 61년 동안 나라를 다스리다가 하늘로 올라갔는데, 7일 후에 시신이 땅에 흩어져 떨어졌고, 왕후도 세상을 떠났다. 한곳에 장사 지내려 하자 큰 뱀이 쫓아다니며 방해했다. 그래서 머리와 사지(五體)를 제각기 장사 지내 오릉(五陵)으로 만들었다. 이것을 사릉(蛇陵)이라고도 한다."라고 나와 있는데 『삼국사기』에는 "박혁거세가 재위 61년(4) 봄 3월에 세상을 떠나니 사릉(蛇陵)에 장사를 지냈다. 그리고 2대 남해왕, 3대 유리왕, 5대 파사왕 모두 장사릉원내(葬蛇陵園內) 즉 사릉원 안에 장사 지냈다."라고 전한다. 『삼국유사』의 기록대로라면 박혁거세의 몸 오체와 알영왕후를 합장한 것이 오릉이고, 『삼국사기』에 따르면 박혁거세와 알영왕후를 비롯해 2, 3, 5대가 묻힌 무덤이 오릉이다.

박혁거세 재위 8년(BC 50)에 왜인들이 군사를 끌고 신라의 변경을 침범하려다 시조에게 뛰어난 덕이 있음을 듣고 돌아갔다. 재위 30년(BC 28)에는

•크고 작은 알같이 고운 오릉. ••초록의 오릉.

낙랑 사람들이 군사를 거느리고 침범하려다 변방 사람들이 밤에도 문을 닫지 않은 모습과 곡식 더미가 덮인 들판을 보고 "이곳 백성들은 서로 도둑질을 하지 않으니 도덕이 있는 나라라 할 수 있겠소. 그런데 우리가 몰래 군사를 끌고 와 그들을 습격함은 도둑과 다름없으니 어찌 부끄럽지 않으랴."라며 군사를 이끌고 돌아갔다는 일화가 있다.

38년(BC 20)에 마한 왕이 해마다 보내는 공물을 보내지 않고 인사만 하러온 신라 사신 호공(瓠公, 왜인에서 신라로 귀화한 자)을 꾸짖자 호공은 "우리나라는 두 성인(박혁거세와 알영왕후)이 나와 세상일이 바로 잡히고, 자연 현상이 고르며, 창고에 곡식이 차고, 인민(백성)들이 서로 공경하고 사양하니 진한 유민부터 변한, 낙랑, 왜인까지 두려워하지 않음이 없습니다. 그러니 저희 임금님이 인사차 보낸 것도 오히려 예에 지나치다고 할 수 있습니다. 그런데도 대왕께서는 크게 노하셔서 군사로 위협하시니 이 무슨 뜻입니까."라고 대꾸했다. 그러자 마한 왕이 노발대발하면서 호공을 죽이려 하니 측근이 간(諫)하여 겨우 살아 돌아왔다.

다음 해 마한 왕이 죽었을 때 신하가 "우리 사신을 욕보였으니 그 임금

•측면에서 본 오릉. ••겨울 햇살을 고요히 받고 있는 오릉.

의 상(喪)을 당한 지금 그곳을 치면 그 나라를 평정할 수 있겠습니다."라고 고했다. 보통의 군주라면 침략했을지 모르나 덕의 군주 박혁거세왕은 "남의 재앙을 다행스럽게 여김은 어질지 못하다(幸人之災 不仁也)."면서 오히려 마한에 사신을 보내 조문하고 위로했다.

당시 상황이 오늘날과 어찌 그리 비슷한지……. 오릉을 거닐면서 떠올려보니 현재의 대한민국과 2030여 년 전(BC 19)의 신라시대가 묘한 대조를 이룬다. 2011년 12월 17일 북한 김정일 국방위원장이 죽었다. 그때 조문 정국을 풀어나가는 이 나라 위정자들의 통 큰 지혜는 보이지 않았다. 지도자가 진정으로 나라의 앞날을 생각하고 국민의 복된 삶을 바란다면 갈등과 분노를 잠시 내려놓고 평양으로 조문 갈 수는 없었을까? 미국의 눈치, 보수 표 확보 등 복합적인 정치적 이해관계가 걸려 있더라도 지도자는 그것을 뛰어넘는 통찰력과 통치력을 지녀야 한다. 북한은 우리와 한 민족으로 좋든 싫든, 옳든 그르든 함께 가야 하는 공동 운명체다. 남과 북은 같은 민족, 같은 언어, 같은 땅에서 살다가 외세에 의해 분단된 특수 관계이기에 다른 나라와는 다르다. 그래서 외교도 특수하게 해야 할 필요가 있다. 김대중, 노무현 정부에서 평화 공존과 평화 통일을 위해 노력한 덕분에 남북 교류가 활발해졌고 바람직한 분위기가 만들어졌는데 이명박 정부가 냉전시대로 완전히 되돌려놓았고 박근혜 정부 또한 그나마 남북의 숨통이던 개성공단까지 폐쇄하는 대결의 정치를 한 수 더해 남북 관계를 더더욱 악화시켰다. 이런 행위는 민족에게 죄를 짓는 것과 다를 바 없다. 2011년의 조문 정국은 하늘이 평화 공존의 기회를 한번 더 준 것인지도 모르는데 우리나라는 그만 놓쳐버리고 말았다. 엉뚱한 비교일지 모르지만 내 머릿속에는 마한 왕과 김정일 국방위원장, 사신을 죽이려 했던 것과 연평도 사건, 박혁거세왕과 이명박 대통령이 겹쳐 떠올랐다. 다만 이런 생각이 내 눈앞에 누워 있는, 덕의 정치를 했던 박혁거세왕에게 혹여 누가 되지는 않을지, 박혁거세왕이 자신과 격이 맞지 않는다고…….

덕의 정치는 이어지고

아버지가 덕으로 나라를 다스리니 아들인들 아버지를 본받지 아니할까. 손자들도 마찬가지니 그들 또한 엉뚱하게 정치하겠는가. 박혁거세의 큰아들 남해왕은 즉위하자마자 낙랑 군사의 침략을 받았다. 낙랑 군사들은 궁궐(금성)을 몇 겹으로 에워쌌다.

남해왕은 신하에게 "두 성인이 세상을 떠나시고 내가 나라 사람들의 추대로 왕위에 잘못 앉아 있으니 두렵기가 마치 냇물을 건너는 것과 같다. 이제 이웃나라가 와서 침범하니, 이것은 내가 덕망이 없는 까닭인데 어찌하면 좋을까?" 하니 측근 신하들은 "적이 우리나라에 국상(國喪)이 있음을 다행히 여기고 망령되이 군사를 끌고 오니 하늘이 반드시 돕지 않을 것이므로 두려울 것이 못됩니다."라고 답했다. 그 말대로 적은 곧 물러갔다. 또한 남해왕은 재위 15년(18)에 서울에 가뭄과 재해가 들어 백성들이 굶주리니 창고를 열어 백성들을 구제했다.

남해왕의 큰아들인 3대 유리왕은 자기보다 덕망이 있는 매형 석탈해에게 왕위마저 양보했다. 탈해는 "임금의 자리는 용렬한 사람이 감당할 자리가 아닙니다. 성스럽고 지혜 있는 사람은 이가 많다." 하며 떡을 씹어서 정하자고 하니 유리가 잇금이 많았으므로 유리이사금이라 했다. 이사금은 나이 순서를 가리키므로 아마도 경륜과 덕을 존중한다는 의미였을 것이다.

유리왕 5년(28) 겨울, 당시의 11월은 음력이니 지금의 12월 날씨와 비슷했을 터다. 왕이 나라 안을 두루 돌아다니다가 늙은 할머니가 굶주림과 추위에 시달리다 못해 죽어가는 것을 보고 "내가 하찮은 몸으로 왕위에 있으면서 능히 백성을 기르지 못하여 늙은이와 어린이를 이러한 지경에 이르게 했으니 이것은 나의 죄다."라고 하며 깊이 자책했다. 왕은 옷을 벗어 노인을 덮어주고 밥을 빌어 그에게 먹인 뒤 담당 관원에게 명령해 곳곳마다 늙은 홀아비, 홀어미, 고아, 늙어서 아들이 없는 이, 늙고 병들어 스스로 생활할 수 없는 이를 위문하고 그들에게 식량을 주어 부양했고, 이 소식을 들은 이웃 나라 백성들이 신라로 건너오기도 했다. 이 해에 민속이 즐겁고 편안해 비로소 '도솔가'를 지었다. 눈물이 날 정도로 감동적이다.

왕이 백성을 사랑하는 경지가 이 정도는 되어야 마땅한데, 부당하게 해고돼 살길이 막막한 나머지 스스로 목숨을 끊어도, 죽을 각오로 올라간 크레인 위에서 사계절이 바뀌는 내내 절규해도 밥은 고사하고 눈물도 닦아주지 못하면서 법대로, 그것도 엄정하게 처리하는 나라가 현재 우리나라다. 세상에서 가장 무서운 사회가 법대로 하는 사회다. 패자 부활전도 주어지지 않고, 한 번 처지면 영원히 낙오자가 되는, 1등만 생각하는 더러운 나라. 학교 폭력에 시달리다 "성적으로 사람을 평가하는 이런 세상에서는 더 이상 살기 싫어요. 제 무덤에 아이팟과 곰 인형을 함께 묻어 주세요."라는 유서를 쓰고 자살한 대구의 열네 살 중학생은 어른들이 미덥지 못해 유서에 "마지막 부탁이에요."라고 덧붙이기까지 했다. 참으로 비참한 현실에 살고 있다.

경제협력개발기구(OECD) 국가 중 자살률 1위이며 한 해 1만 5천5백 명 이상, 즉 30분당 1명이 죽는 나라, 먹고살 만하다고 떠들어도 허기는 갈수록 깊어져 세상에서 죽고 싶은 국민이 가장 많은 나라가 되어버린 현재 이곳의 모습을 신라인들은 어떻게 생각할까. 아마도 짐승이 사람을 통치하는 나라라고 하리라. 재래시장에 불쑥 가서 상인들에게 목도리 걸어주고 떡볶이 먹으면서 장사 잘되는지 묻지 말고, 국민 행복이라는 공허한 말장난하지 말고, 절망과 고통에 신음하는 사람들의 아픔을 어루만져주고 따뜻한 희망을 갖게 하는 전략과 정책이 필요한 때가 아닌가.

사계절이 뚜렷하고 정이 많은 순박한 사람들이 모여 사는 이 나라가 덕을 지키며 만든 역사를 일부 몰지각한 지도자 때문에 망쳐서야 되겠는가. 그토록 공부 잘하고 날고 기던 사람들이 고위공무원, 언론인, CEO, 교수,

판사, 검사, 변호사로 배경을 쌓아 국회의원, 장관, 대통령을 하면서, 국사 (國事)에만 전념한 것도 아닌데 청문회만 나가면 왜 갑자기 둔재가 되어 지난 일은 하나같이 기억에 없고 생각이 안 나고 모른다고 하는지 알다가도 모를 일이다. 진정으로 아름다운 사람은 자기가 준 것은 기억하지 못하고 받은 것은 영원히 기억하는 사람이다. 그러나 이 시대에 어떤 사람은 돈다발을 주었다 하는데 상대는 받지 않았다 하고, 어떤 사람은 돈 봉투를 받았다고 하는데 준 사람은 기억나지 않는다 한다. 참으로 한심한 일들이다.

6부 집단연합체 국가였던 신라는 유리왕 9년(32)에 부의 이름과 성(이씨, 최씨, 손씨, 정씨, 배씨, 설씨)을 내린다. 또 1등급에서 17등급까지 관직을 설치해 중앙집권적 통치 체제를 갖춘다. 음력 7월 16일부터 8월 15일까지 한 달 동안 왕녀 두 사람에게 6부를 반반 나누어 길쌈을 해 진 편에서 술과 음식을 마련해 이긴 편에 사례했다. 이때 술 마시고 노래하고 춤추며 온갖 놀이(유희)

를 한 것을 가배(嘉俳, 한가위의 순우리말)라 했는데 이것이 추석의 유래다.

서기 37년에는 고구려에 망한 낙랑 유민 5천 명이 신라로 와서 의지하므로 그들을 6부에 나누어 살게 했다. 부강한 농경사회의 조건은 인구와 땅이다. 사람들은 살기 좋고 조건 좋은 곳에 몰리기 마련이다. 신라의 다문화 수용의 정치를 볼 수 있는 기록이다.

재위 34년(57)에 병상에 든 유리왕은 아름다운 유언을 남긴다. "탈해는 그 신분이 나라의 친척(남해왕의 맏사위)이 되고, 지위가 재상 자리에 있으며, 여러 번 공명을 세웠다. 나의 두 아들은 그 재주가 그에게 훨씬 미치지 못하니 내가 죽은 후에는 그를 왕위에 오르게 하여 나의 유훈(遺訓)을 잊지 말게 하라." 유언대로 유리왕의 아들이 아닌 석탈해가 왕이 된다. 농경사회의 특징이기도 하지만 우리 민족은 핏줄에 대한 애착이 강하다. 그런데도 현명하고 지혜로운 지도자를 우선한 결정이지 않은가.

북한은 전 세계에서 유일한 사회주의 국가이자 알다가도 모를 독특한 나라다. 그리고 그런 북한의 3대 세습 체제 역시 연구 대상이다. 우리의 기업들을 보자. 능력이 있건 없건 상관없다. 오직 자식에게만 기업을 물려준다. 물론 그렇지 않은 기업도 있다. 예컨대 유한양행의 유일한 회장은 아들에게는 과장 직위를 주고 유능한 직원에게 경영권을 넘겨주었다. 대를 이어야 빛나는 것이 있다. 그런데 이것도 핏줄에게 전해주려다 여의치 않으면 천시받고 별 영광도 아니라는 이유로 단절시켜버린다. 수공업의 각종 공예품과 특징 있는 음식들은 꾸준히 대를 이어야 하는데 아들딸이 공부 좀 하면 "너는 이런 것 절대하지 마라."며 극구 말린다. 아들딸 아니면 제자에게 물려주면 되는데 무슨 비법마냥 꼭 쥐고 있으니 그 기술이 결국 사라지고 만다. 무엇이든 줄 때는 아낌없이 주어야 한다.

이명박 전 대통령처럼 BBK 등 악재가 불안한 나머지 선거에 임박해서 331억이라는 재산을 사회에 환원하겠다고 했다가 '청계재단'을 만들어 친인척을 임원 자리에 앉히면 누가 감동받겠는가. 미르와 K스포츠 재단은 또 어떤가?

아름다운 사람은 그 향기를 멀리 퍼뜨리듯 줄 때 아낌없이 주어버린다.

농사는 천하의 근본

석탈해 왕이 죽자 유리왕의 태자 일성이 왕위에 오르려 했으나 "일성이 비록 맏이지만 위엄과 현명함이 파사에게 미치지 못한다."라는 신하의 말을 듣고 둘째 파사가 왕이 된다. 파사왕이 기대에 부응하여 검소하고 백성을 사랑하니 사람들이 그를 칭찬했다. 가을에 등극한 후 이듬해 봄에 주군(州郡)을 순행하며 창고를 열어 가난한 백성을 구제하고, 감옥의 죄수들의 정상을 참작해 중죄인 참수형과 교수형의 죄를 짓지 않은 사람은 모두 놓아주었다. 예나 지금이나 나라를 지탱하려면 문무를 겸비하면서 경제를 살려야 한다. 우리나라는 수천 년 전부터 1970~80년대까지 농사가 천하의 근본이었다. 파사왕은 재위 3년(82) 정월에 영을 내린다. "이제 창고는 비고 병기는 무디어 못쓰게 되었다. 혹시 수재와 가뭄 피해가 있거나 변방에 경보(警報)가 있다면 무엇으로써 그것을 막아내겠는가? 마땅히 담당자를 시켜서 농사와 누에치기를 권장하고, 무기를 벼리어 뜻밖의 일에 대비해야 할 것이다." 앞서 말한 일은 오늘날 대통령 취임식 사면이고, 후자는 대통령 연두교서의 일종이다.

파사왕은 5년 뒤에 다음과 같은 자기반성과 겸손의 담화문을 발표한다. "내가 덕이 없으면서 이 나라를 다스리게 되어 서쪽으로는 백제와 이웃하고, 남쪽으로는 가야와 접경하게 되었다. 그런데 덕은 능히 백성들을 편안케 하지 못했고, 위엄은 이웃나라를 두렵게 하지 못했으니 마땅히 성루(城壘)를 수리해서 적의 침입에 대비할 것이다."

재위 11년(90)에는 느슨해진 무사안일 복지부동의 공무원들을 긴장하

게 하는 영을 내린다. 사자(使者, 오늘날 암행감찰관과 비슷한 직무를 하는 사람) 열 명을 곳곳에 보내 주주(州主)와 군주(郡主)로서 공무를 게을리해 논밭과 들을 황폐하게 만든 자를 조사해 강등 또는 파면을 내렸다.

서양 문화와 동양 문화가 다르듯이 서양 정치의 가치가 제도론이라면 동양 정치의 가치는 사람 중심이다. 흔히 정치적 목적 달성을 위해 수단과 방법을 가리지 않는 것을 마키아벨리즘이라 하는데 이 마키아벨리(1469~1527)가 『군주론』에서 백성들의 마음을 정확히 읽었다. "군주는 비록 사랑을 받지 못하더라도 미움을 받는 일은 피하도록 해야 한다. 미움을 받지 않으면서도 두려움을 느끼게 하는 것은 얼마든지 가능하다. 그리고 이는 군주가 시민과 신민(臣民)들의 재산과 그들의 부녀자들에게 손을 대는 일을 삼가면 항상 성취할 수 있다." 봉건시대 모든 땅과 백성들은 군주나 왕의 것이다. 그러나 마키아벨리는 군주에게 타인의 재산에 함부로 손대지 말라고 권고한다. "인간이란 어버이의 죽음은 쉽게 잊어도 재산의 상실은 좀처럼 잊지 못하기 때문"이란 사실을 간파한 것이다. 사람 중심의 동양에서는 "사람이 세상을 어지럽히지 나라가 어지럽히지는 않는다(有亂君 無亂國)."라는 말이 있다. 결국 사람이다. 역사도, 문화도, 기업도, 학교도, 정치도……

파사왕은 재위 22년(101) 2월 봄에 궁성인 월성(月城, 지금의 반월성)을 짓기 시작해 7월에 완성한 후 거처를 옮겨 신라의 실질적인 강권 강화와 중앙집권화의 기틀을 잡았다.

겨울바람을 맞으며

덕으로 나라를 이끈 초기의 왕들을 뒤로하고 대숲 있는 길을 돌아가면 신라 시조 왕비 탄강지와 알영정이 나온다. 열세 살에 왕이 된 박혁거세가 재위 5년(BC 53)에 알영(閼英)을 왕비로 삼았는데, 『삼국사기』에는 알영정에 용이 나타나 오른편 갈빗대에서 여자아이를 낳으니 한 노파가 이상히 여겨 데려다 길렀다는 내용이 나온다. 이 우물 이름을 따서 아이의 이름을 지었고 아이가 자라나 용모가 덕스러우니 시조가 듣고 왕비로 삼았다는 것이다. 행실이 어질고 내조를 잘한 모양인지 당시 사람들이 혁거세와 알영을 두고 두 성인이라 불렀다. 『삼국유사』에는 "사량리 알영정에 계룡이 나타나 왼쪽 옆구리에서 여자아이를 낳았다. 얼굴과 용모는 매우 아름다웠으나 입술이 닭 부리와 같았다. 월성 북천에서 목욕을 시키자 그 부리가 떨어져 나갔으므로 그 시내의 이름을 발천(撥川)이라 하였다."라는 비슷한 탄생 설화를 기록해놓았다.

조그마한 정각 뒤에 알영정이 세월의 무게를 안고 누워 있다. 인적 없는 숭모전 건물이 겨울 햇살을 받으며 조용히 숨을 쉬고 있었다. 숭모전은 삼국의 시조를 기리는 사당을 세우라는 세종(1397~1450)의 명으로 세워졌는데, 처음에는 국가가 주관했으나 조선 후기부터 박씨 문중이 관리해왔다.

오릉을 나와 정문에서 동쪽 담벼락 끝자락 길을 건너자마자 김씨 문중의 삼 형제(응벽, 응규, 응징)가 3년 시묘살이를 하면서 효로써 일생을 마쳤다고 왕 명으로 정문(旌門)을 세워 표창한 삼효각(三孝閣)이 빛바랜 우리 시대의 효 (孝)마냥 서 있다.

서남산 포석정 가는 길로 접어들어 옛 오릉초등학교 앞을 지나니 폐교 를 유아체험교육장으로 활용하고 있었다. 식혜골마을로 접어들었다. 식혜 골은 언뜻 대단한 의미가 있어 보이지만 경로당 앞에 새겨놓은 유래를 보면 절이 많았던 이곳의 이름을 식혜(識慧)라는 도승(道僧)의 법명을 따라 지었 다는 조금은 싱거운 사연이 기록되어 있다.

돌담길이 아름다운 모퉁이 조그마한 집은 무형문화재 107호 김혜자 누비장과 문화생들의 창작 장소다. 조금 더 가면 제법 넓은 주차 공간이 나 오고 솟을대문이 있는 고즈넉한 한옥 한 채가 반겨준다. 임진왜란 때 공을 세운 김호 장군 고택인데 몇 해 전까지는 출가한 딸들이 음식점을 해오다 지

금은 숙소로 활용하고 있다. 집 뒤의 감나무에는 익은 감이 붉다 못해 시린 빛을 안고 가지에 매달려 정겨움을 더한다. 주인아주머니가 나를 알아보고 한사코 차 한 잔을 대접한다. 착하고 순박한 분 앞에서 한없이 겸손해진다.

가벼운 걸음으로 닿은 언덕에서 마을을 뒤돌아보니 식혜골은 아기자기한 정겨움으로 조용히 숨 쉬고 있었다. 언덕 좌우에는 배나무, 매화나무가 빽빽이 들어서 있다. 정겨운 언덕길을 내려가니 남간마을이 안목 없는 인간들 때문에 망가졌다고 부끄러워하고 있었다. 전에는 제법 연륜이 흐르는 고택들이 옹기종기 아늑하게 모여 있어 남산 언저리에서 가장 운치 있는 마을이라 이 골목 저 골목을 많이도 기웃거렸는데, 지금은 고택이 두어 채 겨우 남아 있고 국적 불명의 이상한 집들이 여기저기 들어서서 동네의 고즈넉함을 망가뜨리고 말았다. 그래도 맞배지붕의 고색창연한 기와와 정겨운 담벼락을 눈에 담으며 잠시 머문 후 발길을 재촉해 일성왕릉으로 갔다.

홀로 방랑객 되어 외롭게 마을 떠나, 쓸쓸히 누워 있는 왕릉 찾아가는 나그네. 사람 하나 없고 산새만이 반겨주는 산길로 접어들자 남간마을 때문에 우울했던 마음에 생기가 돈다. 오르는 길 좌우에 쭉쭉 뻗은 소나무들이 외로운 왕을 호위하는 듯 도열해 서 있다. 경사진 산에 적당한 석축과 알맞은 크기의 왕릉이 보인다. 7대 일성왕릉인데 3대 유리왕이 죽자 맏아들인 일성은 위엄과 현명함이 동생 파사에 미치지 못한다고 왕위에 오르지 못하고 조카(파사왕의 아들) 지마왕이 아들 없이 죽자 그제야 왕이 된다. 『삼국사기』의 기록대로라면 4대 석탈해왕 24년, 5대 파사왕 33년, 6대 지마왕이 23년을 재위했고, 아버지 유리왕이 34년간 왕권을 누렸는데 유리왕 말년에 태어났더라도 최소한 여든 살이 지나서 왕이 된 셈이다. 그런 후 21년 재위했으니 1백 살이 지나서 죽었다고 할 수 있다.

저 아래 연못을 보니 일성왕이 "농사는 정치의 근본이요. 식량은 하늘처럼 여기는 것이니 여러 주군은 제방을 수리하여 완전하게 하고, 논밭과 들을 널리 개간하라."라고 명한 것이 연상된다. 또한 "민간에서 금은과 주옥을 사용하지 못하게" 했다. 재위 12년(145) 봄과 여름에는 심한 가뭄이 들어 굶주리는 남쪽 지방에 곡식을 옮겨 백성을 구제하고 다음 해는 압독(경북 경산)이 배반하므로 토벌해 평정하였으며 그다음 해는 신하들에게 명하여 지혜와 용명 있고 장수가 될 만한 사람들을 천거하게 했던 일성왕은 문무를 겸하면서 경제도 살찌운 왕이다.

신라의 탄생과 멸망

일성왕릉에서 서성이다 내려와 신라 최초의 왕 탄생 설화지인 나정(羅井)으로 갔다. 전에는 우물도 있고 보호각도 있어 제법 신비로운 느낌이 돌았는데 발굴 후에 정리가 되지 않아 아무런 느낌도 없고 횅하다. 그래도 소나무 몇 그루가 묘한 아름다움과 신비감을 준다.

신라 6부 중 경주 최씨의 시조가 되는 고허촌장 소벌공(蘇伐公)이 양산(楊山, 남산) 기슭 나정 옆 숲 사이에 말이 무릎을 꿇고 울고 있어 가보니, 말은 사라지고 커다란 알 하나만 있었다. 그것을 깨뜨려보니 갓난아기가 나왔다. 데려다 길렀는데 여남은 살이 되자 기골이 준수하고 숙성했다. 6부 사람들은 그 출생이 신기하고 이상했으므로 그를 높이 받들고 존경했으며, 이때 그를 임금으로 삼았다. 진한 사람들은 표주박을 박(朴)이라 했는데 큰 알이 표주박과 같았으므로 성을 박으로 삼았다.

약간 다른 내용도 있다. 기원전 69년 3월 초하루, 6부의 조상들은 자제들을 거느리고 알천(閼川) 남쪽 언덕에 모여 "우리는 위로 군주가 없이 백성들을 다스리기 때문에 백성들이 모두 방자하여 자기가 하고 싶은 대로 하고 있다. 덕 있는 사람을 찾아 군주로 삼아 나라를 세우고 도읍을 정하는 것이

소나무가 호위하고 있는 일성왕릉.

어떻겠는가?"라고 논의했다. 그러고는 높은 곳으로 올라가 남쪽을 바라보니, 양산(楊山) 아래 나정(羅井) 옆에 번갯불과 같은 이상한 기운이 드리우고 백마 한 마리가 꿇어앉아 절을 하는 모습이 보였다. 가까이 가서 보니 자주색 알이 하나 있었다. 말은 사람들을 보더니 길게 울고는 하늘로 올라가 버렸다. 그 알을 깨뜨려 사내아이를 얻었는데, 모습과 거동이 단정하고 아름다웠다. 사람들이 놀라고 이상히 여겨 동천(東泉)에서 목욕을 시키니 몸에서 빛이 나고 새와 짐승들이 춤을 추며 천지가 진동하고 해와 달이 맑아졌다. 그래서 밝은 빛으로 세상을 다스린다는 혁거세왕이라 하고 그 알이 박처럼 생겼다 해 성을 박(朴)으로 하였다.

전자는 『삼국사기』, 후자는 『삼국유사』의 기록인데 내용이 엇비슷하다는 점과 6부 합의제 추대 형식이 있었다는 사실을 발견할 수 있다.

서산으로 해가 넘어가고 겨울의 어둠이 밀려온다. 다시 되돌아 조금 걸어 나오니 6부 촌장의 위폐를 모시고 제사 지내는 양산재(楊山齋)가 굳게 닫혀 있다. 남간마을 앞으로 조금만 가면 길옆에 준수하게 생긴 남간사지 당간지주가 어둠 속에서 자신의 모습을 더 힘차게 보여주고 있다. 꼭대기에 묘하게도 십자 모양이 선명하게 표시되어 있다.

불교 천지 신라에 웬 십자가일까? 더구나 불교의 당간지주에 말이다. 수용성 강한 불교가 기독교를 받아들인 건가? 신라의 기록은 없지만 전 중

33

국을 통틀어 가장 국제적인 당나라(唐, 618~907)의 태종 9년(635)에 이미 동방기독교(경교)의 선교사 아로펜(Alopen, 阿羅本)이 들어와 있었다.

당의 직접적인 영향을 받은 신라도 기독교를 하나의 문화로 수용했을 가능성이 있다. 현재 숭실대학교 한국기독교박물관에 있는 성모마리아상과 돌 십자가는 불국사와 경주 시내에서 숭실대학교 김양선 교수가 발견한 것이다. 돌 십자가는 확실하지만 이 성모마리아상은 아기를 안고 앉아 있는 불보살상을 마리아상으로 본 것이다. 이외에도 경주에서 십자 문양의 유물이 다수 나온 것을 보면 신라는 기독교를 유일신으로 다른 것을 부정하는 고착된 기독교가 아니라 하나의 새로운 융합 문화로 보았을 것이다. 당간지주의 십자 모양이 북쪽 남간마을 교회의 붉은 네온 십자가와 묘한 대조를 이루며 밤하늘을 수놓고 있었다.

이 남간사지는 언제 어떻게 만들어지고 사라졌는지 알 수가 없다. 그러나 승려 혜통(惠通, 통일 전후기 당나라에 유학을 다녀온 승려)이 독용을 항복시키는 이야기가 『삼국유사』에 길게 나오는데, 혜통이 스님이 되기 전에 살았던 곳이 여기 남간사 동쪽 마을 어귀였다는 기록이 나온다. 그 뒤 806년에서 821년에 남간사의 일념(一念) 스님이 '촉향분례불결사문(髑香墳禮佛結社文)'을 지었는데 여기에 법흥왕의 불교 공인과 이차돈의 순교를 상세히 적어 놓은 것을 보아 최소 9세기 초까지는 절이 존재했다는 것을 알 수 있다. 지금은 길옆 논가에 당간지주만 덩그렇게 서 있다.

농로를 따라 남쪽으로 계속 걸어가다가 왼편의 논둑길로 오르면 창림사지 3층 석탑을 만난다. 지금은 발굴하고 정비한다고 온통 벌거숭이산을 만들어놓았다. 쌍귀부가 앙증하게 엎드려 있고 곳곳에 주춧돌이 뒹굴고 있다. 분명 귀부 옆에 묘를 쓴 자들이 이렇게 했을 터다. 어린아이의 귀엽고 오동통한 모습 같지만 이 비는 신라 명필 김생(金生, 711~791)의 글씨로 유명하다. 조선 중종 때 만든 『신증동국여지승람』 경주부 고적조를 보면 원(元)의

사대가(四大家) 중 한 명이자 송설체로 유명한 조맹부(1254~1322)가 창림사비에 관한 발(跋)을 쓰면서 신라 승려인 김생의 글씨라 한 바 있다. 그는 저서인 『동서당집고첩발(東西當集古帖跋)』에 "창림사비는 김생의 글씨로 자획의 전형(典型)이 깊어 당나라의 명각(明刻, 이름난 조각가)이라도 이를 능가하지 못한다."라고 극찬했다.

조선의 문신 서거정(1420~1488)이 쓴 '금오산(金鰲山)'이라는 시에도 "깨어진 비석에는 혹간 김생의 글씨가 보이고(破碑或見金生字)."라는 구절이 보인다. 연암 박지원(1737~1805)의 제자로 이덕무, 박제가, 이서구와 함께 4검서(四檢書)로 유명한 유득공(1749~?)의 창림사 시에도 이러한 내용이 등장한다. "창림사 그윽한 종, 지는 해에 들려오네(落日昌林裏鍾)./ 김생의 비문 현판엔 솔거가 그린 솔이란다(金生碑板率居松)." 종도 있었고 비문의 현판도 있었던 모양이다. 19세기 조선 말의 3대 시인으로 불리는 강위(1820~1884)가 쓴 "달을 돌아 쉬는 구름 옛 꿈 어리고(夢想栖雲白月邊)/ 김생의 글씨 자취 천년이 서렸구나(金生字蹟重千年)."의 시 구절대로 한 문장 하는 이들의 글에는 김생 글씨가 어김없이 등장한다.

창림사지 석탑 앞에도 묘가 두 개 있다. 뻔뻔한 사람들이다. 탑 기단부의 8부중상 중 남면에 있는, 지옥을 관장하는 아수라상이 분명 이런 곳에 묘를 쓴 사람들 혼내주고 있을 것이다. "박혁거세왕 26년(BC 32) 봄 정월 금성에 궁궐을 지었다."라는 『삼국사기』의 기록과 "남산 서쪽 기슭(창림사지 일대)에 궁궐을 짓고 성스러운 두 아이(박혁거세와 알영)를 받아 길렀다."라는 『삼국유사』의 기록으로 이 일대가 신라 최초의 궁궐터라는 사실을 알 수 있는데, 눈으로 보아서는 흔적을 알기 어렵고 발굴하면 어떨지 모르겠다. 1817년 경주에 왔던 추사 김정희(1786~1856)는 7년 뒤(1824) 이곳에 와서 석공에 도괴되어 드러난 창림사지 석탑 사리공에서 나온 무구정탑원기(無垢淨塔願記)가 문성왕 17년(855)에 왕이 세운 것임을 밝혔다. 이때 추사가 남긴 필사본이 지금까지 전해왔으며 원본은 행방이 묘연하다가 2012년 2월 28일 화성 용주사에서 발견됐다.

포석정에 이르자 완전한 어둠이 내렸고 문도 굳게 닫혀 있다. 숭례문이 우리나라 국보 1호고 이 포석정은 사적 1호다.

쓰러지는 신라의 통곡

마치 전복을 엎어놓은 형상 같다고 포석정(鮑石亭)이라 했다. 이곳에 하도 많이 와서 봄, 여름, 가을, 겨울의 다양한 모습이 주마등처럼 스친다. 이날은 들어가진 못했지만, 쓰러지는 신라가 어둠 속에서 울부짖는 소리를 듣는다. 덕의 정치, 다문화 수용과 소통의 나라, 천년 왕국 신라가 여기서 비극의 막을 내린다. 이 비극의 장면은 『삼국사기』와 『삼국유사』의 기록이 거의 일치한다.

경애왕 4년(927) 9월, 후백제 견훤이 고울부(高鬱府, 지금의 영천)를 침략하니 신라는 태조에게 도움을 청했고 태조가 날랜 군사 1만을 보내준다. 그러나 11월이 되어도 구원병이 오지 않으니 견훤은 곧바로 침략한다. 왕은 비빈(妃嬪)과 종친, 외척들과 포석정에서 잔치를 베풀고 놀다가 혼비백산한다. 왕과 비는 후궁(後宮)으로 들어가고, 종친과 외척, 공경대부, 사녀(士女)들은 사방으로 달아나다 적에게 붙잡혔다. 귀천을 막론하고 모두 엎드려 노비가 되기를 애걸했지만 죽음을 면치 못했다. 견훤은 군사를 풀어 조정과 민간의 재물을 약탈하고 궁궐에 들어가 거처하면서 왕을 찾았다. 왕은 왕비와 빈첩 여러 명과 후궁에 숨어 있다 붙잡혀 진영으로 끌려나왔다. 견훤은 왕에게 강제로 자진(자살)하게 하고 왕비를 강간했으며, 부하들을 풀어 빈첩들을 겁탈하게 했다. 그리고 왕의 족제(族弟)인 김부(金傅, 경순왕)에게 임시로 나랏일을 맡겼다.

기록은 이러한데 여러 가지 의문이 생긴다. 구원병을 청했는데 두 달이 지나도 오지 않은 것은 태조 왕건의 군사가 견훤에게 밀리니 관망하고 있었기 때문이리라. 걸어가도 한 달이면 개성에서 경주까지 충분히 온다. 실제로 돌아가는 견훤에게 왕건은 팔공산 전투에서 죽다가 간신히 살아나 부하의 방패막이로 도망하지 않는가? 역사에 만약은 없지만 견훤이 공사(公私)의 재물을 대부분 약탈하고 왕을 죽게 하고 왕비를 겁탈하지 않고, 우아하게 항복을 받고 덕을 보였더라면 후백제에 의해 삼국이 통일되었을 것이다. 게다가 봄도 아니고 음력 11월 추운 겨울에 연회를 베풀었다는 것도 말이 되지 않는다. 어떤 위급한 의식이라도 하지 않았을까. 힘은 없는데 적은 밀려오고 구원병은 오지 않는 위급한 상황에서 남산 신에게 사직을 보호해달라고……

유상곡수에서 술잔을 띄우고 시 한수 읊는 것은 시절이 좋을 때는 했겠지만 보통은 남산의 신에게 제를 지내는 신라의 별궁이라는 의미로 포석사(鮑石祀)였던 것이다.

927년 12월 이 포석정에서 견훤의 침략으로 죽은 경애왕을 마지막으로 신라의 사직은 끝난 셈이다. 경순왕은 패전 처리용 구원투수 역할이었다. 내가 걸은 이 길은 신라의 탄생에서 멸망에 이르는 길이다. 나는 오릉에서 여기까지 왔는데 조선의 문신 서거정은 나와는 반대로 여기를 출발해 오릉으로 간 모양이다. 그의 시구절을 보자.

포석정 앞에 말을 세우고(鮑石亭前立馬時)

옛일이 그리워 생각에 잠기네(沈吟懷古思依依).

……

가며 가며 읊으며 오릉 길을 지나가니(行行吟過五陵路)

작은 성 큰 성 할 것 없이 어느 틈에 해지네(石堡金城共落暉).

숨어 있는 지마왕릉

포석정 주차장에서 남쪽으로 쭉 들어가면 솔숲에 둘러싸인 지마왕릉이 있다. 완전히 어두워진 사위, 황진이의 묘라면 백호 임제처럼 술 한 잔 따르고 시 한 수 읊을 텐데 아무래도 내가 사모하는 임의 무덤도 아니기에 어둠이 주는 스산함에 머리가 쭈뼛쭈뼛하다.

6대 지마왕에 대해서 내 머릿속에는 두 가지가 떠올랐다. 똑똑한 아버지 때문에 왕이 되었고, 가야 정벌에 몸소 출전했다는 것이다. 할아버지 유리왕이 죽자 고모부 석탈해가 왕이 되었고 그다음은 큰아버지 일성이 왕위 계승 순위인데 어떤 역학관계인지 아버지 파사가 위엄과 현명함으로 왕이 된다. 그리고 아버지 파사에 이어 왕이 되나 아들이 없어 큰아버지 일성이 자신의 다음 왕이 된다.

옛날이나 지금이나 전쟁 중에 왕이나 최고 지도자가 죽으면 그 왕조는 끝이다. 개로왕이 죽자 공주로 와서 지탱하고, 관산성 전투에서 성왕이 죽고도 명맥을 유지한 백제 같은 특수한 경우도 있지만 대개가 끝이다. 지금도 북한의 동향에 따라 비상시에 죽으면 안 되는 높은 사람들은 지하 벙커에 가지 않던가. 대개가 군대 간 경험이 없어 우왕좌왕하니 국민은 울어야 할지 웃어야 할지 몰라 쓴웃음을 짓는다.

●솔숲 사이로 말없이 누워 있는 지마왕릉.　●●'세심단속문'을 새긴 돌 기둥.

재위 4년(115) 봄 2월에 가야가 남쪽 변경을 침범하자 7월에 왕이 직접 보병과 기병을 거느리고 가야를 정벌한다. 그러다가 매복조에 걸려 죽을 뻔했는데 간신히 포위망을 뚫고 퇴각했다. 1년 뒤에는 장수를 앞세우고 강한 군사 1만 명을 직접 거느려 정벌했으나 가야가 성안에서 끈질기게 버티고 비가 오랫동안 내리기도 해 발길을 돌린다. 나지막한 언덕에 자리한 평온한 분위기의 왕릉인데도 나 역시 어둠에 발길을 돌리며 대낮에 와야겠다고 생각했다.

다시 지마왕릉을 찾았다. 겨울 햇살을 받은 왕릉은 고요하다. 왕릉과 솔숲은 환상의 콤비다. 왕릉은 솔숲 사이에 놓고 봐야 가장 극적인 아름다움을 안겨준다. 이리 보고 저리 보면서 아름다움을 끄집어낸다. 왕릉 왼쪽 끄트머리에서 바라보는 장면이 일품이다. 정면 중앙의 큰 소나무가 위대한 신라의 절정이라면 조금 떨어진 곳의 어린 소나무는 꿈을 무럭무럭 키우는

신라 초창기 모습 같다. 겨울 산새가 적막을 깨우고 붉은 옷차림의 등산객 두엇이 옆에 붙어 있는 왕릉에 눈길 한 번 주지 않고 지나간다. 우리는 주변을 살필 줄 모르고 주변에 관심이나 애정이 없다. 오직 목적을 향해 앞만 보고 간다. 모든 행복과 아름다움은 과정에 있으련만.

조금 더 가면 아주 조그마한 연못이 겨울바람에 숨죽이고, 수초는 바람결에 조용히 떨고 있다. 고운 산길을 더 걷자 곧 주차장이 나오고 배리삼존불에 오르는 길이 나온다. 그 옆에는 삼불사(三佛寺)란 조그마한 절이 군더더기 없이 맑은 겨울 햇살에 기대 있다. 절 입구 돌에 새긴 '세심단속문(洗心斷俗門)'을 보자 문득 걸음이 멈추고, 마음을 씻지 않았는데도 온몸이 맑아진다. 텅 빈 고요, 침묵이 주는 기쁨, 산새의 맑고 고운 소리에 가슴이 아린다. 배리삼존불의 세 부처님은 어찌나 둥글둥글 복스럽게 생겼는지 보는 사람도 복된 웃음을 머금게 한다. 남중고도가 거의 30도인 이 겨울에 지금

같이 깊숙이 들어오는 햇볕을 부처님은 받지 못하고 있다. 건물 중앙 뒤에 세 부처님이 서 있게 건물을 지었기 때문이다. 고요하게 숨죽이고 있는 삼불사를 나오면서 세심단속문을 언제 새겼는지 옆면을 살펴보니 '佛紀二千六白十日年甲午十月 0日', 즉 1894년 10월 며칠이다.

지척에 제법 큰 절인 망월사가 있다. 달을 바라보는 절, 참 좋은 이름이다. 우리가 달을 바라볼 수만 있어도 얼마나 행복할까? 이 시대에 달을 바라볼 수 있는 사람은 복 받은 이다. 절이야 볼 것도 없고 입구의 망월사 글씨와 좌우 벽에 매화와 난을 그려놓은 것이 촌스러움의 극치지만, 번잡하지 않은 고요함이 좋아서 전부터 간간이 들렀다. 스님이나 보살도 눈에 띄지 않고, 사람 하나 보이지 않는 망월사. 특이한 것은 오른쪽 모퉁이에 서 있는 아주 작은 육각형 대명전(大明殿) 건물인데 안에 선덕여왕 위폐를 모셔놓았다.

남으로 2백여 미터 내려가면 삼릉이 나온다. 가는 길에 보이는 공동묘지가 발걸음을 우울하게 한다. 갑자기 세계에 자랑할 만한 제주도 올레길을 걷던 기억이 떠오른다. 올레길 7번의 공동묘지 길은 이해할 수가 없었다. 공동묘지 순례도 아니고 왜 공동묘지를 뱅뱅 돌게 만들었는지 모를 일이다.

문화의 절정과
마지막 구원투수들

굵은 기둥의 소나무와 환상적인 아름다움을 흘리는 삼릉. 북쪽에서 바라본 모습이다.

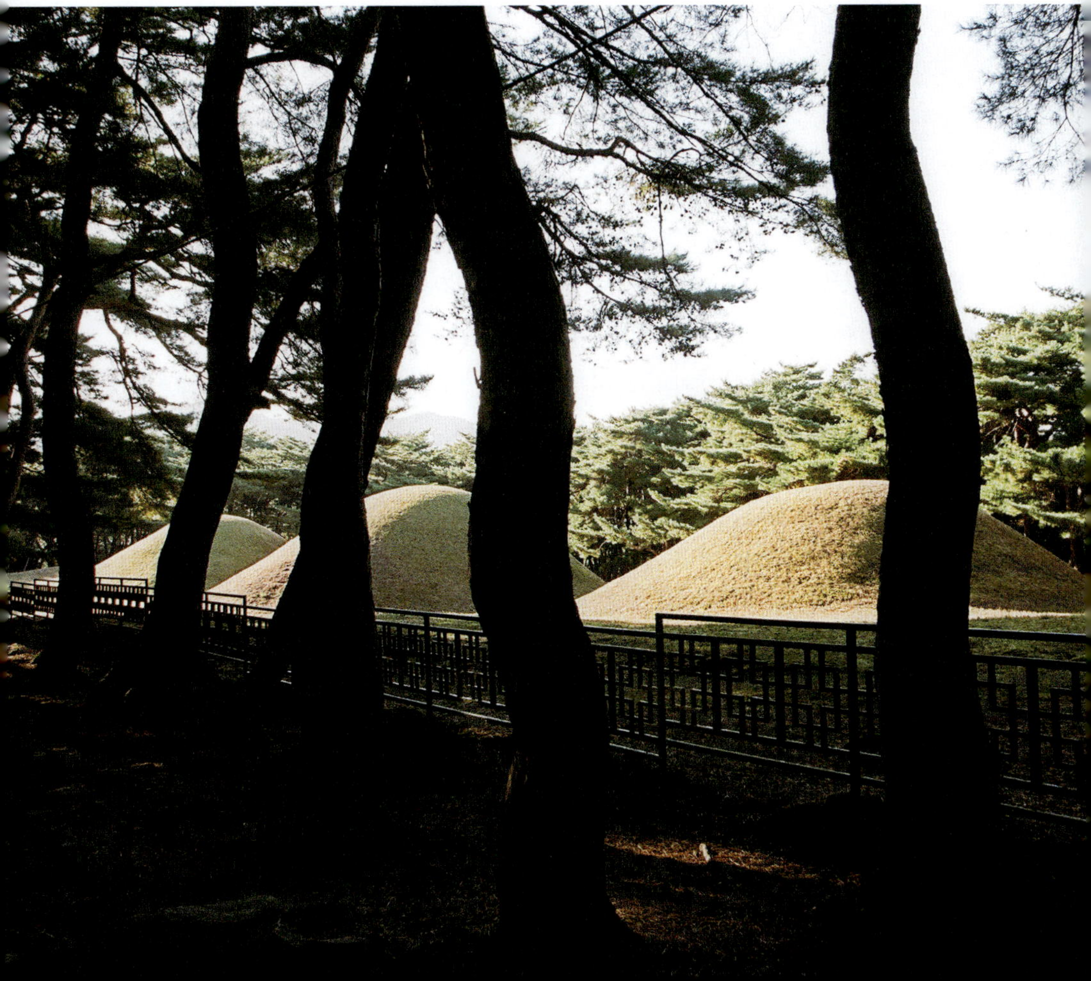

이번에는 미약했던 신라를 독특한 연합체의 국가로 이끈 초기의 아달라왕
과 신라 문화의 절정기를 수놓은 경덕왕 그리고 쓰러져가는 신라를 끌어안
고 마지막 몸부림을 치다 죽어간 신덕, 경명, 경애왕릉을 찾아가는 길이다.

　　삼릉의 솔숲은 장관이다. 이리저리 마음껏 휘어졌는데도 제각각 질서
를 유지하면서 개성 있는 자아를 뽐낸다. 수도 없이 왔지만 언제나 마음을
울린다. 직사각형의 삼릉을 천천히 둘러보았다. 북쪽에서 보면 탄력 잃은 중
년 여인의 젖가슴마냥 힘이 없어 안쓰럽다. 잔디도 철이 철이니만큼 생기 잃
은 누런색이라 더욱 그러해 보인다. 그런데 남쪽에서 보면 30대 여인의 젖무
덤같이 팽팽히 솟구치는 긴장이 살아난다. 햇살은 좋아도 명색이 겨울이라
볼펜 잉크도 잘 나오지 않고 글 쓰는 손이 시리다. 경주 남산에 오를 때 사람
들은 이 삼릉계곡을 오르는 길을 가장 선호한다. 원래는 차가운 물이 흐른
다고 냉골이라 했는데 여기 이름을 따서 삼릉계곡이라 한다.

강해지는　신라

8대 아달라왕(154~184)은 7척의 키에 코가 우뚝해 기이했다고 하니 훤칠한
키에 특이한 외모를 지녔던 모양이다. 아버지 일성왕이 여든 살이 지난 나이
에 왕이 되었으니 아달라왕도 나이 들어 왕이 되었을 것이다. 왕비 내례부인
(內禮夫人)은 사촌 지마왕의 딸이니까 오촌 당숙(아달라왕)과 결혼한 것이다.
고대사회는 동서양을 막론하고 대개가 근친혼이다. 혈통으로 통치하는 시대
이므로 피가 섞이면 통치의 명분이 약해진다.

　　교통로의 확보는 행정과 물자 수송, 무역과 문화 교류 측면에서 대단히
중요하다. 특히 전쟁에서는 승패가 갈린다. 신라는 156년에 계립령(鷄立嶺)
길을 개통한다. 계립령은 지금의 문경에서 중원으로 나아갈 수 있는 교두보

다. 그리고 2년 뒤(158)에는 죽령(竹嶺) 길을 개통하여 경상도에서 충청도를 거쳐 한강으로 나아가 고구려, 백제와 각축을 벌인다. 이 덕분에 165년 반역을 꾀하다 발각된 아찬 길선(吉宣)이 죽임을 당할까 두려워 백제로 망명한다. 아달라왕이 백제에 글을 보내 그를 인도해달라 요구했으나 보내주지 않자 노하여 정벌했으나 백제 군사는 성안에서 나오지 않았고 식량도 떨어져 돌아오고 만다. 그로부터 2년 뒤(167) 백제가 서쪽의 두성을 빼앗고 백성 1천 명을 사로잡아갔다. 한 달 뒤 아달라왕이 2만의 군사로 치게 하고 자신은 기병 8천을 거느려 한강에서 싸움터에 이르니, 백제는 두려워 잡아간 백성들을 돌려주고 화친을 청했다.

이렇듯 아달라왕은 초기에는 왕의 통치력과 권위를 세우면서 강한 신라를 만드는 교두보의 역할을 했으나 중반 이후로는 통치력이 미치지 못하는 권력 누수 현상이 생긴다. 재위 11년(164)에는 "봄 2월에 용이 서울에 나타났다."라는 단 한 줄의 기록뿐이다. 해와 달, 용 등은 왕을 상징하기에 새로운 왕이 등장한다는 징조로 보인다. 그리고 다음 해에 아찬 길선이 반역

을 꾀하다가 실패해 백제로 망명한 것을 보면 새로운 용(임금)을 옹립하려다 실패했다고 볼 수 있으리라.

재위 4년(157)에 『삼국사기』에는 "두 현을 설치했고, 순행해 군사들을 위로하고 군사들에게 군복을 내렸다."라고 나와 있는데 『삼국유사』에는 연오랑과 세오녀 부부가 동해 바닷가에 살면서 연오랑이 해조(海藻)를 따다가 갑자기 바위(혹은 물고기)가 나타나 그를 태우고 일본으로 갔다는 내용이 나온다. 일본사람들이 예사로운 인물이 아니라 여기고 왕(변방의 고을 왕)으로 삼았다. 남편이 돌아오지 않자 바닷가에 가서 남편을 찾던 세오녀는 연오랑이 벗어놓은 신발을 발견하고 바위 위로 올라갔고 일본사람들은 그런 그녀를 남편처럼 싣고 일본으로 향했다. 부부는 서로 만나게 되었고 세오녀는 귀비가 되었다.

신라에서는 해와 달이 빛을 잃어 일관(日官)이 왕에게 "해와 달의 정기가 우리나라에 내렸는데, 이제 일본으로 가버렸기 때문에 이런 변괴가 생긴 것입니다."라고 고한다. 왕은 사신을 보내 두 사람에게 돌아오기를 청하였으나 연오랑은 "내가 이 나라에 오게 된 것은 하늘의 뜻인데 지금 어떻게 돌아가겠습니까? 그러나 짐의 비(妃)가 짜놓은 비단이 있으니, 이것을 가지고 하늘에 제사를 지내면 될 것입니다."라고 대답한다. 비단만 갖고 돌아온 사신의 말대로 제사를 지냈더니 해와 달이 예전처럼 빛을 되찾았으므로 그 비단을 임금의 곳간에 간직해 국보로 삼았다. 그 창고의 이름을 귀비고(貴妃庫)라 하고, 하늘에 제사 지낸 곳을 영일현(迎日縣) 또는 도기야(都祈野)라 했다.

황당한 내용 같지만 내용을 곱씹어보면 자발적인 이민일 수도 있고 납치되었을 가능성도 있다. 사라진 남편 연오랑이 신발을 벗어놓았다는 것은 풍랑 또는 제사의 제물로 희생되었다는 의미일 수도 있다. 내용대로라면 일본에서는 확실히 대우해주었다는 것이다. 신라도 마찬가지로 신라 초기에 높은 관직을 누리다가 마한에 사신으로 간 호공(瓠公) 역시 왜(倭)의 귀화인이지 않았나?

아마도 해와 달을 다스릴 수 있는 상징적인 노하우가 있었을 것이다. 해와 달이 사라진다는 것은 일식과 월식인데 옛사람들은 얼마나 황당하고 놀랐을까? 해와 달이 왕과 왕비를 의미할 수도 있다. 우리 시대 어느 대통령은 자신의 호마저 일해(日海)라 하지 않던가? 둘 다 까마귀 오(烏) 자를 쓴다는 것은 까마귀와도 연관이 있을지 모른다. 까마귀를 태양에도 타지 않는 불사조로 여기고 부릴 수 있는 사람들로 일식 때 제사를 지내는 제관일 수도 있

47

다. 지금도 포항의 도구해수욕장 기슭에 일월사당이 있고 격년으로 10월 말이면 일월문화제(日月文化祭)가 행해지고 있다.

권력을 둘러싼 암투

아달라왕의 재위 31년 중 중반 이후는 나라가 자연재해를 맞았을 뿐더러 왕의 이렇다 할 치적도 없다. 더구나 마지막 10년은 기록이 아예 없다가 31년(184) 봄 3월에 왕이 죽었다는 단 한 줄의 기록만 남아 있다. 이 10년의 공백에 무슨 사연이 있어 기록도 없을까? 신라는 박, 석, 김씨의 세 성이 번갈아가면서 지탱한 나라다. 4대 왕 석탈해를 제외하고 8대까지 일곱 명의 왕들은 박씨였지만 9대 벌휴왕부터는 석씨다. 박씨는 여기 누워 있는 53대 신덕왕, 54대 경명왕, 55대 경애왕까지 총 열 명이다. 그런데 왕비 내례부인은 벌휴왕의 둘째 아들 이매(伊買)의 부인이 된다. 왕비가 남의 부인이 되는 경우는 극히 드문데 어떻게 된 일인가. 고구려의 9대 고국천왕의 왕후 우씨가 10대 산상왕(고국천왕의 둘째 동생 연우)의 왕후가 된 경우는 형수이자 왕후인 우씨가 발기(고국천왕의 첫째 동생)를 선택하지 않고 자신에게 왕위를 준 은덕에 어쩔 수 없이 행한 정치적 역학관계였고, 현대 미국의 케네디 대통령(1917~1963)의 영부인 제클린(1929~1994)도 그리스 선박 왕 오나시스(1906~1975)와 재혼할 때는 케네디가 암살당한 후였다.

9대 벌휴왕은 석탈해왕의 아들인 각간 구추(九鄒)의 아들이다. 아달라왕이 세상을 떠나자 아들이 없으므로 나라사람들이 그를 왕으로 추대했다. 10대 내해왕은 벌휴왕의 손자이고, 어머니는 내례부인이다. 벌휴왕의 태자 골정(骨正)과 둘째 아들 이매(伊買)가 일찍 죽고 태손(太孫)이 아직 어리므로 이매의 아들을 왕으로 세우니 그가 내해왕이다.

여러 가지 상상이 가능하지만 우선 왕비일 때 이매와 관계를 맺었는지가 중요하다. 벌휴왕이 13년간 재위하고 손자 내해는 아버지 이매가 일찍 죽어 왕이 되는데 아달라왕이 죽고 왕비 내례부인이 곧바로 이매와 재혼했더라도 내해는 열두 살에 불과하다. 더구나 내해의 사촌인 태손(太孫)이 어려서 내해가 왕이 된 것이니 아마도 내해는 스무 살 전후였을 것이다. 이미 왕비일 때 이매와 정을 통해 내해를 낳은 것이다.

그러면 기록 없는 10년은 어떠했을까? 권력을 둘러싸고 피비린내 나는 암투가 벌어졌을 것이다. 감투라는 것은 묘하기 그지없어 원하든 원하지 않든 새로운 권력과 파워가 생긴다. 초기의 왕들은 각 6부의 상징으로 그야말로 조정자로서의 봉사 역할이었다면 갈수록 형식이 갖추어지고 내용이 채워져 이후 왕들은 막강한 힘을 부리고 누리게 된다. 왕비들은 친정을 배경으로 자신의 힘을 과시한다. 왕비 내례부인은 공주(지마왕의 딸)에다 왕비였으니 상당한 힘이 있었을 것이다. 그래서 왕비일 때 마음에 드는 이매와 사랑을 나눈 것에 아달라왕은 분노를 참기 힘들었을 것이다. 왕비마저 자신의 품 안에서 떠났으니 현군이 아니고서야 옳은 정치를 할 수 있겠는가. 영국의 앤 불린(1501~1536)도 헨리 8세의 왕비였지만 아들을 낳기 위해 남동생과 바람 피우다 사형당했는데, 그것은 왕비보다 왕권이 강했기에 가능했다. 중국 청나라 마지막 황태자 부의(溥儀, 1906~1967)도 만주 괴뢰정부(1934~1945)의 황제로 있으면서 참담한 고통을 당한다. 황비가 황자를 낳은 것이다. 어느 날 그는 만조백관과 황비를 모아놓고 큰솥에 기름을 펄펄 끓게 한 뒤 황자를 넣는다. 기름에 타는 아이를 보게 해 황비에게 고통을 주려는 심산이었다. 부의는 아이를 못 낳는 고자였던 것이다.

아달라왕은 어찌했을까? 왕비는 힘이 강해 어쩌지 못하고 정부(情夫) 이매를 죽였을 것이다. 지마왕의 혈통인 왕비 박씨는 석씨와 연합해 아달라왕과 일전 혈투를 벌여 왕을 허수아비로 만들고 실질적인 권력을 쥐고 나서 자신의 아들 내해를 왕위에 앉히기 위해 형식적으로 시아버지 벌휴에게 왕권을 준 다음에 아들 내해를 등극시켰을 것이다. 이처럼 피비린내 나는 사랑과 미움은 서로에게 깊은 상처를 주고 많은 사람들을 희생시켰을 것이다. 이때 아달라왕의 자식들도 희생되고 왕권은 박씨에서 석씨로 넘어갔다. 그래서 죽기 전 10년 동안 아무 기록이 없다. 그 때문인지 왕릉에 관한 기록도 없고 무덤도 생기 없이 그냥 누워 있는 듯 보인다.

마지막   구원투수들

53대 신덕왕(912~917)은 아달라왕의 먼 후손이자 헌강왕의 사위로 처남인 52대 효공왕이 아들 없이 죽자 나라사람들의 추대로 왕위에 오른다. 박씨가 다시 왕이 되는 것은 실로 7백28년 만이다. 그러나 패색이 짙은 신라 마운드에 올랐으니 완벽한 구원투수가 아니고는 궁예와 견훤의 물오른 방망이를 막을 도리가 없었다. 6년 동안 아무런 치적도 없이 비실대다 죽고 두 아들은 경명, 경애왕이 되지만 이들은 천년 사직을 내주어야 했던 비운의 왕들이었다. 죽어서 화장되어 죽성(竹城)에 장사 지냈다 했으니 이곳일 확률은 거의 없다.

경명왕(917~924)은 아버지 신덕왕의 뒤를 이어 왕이 되는데 기울어가는 신라를 세우려는 노력에도 중과부적이었다. 이 불길한 징조를 『삼국유사』는 은유적으로 표현해놓았다. "즉위 다음 해(918)에 사천왕사 벽화 속에 있는 개가 짖자 사흘 동안 경을 읽어 쫓아버렸는데, 반나절이 지나자 또 짖었다. 7년(920) 2월에는 황룡사의 탑 그림자가 사지(舍知), 금모(今毛)의 집 뜰에 한 달 동안이나 거꾸로 비쳤다. 10월에는 사천왕사에 있는 오방신(五方神)의 활줄이 모두 끊어지고, 벽화 속에 있는 개가 뛰쳐나와 뜰을 달린 뒤 다시 벽화 속으로 들어갔다." 같은 해인 918년 『삼국사기』에는 2월에 일길찬 현승(玄

髹)이 배반하다가 참형을 당했다는 기록에 이어 "6월에 궁예의 휘하에 있는 사람들의 마음이 갑자기 변해 태조(왕건)를 추대하니, 궁예는 달아나다가 부하에게 살해되고 태조는 왕위에 올라 원년으로 했다. 가을 7월에 상주(尙州)의 도적 괴수 아자개(阿玆蓋, 후백제 견훤의 아버지)가 태조에 항복한다."라고 나와 있다. 사천왕사 기록은 『삼국유사』보다 1년 뒤(919)에 "사천왕사의 흙으로 만든 불상이 쥐고 있던 활시위가 저절로 끊어지고, 벽에 그린 강아지가 소리를 내는데 짖는 것과 같았다."라고 되어 있다. 또한 "태조가 송악군(개성)으로 도읍을 옮겼다."라는 기록은 이미 주연인 고려의 서막을 알리고 있는 셈이다.

그리고 다음 해(920) 봄 정월에 경명왕은 태조에게 사신을 보내 사이좋게 지내기로 했는데 그다음 달에 강주장군(康州將軍, 진주) 윤웅(閏雄)이 태조에게 항복해버린다. 이미 힘이 약해진 신라의 변방 수장들이 기회를 엿보다 새로운 권력에 붙은 것이다. 그들은 국가보다도 자신의 현실적인 이해관계를 따져 실리를 택한다. 그래서 오늘날에도 어느 당도 아닌 영원한 집권당이 살기 편한 것인가. 10월에 후백제의 견훤이 대야성을 함락하고 진례로 진격해오자 신라는 태조에게 구원을 요청해 견훤을 물리친다. 대야성은 오늘날 합천으로 신라(경주)의 근접 거리다. 후삼국이 서로 땅 싸움하는 각축에서 신라 땅을 놓고 땅따먹기를 하는 모양새였다. 세상에 공짜는 없다고, 구원해주었으니 대가를 치러야 한다. 결국 신라는 태조에 의지하다 나라를 송두리째 바친다.

이런 징조는 군사를 청할 때 사신으로 보낸 김률에게 왕건이 신라의 세 보배 중 황룡사의 장륙존상(丈六尊像)과 9층탑 그리고 성대(聖帶, 진평왕의 옥띠) 이야기를 물으면서 넌지시 드러난다. 즉 앞의 두 보물이야 지금도 있겠지만 성대는 지금 어디 있느냐는 물음에 김률은 대답도 하지 못했다고 경명왕에게 아뢴다. 왕이 여러 신하들에게 "성대란 어떠한 보물인가?"라고 물었으나 아무도 몰랐다. 때마침 아흔 살이 넘은 황룡사의 스님이 "이 보배로운 띠는 진평대왕께서 띠시던 것으로서 대대로 전해져 지금 남쪽 창고에 간직되어 있습니다." 하여 왕이 창고를 열어보게 했으나 보이지 않았다. 후일에 목욕재계하고 제사를 올린 후에야 이를 보게 되었는데, 그 띠는 금과 옥으로 꾸며진 것으로 매우 길어서 보통 사람은 띨 수 없는 것이었다.

왕건은 약할 대로 약해진 신라를 통째로 달라 하는데 경명왕은 보물이 무엇인지도, 어디에 있는지도 모른다. 말갈이 변방에서 노략질할 때 고려가 막아줘 왕은 고맙다고 사신에게 글을 보내고 사례했다. 결국 명주(溟州, 강릉) 장군 순식(順式)의 항복을 필두로 진보성, 명지성, 경산부에서 연이어 항복한다. 이제 신라는 수도 경주만 남고 거의 고려에 넘어갔다. 경명왕은 이 어찌할 수 없는 막다른 골목에서 겨우 8년 왕위에 있다가 죽는다. 죽고 나서 황복사 북쪽에 장사 지냈고 태조는 조문 사절단을 보내 위로했다.

경애왕릉과 의문투성이의 신라 왕릉들

경애왕릉은 비참한 치욕의 죽음만큼 참으로 초라했다. 현재 신라 왕릉 중에서는 규모가 가장 작다. 솔숲에 자신의 존재마저 숨기고 조용히 근신하듯 자리한 왕릉의 아련한 분위기에는 표현하기 힘든 적막감이 감돈다. 살아서는 천년 신라 사직을 욕되게 했지만, 덕분에 1천 년 넘게 인간의 침범을 막아 숲을 이루었으니 치욕을 상쇄할 만하다. 여기 삼릉과 경애왕릉의 사적지 경내 6만 2천1백 평이 보호구역으로 되어 있기 때문이다. 왕릉들과 어우러진 소나무는 1993년 8월 태풍 글라디스와 폭설로 참혹하게 부러지는 수모를 당했지만 여전히 환상적인 아름다움을 안긴다.

혼자서 이런저런 생각에 잠긴다. 시조 박혁거세왕부터 여기 경애왕까지 서남산의 모든 왕릉이 전부 박씨다. 그런데 사람들은 오늘날처럼 묘 앞에

소나무가 아름다운 경애왕릉

누구누구의 묘라고 한 글자도 써놓지 않은 신라 왕릉을 보고 누구의 무덤인
지 어떻게 알았을까?『삼국사기』,『삼국유사』의 기록과 구전 그리고 문중의
이해관계에 따라 정해놓았는데 엉터리가 너무 많다. 그러나 추정이건 구전
이건 한 번 정해놓으면 다시 바꾸기 어렵다.

　　우선 지금까지 걸어온 왕릉들만 보자. 6, 7, 8대(지마, 일성, 아달라) 왕릉
에 대한 장지 기록은 없다. 삼릉의 중간에 있는 53대 신덕왕은 죽성에서 장
사 지냈다(葬于竹城)는 단 네 자의『삼국사기』기록과 "화장하여 뼈를 잠현

(箴峴) 남쪽에 보관했다.”라는 기록뿐이다. 54대 경명왕은 “황복사 북쪽에 장사 지냈다(葬于黃福寺北).”라는『삼국사기』와 황복사에서 화장하여 뼈를 가지고 성등잉산(省等仍山) 서쪽에서 장사했다는『삼국유사』의 기록만 남아 있고, 비참하게 죽어야 했던 55대 경애왕은 “남산 해목령에 장사 지냈다(葬南山蟹目領).”는『삼국사기』의 언급이 전부다. 기록대로라면 지마, 일성, 아달라, 신덕, 경명, 경애왕릉 모두가 아니라는 것이다. 죽성과 잠현도 여기 남산은 아니고 황복사는 낭산 동쪽에 있으며, 남산 해목령은 지금의 일성왕릉 위이니 오히려 일성왕릉이 경애왕릉일 가능성이 크다. 그리고 사자사 북쪽에서 화장하고 구지제 언덕에 장사했다는 52대 효공왕일 가능성도 있다.

그러면 왜 이렇게 엉터리로 정했을까? 조선시대는 유교적 효의 덕목으로 조상숭배가 극에 달한다. 잘난 조상의 뿌리를 찾기 위해 족보가 등장한다. 족보는 조선 초기 모계(母系)에서 부계(父系)로 바뀌는 사회의 변화에 따라 중국 족보를 본받아 1423년(세종5)에 만든 문화 유씨(文化柳氏) 족보로 시작돼 1454년(세종36) 남양 홍씨(南陽洪氏), 1476년(성종7)에 전의 이씨(全義李氏), 안동 권씨(安東權氏)가 족보를 만들고 1478년(성종9) 여흥 민씨(餘興閔氏), 1493년(성종24) 창녕 성씨(昌寧成氏) 족보가 뒤를 잇는다. 그러나 현존하는 족보로는 1476년(성종7)의 안동 권씨 족보를 가장 오래된 것으로 본다. 여기 왕릉과 관련 있는 경주 김씨는 1685년(숙종12), 경주 박씨는 1689년(숙종16)에 족보를 만든다. 그러나 문중의 파워가 약했던 석씨는 신라에 여덟 명의 왕을 배출하고도 왕릉을 하나도 정하지 못한다. 석씨 최초의 족보는 1861년(철종12)이 되어야 겨우 만들어진다. 이처럼 집안의 세를 과시하고 이를 증명하기 위해 족보가 만들어지면서 조상의 뿌리인 무덤 찾기가 시작된다. 우리나라 대부분의 족보 시조들은 신라 경순왕이거나 고려 왕건을 도와 성을 하사받은 개국공신들이다. 또한 당시에는 허무맹랑한 풍수의 명당론과 맞물려 묘지에 대한 애착이 엄청났는데, 오죽했으면 조선시대 민사소송의 대부분이 묘지 싸움이었을까. 주인 없는 무덤을 자기 조상 무덤이라 우기고, 명당이라고 남의 산이나 묏자리에 죽은 이를 몰래 묻는 투장(偷葬)이 비일비재해 땅 주인이 파가라고 산송(山訟)하는 것이 대부분이었다. 지금도 경주국립공원인 남산에는 불법 묘 3천여 개가 흉물스럽게 자리해 있다. 우리나라 문화유적 안이나 국립공원 내에 있는 묘는 공고를 한 뒤 일정 기간이 지나면 봉분을 없애고 나무를 심어야 한다고 생각한다.

이런 조상 찾는 분위기에 편승해 신라 왕릉을 둘러싸고 1730년(영조6)에 획기적인 일이 벌어진다. 그전까지는 11기(박혁거세, 미추, 법흥, 진흥, 선덕, 무열, 효소, 성덕, 헌덕, 흥덕, 문무(대왕암))만 알려졌는데 문중 사이에서 우리가 뼈대 있는 왕족이라고 폼을 재려니 이름 없는 큰 무덤에 그냥 절하기가 뭐해 일대 작업을 벌인 것이다. 대개 사람들은 자신이 못났을 때 꼭 조상 찾고 동창 찾는다. 단언하건대 우리 모두는 소급해 올라가면 자기 윗대에 왕족 아닌 사람 없고 노예 아닌 사람 없다. 결국은 자신이다.

한 문중에서 하면 명분도 없고 뭔가 찝찝하다. 그래서 박씨 문중과 김씨 문중이 합작한다. 당시 경주 부윤(오늘날 경주시장) 김시형(金始炯, 1681~1750, 경주 김씨)과 박씨 문중은 박혁거세왕릉이 있는 오릉을 기준으로, 서남산의 왕릉같이 큰 무덤을 전부 박씨 왕릉으로 만들어버린다. 반면에 남산의 동쪽은 전부 김씨 왕릉으로 정한다. 이때 왕릉으로 정한 것이 17기(지마, 일성, 아달라, 진지, 진평, 진덕, 신문, 희강, 신무, 문성, 헌안, 헌강, 정강, 효공, 신덕, 경명, 경애) 중 김씨 11왕릉, 박씨 6왕릉이다. 한글의 홀소리(모음) 11개와 닿소리(자음) 17개가 추가로 정한 김씨, 박씨 왕릉(김씨 11기+박씨 6기)을 합한 17기와 묘하게 닮았는데, 우리의 우수한 한글은 음양오행 우주의 원리와 철학, 과학, 미학이 어우러진 것이지만 왕릉은 문중의 이해관계에 따라 무심히 나눠 정한 것뿐이다.

석씨 문중은 족보도 없었고 파워도 약했던지 참여하지 못해 새로 정한

17기의 왕릉 중 석씨 왕릉은 하나도 없다. 그런데도 근거는 있어야 하니까 경주 김씨는 『삼국사기』와 『삼국유사』를 억지로 꿰맞춘다. 박씨는 시조 박혁거세왕으로 출발해(4대 석탈해왕 제외) 8대 아달라왕으로 끝난 뒤 실로 733년 만에 아달라왕의 먼 후손인 신덕왕이 여기에 묻힌 것은 조선시대의 풍습을 적용했다. 그리고 경명왕은 신덕의 아들이니까 그 아래에, 다음 경애왕은 경명왕의 친동생(同母弟)이라고 조금 떨어진 이곳을 무덤으로 정한 것이다. 지마왕과 일성왕은 억지로 끼워 넣었다. 당시 사람들이 무덤 바깥이나 안에 이름이라도 써놓았다면 간단하지만 그것이 없다. 백제의 무령왕릉도 무덤 속에 사마왕(무녕왕)이라고 새겨놓아 후세에 알려졌다. 신라 고분은 계획적인 구제발굴도 있고 도굴당한 것도 있는데 전자도 무덤 속에 누구라고 해놓지를 않아 유물과 유구의 양식으로 추정할 뿐이다.

신라 초기의 일성왕릉은 굴식돌방무덤(橫穴式石室墳)으로 통일 이후의 양식이다. 신덕왕릉은 두 번(1936, 1963)의 도굴로 발굴된 무덤으로 유물은 누군가 싹쓸이해 사라졌고 다만 여기도 석실분으로 통일 전후기의 무덤 양식이라는 사실만 알 수 있다.

그럼 관련 전문가들은 어떻게 규정했을까? 고고학자인 김원룡(1922~1993)은 삼릉(8대 아달라왕, 53대 신덕왕, 54대 경명왕)을 할아버지 묘 위에 아버지 묘를 쓰지 않는 조선시대 양식을 도입해 옛 고토에 묻혔다고 보았다. 미술사학자인 진홍섭(1918~2010)은 8대 아달라왕과 53대 신덕왕은 7백 년 넘게 차이가 나므로 같은 박씨 왕릉으로 보기는 어렵다고 했다. 그러나 영조 당시 저 건너 망성마을에 살았던 경주 선비 화계 유의건(花溪 柳宜健, 1687~1760)은 자신의 문집 「화계집(花溪集)」에 박씨 문중과 김씨 문중이 서로 싸우니 "신라 때 사람이 지금 살아 있다 해도 기록에 없는 능이 누구의 것인지 어찌 알겠소."라고 밝혔고, 그의 문집 「라릉진안설(羅陵眞贗說)」에 위에 말한 대로 양 문중의 이해관계에 따라 정했다고 기록해놓았다. 즉 바르지 못하고

(眞), 가짜(贋)라는 것이다. 이후 현대에 와서 10기(남해, 유리, 탈해, 파사, 내물, 원성, 경덕, 민애, 흥덕, 경순)를 정했으니 56명의 신라 왕의 무덤 중 38기가 오늘날 우리가 볼 수 있는 신라 왕릉이다.

멀고 먼 경순왕릉

신라의 모든 왕릉들이 경주에 있는데 마지막 경순왕(재위 927~935년)릉은 경기도 연천에 있어 경주에서 걸어간다는 것은 의미가 없기에 새벽 5시 50분 첫 기차(KTX)를 타고 서울역에 내렸다. 신촌역에 가서 문산행 기차로 다시 파주 적성 가는 버스에 몸을 맡겼다. 차창 밖으로 고요한 울림을 주는 경주와 달리 시골도 아니고 도시도 아닌, 이도저도 아닌 듯한 경기도의 풍경이 펼쳐졌다. 파주 파평면을 지나자 철모를 쓴 군인들이 무리 지어 지나가고

• 신라의 마지막 왕인 경순왕의 영정(국립경주박물관 소장).

그 앞에는 '통일 공인중계사'라 쓰인 간판이 눈에 띄니 군부대가 많은 북쪽으로 올라왔음이 실감 났다. 율곡 1리와 율곡 2리의 화석정 지명은 십만양병설의 율곡 이이와 임진왜란 때 백성과 도성을 버리고 피난 가는 선조가 떠오르고, 신라 경주에서 나라를 바치러 이 길을 따라 개성으로 향한 경순왕이 생각난다. 아카시아 가로수가 특이했고, '대한민국 희망도시 파주'라는 문구를 보니 영혼을 살찌우는 책을 만드는 파주 출판단지가 있어 희망이라 할 만하다고

•옛 황해도 장단(지금의 경기도 연천)에 있는 신라의 마지막 왕의 무덤인 경순왕릉을 정면
에서 본 모습. ••경순왕릉을 뒤에서 본 모습.

생각했다. 영국 군 참전 격전지 간판은 자유와 평화를 위해 머나먼 타국에
서 목숨까지 잃어야 했던 숭고한 그 마음이 전해져 잠시 숙연해졌다.

적성에 내리니 10시가 지나 있었다. 새벽부터 물 한 모금 먹지 않아 약
간의 허기에 김밥을 사들고 택시에 올라 임진강을 건너 경순왕릉 주차장에
내렸다. 큰 돌에 새긴 '신라경순왕릉'이 허세 같아 보여 어색했다. 입구에 들
어서자 홀로 우는 뻐꾸기 울음소리가 고요한 적막을 채우고 있었다. 가볍게
산언덕을 오르자 옆으로 들어가는 입구가 나오고 푸른 잔디가 6월의 눈부
신 햇살을 온몸으로 받아들이고 있었다. 경주의 신라 왕릉 주위에는 아름드
리 소나무가 호위하는데 여기는 참나무가 대신하고 조선시대 양식의 석물과
형식으로 만들어놓아 신라 왕릉의 분위기가 살지 않았다.

경순왕은 온 국민이 다 아는 신라의 마지막 왕이다. 후삼국의 각축에
신라는 이빨 빠진 호랑이 신세라 이러지도 저러지도 못하는 나라의 운명 앞
에 최선의 선택이었다고 생각한다. 왕조사 입장에서야 '나라가 보존되고 멸
망됨은 반드시 천명이 있는 것입니다. 오직 충신과 의사들과 더불어 민심을
수습해서 스스로 굳게 지키다가 힘을 다해본 후에 그만두어야지 어찌 1천

년이나 전해 내려온 나라를 하루아침에 쉽사리 남에게 내어줄 수 있겠습니까?" 라고 했던 큰아들 일(鎰, 마의태자)의 말이 감성적으로는 맞는 명분론이고, "나라가 외롭고 위태함이 이와 같으니, 형세는 보전될 수 없다. 이왕 강해질 수도 없고 또한 약해질 수도 없으니 죄 없는 백성들을 참혹하게 죽임은 나로서는 차마 못할 일이다."라고 하며 여러 신하들을 거느리고 고려 태조 왕건에게 항복했던 경순왕은 이성적으로는 백성을 살린 실리적 선택을 한 셈이었다. 청의 침입으로 남한산성에서 비참하게 항복한 인조는 광해군의 실리외교를 뒤엎고 망해가는 명나라의 은혜(임진왜란 때 구원병을 보낸)를 배반할 수 없다는 명분론에 사로잡힌 무능한 신하들과 인조 자신 때문이었다. 그때 주화파 최명길은 경순왕 입장이고 척사파 김상헌은 마의태자였다고 볼 수 있다. 오늘날도 마찬가지다. 수구꼴통 보수들은 미국의 의도에 더 앞장서는 대변자 같고 우리나라를 미국의 주로 착각하는 것 같다. 다행히 우리나라가 복이 많아 문재인 정부를 탄생시켜 나라다운 나라를 만들어가고 있어 행복이 밀려온다. 명나라와 청나라의 강대국 틈바구니에서 어느 한쪽에 치우치지 않았던 광해군의 실리외교를 기대한다. 외교는 최우선이 자국의 이익을 보호하는 것이어야 한다. 고고도 미사일 방어체계(사드) 문제를 보면 지금의 미국은 명나라고 청은 중국 같다. 정신 똑바로 차려야 한다.

이렇게 전쟁을 피해 백성의 생명과 재산을 보호하고 경주의 문화재 파괴도 막은 경순왕의 DNA는 아버지 효종(孝宗)에서 찾을 수 있다. 신라 진성여왕 때의 지은 처녀는 아버지를 일찍 여의고 몇 년이나 밥을 빌어 눈먼 어머니를 봉양하다가 흉년이 들어 구걸만으로 어머니를 봉양할 수 없자 부잣집에 몸을 팔아 종이 되었다. 몸값 30섬(『삼국유사』, 『삼국사기』에는 10섬)을 주인집에 맡겨놓고 새벽에 그 집에 가서 종일 일해주고 날이 저물면 집에 와서 밥을 지어드리자 며칠 뒤 "옛날에는 거친 음식을 먹어도 마음이 편했는데 요즘에는 좋은 음식을 먹어도 가슴을 찢어지는 것처럼 마음이 편치 못한 이유가 무어냐.”라는 어머님의 말씀에 효녀 지은이는 사실대로 말하고 서로 부둥켜안고 울었다는 눈물겨운 사연을 듣고 눈물을 흘린 효종은 곡식 1백 섬을 보내주고 지은이 어머니에게 옷 한 벌을 보냈다. 그 효종의 아들이 경순왕이다. 왕(대통령)은 옛날이나 지금이나 백성의 눈물을 닦아줄 수 있는 순정이 있는 착한 마음이어야 한다.

능 앞에는 경순왕같이 순한 양이 상처를 입고도 말없이 능을 지키고 있고 뒤에서 바라보니 임진강이 고요히 흘러간다. 나는 단순히 당신이 묻힌 곳을 찾아왔지만 백성을 위해 천년 사직을 고려에 넘겨주면서 이 길을 오면서 얼마나 피눈물을 흘리며 만감이 교차했겠습니까. 아니면 왕은 꿈도 꾸지 않았는데 어쩌다 왕이 되어 오히려 담담했는지요? 엄밀히 말하면 신라와 고려가 전쟁이 아닌 상태에서 물려준 것이니까 항복이 아니라 신라를 고려에 이양한 것이다. 박정희가 죽고 실권을 쥔 전두환이 곧바로 정권을 잡으면 뭐하니까 어영부영 어리버리한 최규하에게 잠시 대통령을 시켜놓고 그 후에 자신이 대통령 자리를 꿰찼듯이 견훤이 신라를 습격하여 경애왕을 죽이고 왕 앉혀놓은 것이 경순왕이니 이때 경순왕은 최규하 같은 역할이었다.

이 경순왕릉이 경주에 있지 않고 여기 있는 것은 정치적인 고려 때문이다. 고려에 신라를 넘겨준 경순왕은 고려 태조 왕건의 딸 낙랑공주와 결혼하여 개성에 살다가 죽자 경주의 유민들이 몰려와 경주에서 장례를 치루고자 했지만 신라유민들을 자극할 것을 염려하여 ‘왕의 구(柩)는 수도 개성 1백 리를 벗어날 수 없다.’라는 논리로 여기에 안치한 것이다. 마치 고려왕조의 개혁은 필요하지만 나라를 뒤엎는 역성혁명의 조선 건국은 반대한 정몽주(1337~1392)가 개성의 선죽교에서 피살되자 고향인 영천으로 운구를 옮겨오다가 명정이 떨어졌다는 핑계로 경기도 용인에 있는 격이다.

조금 떨어진 곳에는 아버지 경순왕이 고려에 항복하자 울면서 하직하고 금강산에 들어가 바위를 집으로 삼고 삼베옷을 입고 풀뿌리를 캐어 먹다가 생을 마감한 비장한 비운의 태자 일(鎰, 마의태자)의 유적이 있었는데 마침 그 건너편에서 지뢰 작업을 한다고 통행을 막고 있어 돌아설 수밖에 없었다.

경덕왕릉으로 가는 길

울산 가는 국도로 접어들었다. 곧이어 경주교도소가 나온다. 문화와 종교적인 열정이 살아 숨 쉬는 신성한 남산에 교도소가 있는 것도 큰 문제지만, 교도소를 지나면서 두 얼굴이 떠오른다. 암울하던 시기에 남한사회주의노동자동맹(사노맹) 사건으로 사형을 선고받고 여기서 8년이나 복역한 박노해 시인과 세조가 단종을 폐하고 왕이 되자 전국을 방랑하다 이곳 남산의 용장골에서 8년을 은거한 매월당 김시습이 겹친다. 시대의 불의에 저항해 올곧게 산 두 사람의 흔적이 아른거린다. 매월당도 이 길을 얼마나 지나쳤을까? 용장마을 주차장에 이르자 길옆에 추락주의 표지판이 보여 쓴웃음이 나온다. '개구부 조심'이라 써놓았는데 개구멍 조심인지 열려 있는 구멍 조심인지 모르겠다. 학벌 과잉인지 유식한 것인지 모르겠다. 용장마을을 지나 한참 걸어가면 우측으로 경덕왕릉 표지가 나온다. 국도 두 개를 가로질러 고속도로 아래를 지나니 소리가 크게 울렸다. 차가 거의 다니지 않아 한적한 시골길 다리 밑은 낭만적이기도 하고 한여름 피서로도 괜찮은데, 차가 많이 다니는 다리 밑에 가면 소리가 울려 불쾌한 마음이 울컥 치민다. 지금같이 동네를 가로질러 길이 나면 물 흐르는 다리 밑이 아니라 길 지나는 다리가 되어 더욱 삭막하다. 소음을 막는다고 마을 옆에 높이 쳐놓은 방음벽도 소용없다. 어찌나 시끄러운지 이런 곳에 사는 사람들이나 큰길 옆에 사는 사람들에게 죄를 짓는 듯하다.
    소음이 울리는 다리를 지나자 이내 마을이 나오고 동네 구멍가게에서

늙은 농부 몇이 와자지껄하다. 점심을 먹지 않았다면 막걸리라도 한잔 권하면서 이런저런 이야기를 들어볼 텐데. 그냥 지나치려다 흙돌담벼락이 와락 정겨워 마을 안을 이리저리 서성거렸다. 냇가의 느티나무가 마을의 역사와 애환을 고스란히 안고 앙상한 가지만 드리운 채 천년의 세월을 버티고 서 있다. 괜찮은 기와집 몇 채는 있을 만하여 눈을 돌리니 한 채가 들어온다. 세월의 무게만큼 운치 있는 집과 늙은 부부의 해 질 녘 일상 모습, 식구같이 어슬렁거리는 늙은 소의 정경이 한 폭의 애잔한 그림처럼 다가온다. 할머니는 소에게 먹일 저녁 성찬인 소죽을 끓인다고 무심의 경지로 불을 때고 있다. 찾아가는 갤러리, 손으로 만드는 사람들이라는 간판에 '목암공예'라 써 있는 나지막한 집이 있었으나 사람은 없다.

　　마을 위 개울가에 최씨 문중의 재실이 있었으나 문중도 선비도 없는 이 시대에 집만 버젓이 남아 옛 자취를 전하고 있다. 마을 길을 이리저리 기웃거리니 해가 어느새 서산에 기울었다. 정겨운 사람이라면 붙잡든지 매달리든지 해보겠는데, 갈 길이 멀어도 잡을 수 없는 것이 지는 해다. 더 어둡기 전에 가려면 축지법이라도 써야 한다. 겨울철 나의 축지법은 논을 가로지르는 것이다.

멀리서 보면 별 볼일 없는 야트막한 산이지만 경덕왕릉 입구부터는 수많은 소나무가 이리저리 에스라인으로 춤추면서 맞아준다. 왕릉의 소나무 숲은 어디나 있지만 하나같이 자신만의 아름다움을 펼친다. 이 다양한 아름다움에 올 때마다 새로운 감흥에 젖는다.

문화의 꽃을 피운 위대한 경덕왕

조선의 스물일곱 명 왕 중에서 문화적으로 절정을 이룬 세종을 성군(聖君, 성스러운 군주)이라 칭하듯이 신라 쉰여섯 명의 왕 중에서 문화의 절정을 이룬 경덕왕(재위 742~765)은 분명 위대한 왕이었다. 그로 인해 우리는 불국사와 석굴암의 완벽한 아름다움을 볼 수 있는 것이다. 지금같이 5년 단임의 임기로는 큰 업적을 이루기 어렵지만 왕조시대는 쿠데타가 아니고서야 죽을 때까지 집권한다. 그래서 좋은 왕을 만나면 나라가 비약적으로 발전한다. 그러나 초창기의 왕들은 왕조를 굳건히 만드는 데 온 힘을 쏟기에 여력이 없고 마지막 왕들은 지금의 레임덕(Lame Duck)과 비슷한 현상에 시달리므로 문화를 돌볼 힘이 없다. 우리가 살고 있는 대한민국도 정부 수립(1948) 후 반세기가 흐른 2000년대에 들어서서 문화의 시대니 굴뚝 없는 성장산업이니 하였고, 조선왕조도 이성계(태조, 재위 1392~1398)의 쿠데타 성공 후 3대 이방원(태종, 재위 1401~1418)이 총칼로 왕조를 굳건히 한 뒤에 세종(재위 1418~1450) 같은 어진 왕이 문화의 황금기를 구가할 수 있었다. 고려(918~1392)도 지방호족 연합체로 이 눈치 저 눈치 보다가 중앙집권화로 왕권을 다진 6대 성종(재위 981~997) 때에 들어선 후에야 실질적인 문화 정책을

왕의 길을 걷는 즐거움

펼칠 수 있었다.

　신라도 삼국(고구려, 백제, 신라)을 통일(660~668)한 후 타국의 백성들을 로마같이 노예로 만드는 것이 아니라 통일국가로 함께 나아가는 과정을 거치고 70여 년이 흐른 경덕왕 때 비로소 문화의 완벽한 꽃을 피웠다. 이와 같이 한 왕조나 국가가 문화의 꽃을 피우려면 국가가 만들어진 지 50년에서 70여 년이 흘러야 절정에 도달하는 것이다. 그러나 생과 사가 넘나드는 전쟁터에서도 순수한 영혼의 사랑이 꽃피듯이 어떤 조건이라도 문화는 꽃피어야 하고 생활이어야 한다. 이런 점에서 백범 김구(1876~1949) 주석의 '나의 소원'은 눈물이 날 정도로 감동스런 글이다. 김구는 "우리나라가 부강한 나라가 아니라 세상에서 가장 아름다운 나라가 되기를 바란다."라고 하면서 "오직 한없이 가지고 싶은 것은 높은 문화의 힘이다. 문화의 힘은 우리 자신

65

을 행복하게 하고 남에게도 행복을 주기 때문이다.”라고 썼다. 그는 “공원의 꽃을 꺾는 자유가 아니라 공원에 꽃을 심는 자유”를 외친 대단한 혜안의 선각자다. 나라 잃은 어려운 시대에 보여준 깊고 높은 문화적 안목에 놀랄 뿐이며, 그의 주장은 지금도 아니 영원히 유효한 것이다. 이와 같이 문화란 단순히 GNP 몇 달러 정도일 때가 아니라 어떤 조건이라도 생활화되어야 하는 것이다. 우리는 행복 그 자체보다 행복해지기 위한 수단에 불과한 돈과 명예, 권력을 얻는 데 에너지를 너무 소진하지 않았는가. 이제는 국민총생산(GDP, Gross Domestic Product)이 아니라 국민총행복(GNH, Gross National Happiness)을 가슴으로 받아들여야 더 행복해질 수 있다. 적자생존에서 강한 놈만 살아남는 것이 아니라 살아남는 놈이 더 강하듯이 경제력이 높은 것보다 문화를 즐기고 가꾸는 나라가 더 아름답고 행복하다. 이 시대를 사는 사람들은 절실히 느낄 것이다. 이를 악물고 잘살아보자고 외치면서 국민소득 1만 달러, 2만 달러, 3만 달러만 되면 행복이 숫자만큼 비례하는 줄 알았으리라. 자가용과 집이 있으면 대단히 행복할 줄 알았는데 왜 이리 힘들까? 그 끝없는 욕망을 잠재우는 문화가 없기 때문이다. 부족한 것, 적고 작은 것에도 만족하며 즐길 수 있는 아름다운 사회는 요원한가? 장자는 “만족할 줄 아는 데 만족할 줄 알면 늘 만족할 수 있다(知足知足常之足).”라고 하였다. 깊은 의미를 던져주는 말이다.

문화의 절정을 이룬 경덕왕 때라고 해서 태평성대였던 것은 아니다. 재위 6년(747) 가을은 가뭄이었고 그해 겨울에는 눈도 내리지 않은 천재(天災)였다. 게다가 백성들은 굶주리고 역질까지 퍼지는 악조건이었는데도 불국사와 석굴암에 온 국력을 기울였던 것이다. 8년(749) 봄인 3월에는 나무가 뽑히는 폭풍에도 천문박사(天文博士) 한 명과 누각박사(漏刻博士) 여섯 명을 두었다. 외교적으로는 일본과 끊임없는 긴장관계를 유지한다. 원년(742)에 일본 사신이 왔을 때 받아들이지 않았는데 12년(753)에 왔을 때에도 예의가 없고

66

거만하여 경덕왕이 접견하지 아니해 돌아갔다. 14년(755) 봄에는 곡식이 귀하여 백성들이 굶주렸는데, 웅천주(지금의 공주)의 향덕(向德)이란 자가 가난하여 부모를 공양할 수 없었으므로 자신의 다리 살을 베어 그의 아버지에게 먹였다는 사실을 듣고 왕은 많은 상품을 내렸고 그 마을의 효행을 기렸다. 가을에는 죄인들을 용서하여 놓아주고, 늙고 병든 사람, 나이 많은 홀아비와 홀어미, 부모 없는 어린이, 자식 없는 늙은이를 위문하고 곡식을 내려주는 보편적 복지를 했다. 지금 시대는 어떠한가? 대통령 선거 때만 경쟁적으로 복지를 외친다. 그때는 마치 천국이 된 듯하다. 청주의 어느 노인이 "장례치를 돈이 없어 내 스스로 화장(火葬)한다. 혹시 산불이 날까봐 주변 낙엽은 미리 치워놓았다."라는 유서를 남기고 이장(移葬)해간 구덩이에 나무를 쌓아 불에 타 죽어도, 서울의 세 모녀가 "주인아주머니께 죄송합니다. 마지막 집세와 공과금입니다. 정말 죄송합니다."라고 쓴 유서와 밀린 월세 및 전기세 60만 원을 남겨두고 반지하에서 죽어도, 배가 침몰해가는 순간에도 머리 손질한 것 말고는 7시간 동안 무엇을 했는지 알 수 없는 대통령을 둔 죄로 3백6명의 학생들이 바다에 수장되었는데 그 원통함을 풀어주지는 못할망정 오히려 진실을 감추고 아무도 책임지지 않아도 정부의 대책은 무능하기 짝이 없다. 우리는 원칙과 신뢰를 내세웠던 지도자를 모시고 살아가야 하는 기본과 원칙이 무너진 사회에 살고 있다.

아무리 현명한 군주라도 10년이 넘으면 자신의 정치적 감각에 확신이라는 마약이 생긴다. 그래서 큰 정치인일수록 남의 말을 귀담아들을 수 있어야 슬기로운 정치를 할 수 있다. 유라시아 대륙을 말발굽 아래에 두고 중국을 한때(원나라) 지배한 칭기즈칸(1162~1227)은 "배우지 못했기에 남의 말에 귀 기울이며 현명을 배웠다."고 했다. 이 말이 주는 울림이 크다.

경덕왕 15년(756) 봄에 상대등 김사인이 왕에게 글을 올려 정치의 잘되고 못된 점을 적극적으로 논했을 때 경덕왕은 옳게 판단하고 조언을 기꺼

이 받아들였다. 이처럼 소통은 남의 말을 들어줄 때 가능하다. 왕조시대 임금이 지녔던 '만백성의 어버이'라는 가치관은 오늘날 우리가 본받아야 한다. 단순히 군림하는 것이 아니라 겸손한 마음을 지니고 국민을 돌보라는 뜻이다. 아무리 못난 부모라 해도 자식을 보살피고 굶기지는 않듯이 성적 때문에 어린 학생이 죽고, 가난해서 죽고, 부당하게 해고당하고, 살길이 막막해 죽고, 집이 철거되어 오갈 데 없고, 배가 뒤집혀 바다에 수장되어도 어버이 같은 대통령이라면 눈물이라도 닦아줄 텐데 어찌 그리 법대로만, 그것도 엄정하게 하는지. 피와 눈물이 없는 것이 법이라지만 법도 인간을 위해서 인간이 만든 것이다.

우리나라 헌법에 우리의 영토를 한반도와 부속도서로 한다는 내용이 명백한데 북녘 동포가 굶어죽어도 눈 하나 까딱하지 않는 일부 몰지각한 지

도자들에게 무슨 희망이 있을까? 아들딸 중에는 착하고 바른 아이도 있지만 항상 삐딱하고 싸움만 잘하는 골치 아픈 아이도 있다. 이 문제아가 에라 모르겠다, 너 죽고 나 죽자고 덤벼들 수도 있다. 세상에서 제일 겁나는 것이 나 살고 너 죽자가 아니라 너 죽고 나 죽자다. 그러면 착하고 말 잘 듣는 아이하고만 행복하게 잘 먹고 잘살겠다는 꿈은 허무하게 무너진다.

그러므로 국민의 공복인 공무원을 충분하지는 않더라도 품위 유지는 하면서 긍지를 갖고 살게 해주어야 한다. 그 대신 부정부패와 태만은 엄히 다스려야 한다. 오죽했으면 김영란법(부정청탁 및 금품 등 수수의 금지에 관한 법률)까지 만들어졌겠는가. 가장 무서운 것은 이러지도 저러지도 않는 복지부동의 자세다. 『삼국사기』에 의하면 경덕왕은 17년(758) 2월에 영을 내려 중앙과 지방 관리로서 휴가를 청하여, 만 60일이 된 사람은 관직에서 해임하여 관리의 기강을 잡았다.

왕도 20년이 지나면 좀 쉬고 싶기도 하고, 정치도 골치 아프고, 인생의 의미도 느슨해진다. 대개 이럴 때 술과 여인에 탐닉한다. 이때 바른말을 하는 충신이 있는 것은 나라의 복이다. 22년(763)에 상대등 신충과 시중 김옹이 관직을 그만둔다. 왕의 총애를 받던 대내마 이순(李純)도 홀연히 사표를 내고 하루아침에 세상을 피해 산으로 들어가 여러 번 불러도 나오지 않더니 머리 깎고 중이 되어 왕을 위해 단속사(斷俗寺, 경남 산청)를 짓고 살았다. 속세와 연을 끊겠다고 했지만 후에 왕이 음탕한 음악을 좋아한다는 말을 듣고는 곧장 대궐에 가서 간곡히 간하였다. "신이 들으니 옛적에 하나라의 걸왕(桀王)과 은나라의 주왕(紂王)이 술과 계집에 빠져서 음탕한 음악을 그치지 않다가 이로 말미암아 정사가 차츰 쇠퇴해 나라가 망했다 합니다. 앞 사람의 실패한 자취를 보고 뒷사람은 마땅히 경계해야 할 것입니다. 감히 대왕께서는 허물을 고치시고 스스로 새롭게 하여 나라의 수명을 길게 해주시기 바랍니다." 이 말을 들은 왕은 감탄하여 음악을 정지하고, 곧 그를 정실(正室)로 불러들여 불도(佛道)의 묘리에서 세상을 다스리는 방법까지 그의 가르침을 며칠 동안 청해 들었던 아름다운 왕이다.

왕이 바른말하는 이런 신하들의 청을 귀담아듣고 실행할 때 나라가 잘된다. 지금의 이 역할은 국민 여론을 옳게 전달해주고 권력을 바르게 감시하는 언론의 몫이다. 대의제 민주주의에서 국민의 뜻을 결집해 전달하기란 쉽지 않다. 물론 국민이 촛불로 여론을 전달하고 선거로 일침을 가하지만, 매일 여론을 만들어가는 언론의 사명은 지대하다. 그러나 불행하게도 암울한 독재시대에도 바른말을 하던 언론들은 국민보다 자신의 입맛에 골라 알아서 기는 집권당의 정치 대변지가 된 지 오래고, 국민 수준을 타락시키는 몇몇 종편들은 보는 것이 창피할 정도다. 그러나 세상에 쓸모없는 것이 없듯이 박근혜 주연, 최순실, 김기춘, 우병우 조연의 국정 농단 막장 드라마 때 종편은 참으로 지대한 공헌을 했다. 몇 달 동안에 평생 텔레비전 볼 것을 다 본 듯하다.

대통령과 여당이야 꼴 보기 싫어도 5년이면 바꿀 수 있지만, 밤의 대통령이 된 몇몇 언론들은 임기도 없는 족벌의 영원한 제국이다. 그래서 돈키호테(순수한 돈키호테에 누가 되는 것은 아닐지 모르겠지만) 같은 어느 젊은 서울시장이 투표율에 배팅을 걸고 비장한 각오로 무료급식 중단 기자회견을 하다 눈물 흘린 것을 보수신문들은 일곱 번이라 했고, 진보신문은 네 번이라 했다. 참으로 이해가 되지 않는 황당한 언론에다 '기레기'들이 밤낮으로 설치고 있다.

먼 곳에서 고속전철 지나는 소리가 속세의 시대임을 알린다. 어둠이 소리 없이 밀려온다. 주위가 어두워질수록 왕릉 주변은 환해진다. 길게 놓인 두 개의 장대석 위에 앉았다가 일어나 왕릉을 천천히 둘러보았다. 십이지신상에 둘레돌까지 두른 왕릉인데 오른쪽이 푹 꺼져 있다. 마치 절정의 문화를 꽃피웠다가 가파른 내리막길을 걸었던 신라의 모습 같다. 이 왕릉에 성숙한 봄이 오면 찔레꽃 향기가 온 산천을 울리듯이 경덕왕 때 만들어놓은 불국사와 석굴암 등의 화려하고 정교한 신라 문화는 지금도 우리 가슴에 뜨거운 향기로 남아 있다.

제2장

불국토의 염원, 경주 남산

경주 남산은 남북(약 10킬로미터)으로 길게 누워 있고 동서(약 4킬로미터)로 봉긋 솟아 있는 산이다. 남산이야 서울, 대구(앞산), 울산, 부산도 있지만 경주 남산은 특이하게도 문화유적이 숨이 막힐 정도로 곳곳에 살아 숨 쉬고 있다. 단순히 산의 규모나 크기만 보면 평범한 산 같지만 속에 들어가보면 정말 깊고도 오묘하다. 골짜기마다 물이 흐르고 바위마다 부처가 새겨져 있으며 탑이 기묘하게 서 있어 불국토의 염원과 실현이 온 산에 가득하다.

무엇보다도 경주 남산은 신라인들 마음의 의지처이자 안식처였고 그러한 점은 오늘날까지 이어진다. 그래서 발길 하나하나에 신라의 숨결이 묻어나는 신성한 산이다.

이처럼 경주 남산은 방대한 문화유적이 산재하므로 전체를 다루기는 어렵다. 1장에서 왕릉과 연결되어 있는 서남산 언저리를 다루었으니 2장에서는 동남산과 경애왕릉에서 삼릉으로 올라 용장사지, 신선암, 칠불암으로 종주하는 길고도 드라마틱한 남산의 핵심을 걷는다.

3길 **오릉에서 헌강왕릉, 정강왕릉**

**오릉 → 천관사지 → 화백정 → 상서장 → 감실부처
→ 이름 모를 마애불 → 탑곡 마애불 → 보리사 → 임업시험장
→ 헌강왕릉 → 정강왕릉**

4길 **경애왕릉에서 서출지(남산 종주)**

**경애왕릉 → 삼릉 → 상선암 → 용장사지 → 신선암 마애불 → 칠불암
→ 서출지**

•쓸쓸하고 어지러운 흔적의 천관사지 석탑.

쓸쓸히 누워 있는
동남산의 왕릉들

 **3길** **오릉에서 헌강왕릉, 정강왕릉**

오릉을 기준으로 지금까지 걸어온 서남산의 왕릉이 박씨 왕릉이었다면 이제 김씨의 헌강왕릉, 정강왕릉이 있는 동남산을 걸어볼 차례다. 오릉이 있는 서쪽 끝 천관사지를 돌아 반월성을 한눈에 내려다보면서 북쪽을 돌아 동쪽으로 향하는 아름답고 의미 있는 남산 왕릉 길이다. 중간중간 남산 언저리에 의지한 채 소박하게 살아가는 정겨운 마을을 만날 수 있다. 그리고 바람 따라 구름 따라 신선처럼 살다간 자유로운 영혼 최치원이 쓰러지는 마지막 신라를 일으켜 세우려고 진성여왕에게 올린 상서장 '시무(時務) 10조'를 위시하여, 고요한 침묵을 지키며 바위 속에 앉아 있는 감실부처가 있다. 이 감실부처와 탑곡 마애불 사이에 잘 알려지지 않은 마애불이 소박하게 앉아 있어 새로운 경이감을 자아낸다. 거대한 바위에 불교의 여러 형상을 사방으로 새겨놓은 부처바위는 다양화의 백미를 보여준다. 보리사에는 남산의 모든 불상 중에서 가장 온전하게 남아 있는 석불이 앉아 있고, 산 중턱에는 참으로 소박하고 앙증스러운 마애불이 배반들판을 바라보고 있다. 임업시험장과 화랑교육원을 지나면 솔숲에 헌강왕과 정강왕이 고요히 누워 있다. 무엇

보다도 번잡하지 않고 각각의 개성 있는 주인공들이 발길을 기다리고 있다.

뜻을 위해 사랑을 버리고

오릉 정문 동쪽 입구에서 출발했다. 숭덕전 정문 건너 입구에 천관사지 팻말이 보인다. 곧이어 나타난 옛 흙돌담길이 얼마나 반가운지 모르겠다. 얼마 지나지 않아 허허벌판이 나오고, 쭉 걸어가니 풀숲에 아무렇게나 방치된 천관사지가 나온다. 사연 많고 가슴 아련한 사랑 이야기가 서려 있는 천관사지를 어떻게 이렇게 방치할 수 있단 말인가? 그리움이 아롱질 때 간간히 찾으면 폐사지의 쓸쓸한 여운이 묘한 감흥을 주었는데, 국립경주문화재연구소에서 발굴만 하고 풀도 자르지 않아 쑥대밭이 되어버렸다. 지금은 탑의 잔재 일부와 유구(遺構)만 풀숲에 뒹굴고 있다. 천관사지는 어떤 곳인가? 신라 명장 김유신과 천관녀의 이루어질 수 없는 애잔한 사랑의 향기가 머물러 있는 현장이다.

　　고대사회는 신분사회다. 김유신의 모친인 만명부인(萬明夫人)은 왕족이라 같은 왕족과 결혼하면 신라 최고 등급인 성골이 되지만, 그녀가 사랑했던 김유신의 아버지 김서현은 멸망한 가야의 왕족으로 신라에서는 진골도 아닌 귀족이었다. 부모의 반대로 가출하면서 신분보다 사랑을 택하고 연애결혼한 만명부인이지만 아들 김유신이 천한 천관녀와 놀아나는 것은 용납할 수 없었다. 옛날이나 지금이나 두 사람이 아무리 좋아도 집안의 결사반대에 부닥치면 난감할 수밖에 없다. 그러나 원수 집안이라는 장애물이 애틋한 사랑이 되어 『로미오와 줄리엣』이 탄생했듯이, 천관녀와의 극복할 수 없는 신분의 한계는 냉정한 성숙의 이별로 승화된다. 한계에 부딪힌 사람 가운데 극소수는 다른 쪽에 매진해 영롱한 꽃을 피우기도 하지만 대게는 세상을 하직해버린다. 죽음의 장소도 시대에 따라 변해 이전처럼 뒷동산에서 목매 죽는 경우는 드물고, 요즘엔 주로 한강이나 아파트 옥상 혹은 고층에서 투신 자살한다. 6, 70년대에 여인들은 호텔이나 여관에 혼자 투숙해 문을 잠그고 음독자살하거나 맑은 계곡 폭포수 아래에 신발을 가지런히 벗어놓고 옷을 입은 채 물에 빠져 죽었다.

천관녀도 지금 같으면 김유신과 보따리 싸들고 서울이나 부산으로 도망 가면 되지만 당시에는 그럴 수도 없는 모양이었다. 모친의 반대로 다시는 천관 녀와 만나지 않겠다고 약속한 김유신은 어느 날 술을 마신 후 자신의 말이 그를 태우고 천관녀 집으로 가자 술이 깬 후 칼로 말의 목을 치고, 울면서 달려온 천관녀에게는 눈길조차 주지 않고 돌아섰다. 그렇게 가버린 김유신은 아무리 기다려도 오지 않았고 흐르는 세월만 무정할 뿐이었다. 휴대전화라도 있었다면 그립다고, 보고 싶다고 음성이나 문자 메시지, 카톡 아니면 이메일이라도 남길 것인데 당시 그런 것들이 있을 리 만무하다. 김유신은 용맹 정진해 삼국통일의 주역이 되고 천관녀는 여승이 되어 임을 위해 빌고 빌다 죽어갔다. 통일을 이룬 후 백발의 김유신은 옛 연인인 천관녀를 위해 그가 살았던 여기에 천관사를 세우고 향을 피워 명복을 빌었다. 이처럼 사랑에는 여인이 더 순수하고 진실하다. 서로 사랑할 때에는 온갖 맹세를 하고 큰소리를 치다가 막상 위기에 처하면 대부분의 남자들은 현실로 돌아서고 냉정하며 나약해진다. 그러나 여인들은 사랑했다면 어떤 희생도 마다하지 않고 목숨까지 바친다.

옛사람들은 지고지순한 천관녀를 어떻게 표현했을까? 고려의 문신 이규보(1168~1241)의 『파한집』에는 천관사에 관한 이공승(1099~1183)의 시구절이 실려 있다.

천관사 옛 사연 들으니 처연하다.
정 많은 공자(김유신)가 꽃 아래 놀았더니
원망을 품은 아름다운 여인이 말 앞에서 울었네.

　문장과 글이 뛰어나 조선 최초로 양 대제학을 한꺼번에 했던 사가정(四佳亭) 서거정(徐居正, 1420~1488)도 경주에 와서 김유신 묘를 지나면서 감흥에 젖어 노래했다.

　오래된 천관사 지금 어디멘고(天官寺古知何處).
　만고에 아름다운 여인 그 이름(김유신)이 따라 전하네(萬古蛾眉姓字隨).

　현대의 시인 박순원(1965~)은 이 사랑 이야기를 '바람의 검심'이라는 시에서 현 세태와 결부해 절묘하게 풀어냈다.

　술을 먹고 말을 타고 꾸벅꾸벅 졸며 집으로 돌아가는데
　말이 옛 애인의 집에 다다랐다.
　나는 가슴이 너무 아팠으나 꾹 참고
　지체 없이 칼을 뽑아 말의 목을 내리쳤다.
　나는 말이 한 마리밖에 없었으므로 칼등으로 내리쳤다.
　나는 생명을 사랑했으므로
　옛 애인은 반갑게 뛰어나왔다가
　소리 없이 울기만 했다.
　나는 생명을 사랑했으므로
　말이 한 마리밖에 없었으므로
　너무 많이 취했으므로
　가슴이 아파서 제대로 몸을 가눌 수 없었으므로
　옛 애인은 이사를 했고 전화번호도 바꾸었다.
　그때 내가 말의 목을 치지 않은 것은
　정말 잘한 일이다.

그 전에 술을 마시고 크게 취한 것도
정말 잘한 일이다.

지금같이 영웅이 없는 시대에 마마보이나 효자가 되어 옛 애인을 매정하게 뿌리치고 말의 목을 잔인하게 잘라 뜻을 세워 출세해야 한다면 나는 싫다. 나는 칼이 아니라 손으로 말의 목을 내리치면서 내 마음의 발길을 원망하겠다.

이처럼 사랑의 사연이 어려 있는 천관사지를 발굴하고 흩어진 잔재들을 모아 탑도 세워야 한다. 특히 이곳에 있던 문화재 석재들을 경주고등학교에 가져간 것은 학생들 교육에도 좋지 않으니 되돌려 놓던지 경주박물관에 돌려주어야 한다. 국립경주박물관 신관의 가루라상도 여기에 있던 것이다. 세워놓은 유치한 그림에 말의 목을 내리치는 상황 앞에서 어쩔 줄 몰라 하는 천관녀가 애처로워 보인다. 이곳 천원마을도 천관녀와 연관된 무슨 사연을 안고 있는 것일까?

기울어가는 신라

다시 길을 걸었다. 저 아래 월정교 다리의 긴 누각 건물이 위용을 뽐내고 있다. 남산의 북쪽 끝을 도당산이라 하는데 경주톨게이트에서 보문단지로 가는 길을 내면서 남산을 잘라버렸다. 터널로 만들었다면 남산도 잘리지 않았을 테니 아쉽기 그지없는데 지금에야 만들어놓았다.

중요한 일을 결정할 때는 장소가 중요하다. 지금같이 실내 공간이 적절치 않은 과거에는 중요한 일을 논할 때 산 좋고 물 맑은 곳이나 신령스러운 곳을 택했다. 『삼국유사』에도 "신라에는 신령스런 땅이 네 곳 있었다. 큰일을 의논할 때마다 대신들은 반드시 그곳에 모여 의논하였고, 그렇게 하면 그 일이 반드시 이루어졌다. 그중 한 곳이 남쪽 우지산(亐知山)인데 진덕왕 대에 알천공, 술종공, 호림공(자장의 아버지), 염장공, 유신공이 남산 우지암에 모여 나랏일을 의논하였다.”고 했듯이 신라시대 왕과 귀족들이 이곳 도당산에 모여 중요한 결정을 했다. 경주의 지리지인 『동경통지』에도 “도당산은 경주부 남쪽 5리에 있는데 신라는 왕의 즉위 의례를 반드시 이곳에서 했다.”라는 내용이 나와 있다. 왕의 취임 의례를 여기 도당산에서 했다는 것이다. 이 도당산 북쪽 끝에는 화백정 정자를 세워놓아 경주 시내가 한눈에 보이고, 터널 위로 남산을 잇는 길을 만들어놓아 다행이다.

봄을 기다리는 반월성을 보면서 도당산을 돌아 동쪽으로 향했다. 좁은 굴다리를 지나는 도중에 차 타고 수없이 지날 때는 몰랐던 굴다리 벽 ‘화랑어린이 게시판’에 세로로 새겨놓은 ‘마을도 새마을 마음도 새마을’이 보여 잠시 6, 70년대가 떠올랐다. 돌이서 올라가면 주차장이 나오고 정문까지 직선으로 높게 돌계단을 해놓았다. 그대로 계단을 올랐으나 문은 잠겨 있고 ‘돌아가시오’라고 쓰인 팻말대로 다시 내려와 돌아갔다. 이름대로 글을 올렸다는 상서장(上書莊)인데 신라 말 대학자 최치원이 난국의 신라를 살려보려고 진성여왕에게 시무 10조를 올렸다는 곳이다.

전체를 조망하기 위해 뒷산에 올랐다. 마침 관리인이 사는 집 굴뚝에서 연기가 피어올랐다. 저녁 연기는 언제나 정겹고 마음을 평화롭게 한다. 관리인이 살고 있는 집 안을 통과해 옆문으로 상서장에 들어섰다. 개는 왜 저리도 사납게 짖어대는지. 개도 주인을 닮는다는 말처럼 개 수준은 집주인 수준과 비례하는가? 사람 하나 없는 상서장은 역사의 흔적만 남았는데 턱 밑에서 수시로 지나가는 차 소음이 마음을 어지럽힌다. 기능과 역할이 끝나 형식만 남은 수많은 서원과 향교 문중의 재실 등은 새로운 기능으로 활용하지 않으면 국민의 세금만 축내는 흉물로 전락한다. 사람이 살지 않으니 건물

상서장과 저녁 연기.

은 빨리 훼손되고 담장도 쉽게 허물어져 문화재 전담 업체에 맡기면 보수 비용이 일반 건축 비용보다 훨씬 많이 들기 때문에 국민의 세금만 축낸다. 어떤 식이든 지금 시대에 맞게 활용해야 한다.

최치원이 진성여왕에게 올린 시무 10조의 개혁안은 어떤 내용일까? 첫째, 궁궐을 옮길 것, 둘째, 관리의 수를 줄이고 녹봉을 적당히 할 것, 셋째, 토지 제도를 바로잡고 토지를 돌려줄 것, 넷째, 선량한 관리를 임명하고 세금을 적당히 할 것, 다섯째, 공물 진상을 금하고 안찰사의 임무를 명확히 할 것, 여섯째, 승려의 왕궁 출입과 고리대금업을 금할 것, 일곱째, 탐관오리를 징벌하되 잘한 자는 상 줄 것, 여덟째, 관리의 사치를 금할 것, 아홉째, 비보사찰 이외에는 모두 없애고 함부로 절을 세우는 것을 금할 것, 열째, 신하의 간언을 용납하고 바른말하는 관리를 등용할 것.

신라 하대의 진성여왕 시대는 권력 싸움인 진골들의 왕위 쟁탈전에 핍박받는 농민들의 궁핍한 삶이 반란으로 이어지고 이 틈에 새로운 호족들이 발호하여, 기울어져가는 신라를 개혁해보려는 당대의 지식인 최치원의 개혁안이 먹혀들지 않았다. 세금과 고리대금, 탐관오리와 간신들은 시대를 초월하나보다. 요즘 시대라고 해서 별반 다르지 않다. 부의 편중과 극심한 양극화 현상에, 있는 사람은 무조건 저리로 대출을 받지만 서민들은 은행에서 돈을 안 빌려주니 고리대금을 쓴다. 바른말하면 나쁜 사람이라며 자르고, 내시보다 못한 골수 친박들이 조폭 수준보다 못한 대통령을 추종하는 꼴들은 어쩜 저리도 뻔뻔할까.

최치원은 어떤 사람인가

최치원(857~?)을 한마디로 정의 내리기는 어렵다. 불교 국가 신라에서 승려나 장군, 화랑 등은 많이 등장하지만 최치원은 유학자이면서도 유불선(儒佛仙)을 통섭한 신라 말의 천재적인 문장가이자 고뇌하는 지식인의 표상으로 우리 역사에 남아 있다. 동서양을 막론하고 고대사회는 철저한 신분제로 국가를 유지했다. 최치원은 원효와 같이 신라 최고의 신분인 성골, 진골, 귀족 다음의 6두품으로 최고직에 올랐는데도 아찬(지금의 군수, 구청장 정도의 직급)인 중간 관리였다. 사람의 얼굴과 품성, 재주는 타고나는 것이라 그는 어려서부터 소위 얼짱에 학문까지 좋아하는 학짱이었다. 당시 가장 선진국인 당나라에 유학을 보내달라고 졸라대니 아버지는 "10년 안에 과거에 오르지 못하면 내 아들이 아니다. 가서 열심히 해라(十年不第 卽非吾子也 行矣勉之)."라는 당부의 말로 유학을 보냈으니 최치원은 열두 살 어린 나이에 조기유학의 길에 오른다. 열심히 노력한 그는 유학 6년(874) 만인 18세 약관의 나이에 과거에 급제해 아버지의 기대에 부응한다. 물론 중국인과 같이 보는 것이 아니고 외국인들만 보는 빈공과(賓貢科)에 장원급제한 것이다. 그 후 발해 사람이 이 빈공과에서 또 한 명의 장원급제자로 나온다. 오늘날 전 세계가 글로벌 시대라고 외쳐대 다른 나라에 귀화하고 살아도 그 나라의 주류 사회에 진입하기가 여간 어려운 것이 아니듯이, 전 중국을 통틀어 가장 국제적이었던 당나라라 해도 두각을 나타내는 것은 쉬운 일이 아니다. 그래서 군인은 전쟁이 나야 졸장이 되든 명장이 되든 이름을 역사에 올리고, 문인은 글 쓸 기회가 있어야 명문장이 탄생하는 법이다. 로마시대부터 서양은 웅변으로 군중을 사로잡는다면 동양은 문장, 즉 격문(오늘날 대자보)으로 사람의 마음을 움직인다. 최치원 역시 관리 생활을 하면서 틈틈이 책을 지었다. 그런 사이에 스물두 살(878) 때 결정적으로 문명을 날릴 기회가 왔다. 나라가 망할 때는 말기적 현상이 있다. 백성을 위하기보다 백성의 피를 빨아먹는 가혹한 정치가 이루어지면서 일부 권력과 특권층만 배부르게 잘산다. 당의 희종(873~888) 때 환관들의 횡포와 수탈이 극에 달해 각지에서 농민반란이 일어

83

난다. 평민 출신 소금장수 황소의 반란(875~884)으로 희종황제도 수도 장안을 빠져나와 피난길에 오르고 황소는 황실을 점령했지만 승리감에 도취되어 희종을 쫓지 않아 관군의 역습으로 패하고 자결하는데 관군 고변의 종사관으로 참여한 최치원은 황소에게 격문을 보내 그의 간담을 서늘하게 해 전의를 상실케 했다. 이 명문장은 우리나라에 현존하는 가장 오래된 그의 문집 『계원필경(桂苑筆耕)』에 실려 있다. 그 글을 살펴보자.

황소에게 고하노니(告黃巢)
무릇 바른 것을 지키고 떳떳함을 행하는 것을 도(道)라 하고(夫守正修常曰道)
위험한 때를 당하여 변통하는 것을 권(權)이라 한다(臨危制變曰權).
지혜 있는 자는 시기에 순응하는 데서 성공하고(智者成之於順時)

어리석은 자는 이치를 거스르는 데서 패하는 법이다(愚者敗之於逆理).

그리하여 비록 백 년의 수명에(然則雖百年繫命)

죽고 사는 것은 기약하기 어려우나(生死難期)

모든 일은 마음으로써(而萬事主心)

옳고 그른 것을 분별할 수 있는 것이다(是非可變).

……

천하의 모든 사람들이 너를 죽이려고 생각할 뿐만 아니라 또한 땅속의 귀신들도 이미 죽이기로 의논하였다(不惟天下之人皆思顯戮 抑亦地中之鬼 已議陰誅).

……

무릇 사람의 일이란 자기가 자기를 아는 것보다 좋은 것이 없다(凡爲人 事莫若自知).

……

너는 듣지 못하였느냐(汝不聽乎).

도덕경에 이르기를(道德經云)

"회오리바람은 하루아침을 가지 못하고, 소낙비는 온종일을 갈 수 없다." 하였으니(飄風不終朝驟雨不終日)

하늘의 조화도 오히려 오래가지 못하거늘(天地尙不能久)

하물며 사람이 하는 일이야(況於人乎).

또 듣지 못하였느냐(又不聽乎).

춘추전에 이르기를(春秋傳曰)

"하늘이 아직 나쁜 자를 놓아두는 것은(天之假助不善)

복되게 하려는 것이 아니고(非祚之也)

그 죄악이 짙기를 기다려 벌을 내리려는 것이다(厚期凶惡而降之罰).

……

너는 모름지기 진퇴를 참작하고 옳고 그른 것을 분별하라(爾須酌量進退
分別否藏).
배반하다가 멸망하기보다(與其叛而滅亡)
어찌 귀순하여 영화롭게 되는 것이 낫지 않겠느냐(曷若順而榮貴).
……

최치원의 '토황소격문' 일부인데 웅혼하면서도 곳곳이 번쩍번쩍 빛나고
화려하다. 22세의 글이라고는 믿기지 않고 4, 50대의 완숙함이 우러나야 쓸
수 있는 글이다. 사람을 얼리고 울리고, 올렸다 내렸다 할 수 있는 웅혼한 문
장이다. 황소의 난은 진압되었지만 당나라가 서서히 몰락의 길을 걷고 있어
최치원은 28세(884) 때 신라로 귀국하지만 신라 역시 황혼기로 접어들어 꿈
을 펼칠 수가 없었고 지방 한직에 머물다 시무 10조를 올리며 국정 타개책을
내놓아도 먹혀들지 않자 미련 없이 세상을 등지고 가야산 해인사로 들어가
버렸다.

물이 미친 듯 휩쓸어가니(狂噴疊石吼重巒)
지척 간이라도 말소리 듣기 어려우나(人語難分咫尺間)
그러나 사람의 시비소리는 들을까 두려워(常恐是非聲到耳)
일부러 흐르는 물로 온 산을 에워쌌네(故敎流水盡籠山).

그는 해인사 홍류계곡에 남긴 위의 시에 자신의 뜻과 마음을 담고 자신
의 호대로 외로운 구름(孤雲)이 되어 사라졌다. 최치원이 시를 워낙 잘 짓다보
니 여러 설화가 등장한다. 로마가 늑대의 자손이듯이 경주 최씨의 시조인 최
치원은 그의 어머니가 임신 4개월에 금돼지(金猪)에게 납치되어 14개월 만에
최치원을 낳자 아버지가 무인도에 버렸으나 선녀들이 양육했다. 또 재상의 머

습으로 들어가 재상의 딸이 꽃밭에서 "꽃이 난간 앞에서 웃으나 그 웃음소리는 듣지 못한다(花笑檻前聲未聽)."라고 하자 최치원은 "새가 수풀에서 울어도 눈물을 보기 어렵구나(鳥碲林下淚難看)."라고 응수하여 재상집 사위가 된다.

유학 중에 고향을 그리며 쓴 '추야우중(秋夜雨中)' 역시 쓸쓸함이 드러난 명문이다.

가을바람 쓸쓸한데 애써 시를 지으니(秋風惟苦吟)
바깥세상 길 외국이라 아는 이 적구나(世路少知音).
창밖 삼경의 빗소리 외로운데(窓外三更雨)
등 앞에 앉아 마음만 고향 만리(燈前萬里心).

상서장 여기저기를 둘러보아도 형식만 남은 이 시대에는 아무런 감흥이 없다. 차 소음은 왜 이리 울리는지, 살아서나 죽어서나 최치원은 마음 편안할 날이 없겠다. 최치원은 함양에 상림 숲을 만들고 방랑자가 되어 탄생 설화가 깃든 군산의 내초도, 광주, 순창, 익산 등과 지리산 쌍계사, 합천 해인사, 창원 마산의 월영대, 부산 해운대와 이곳 남산을 비롯해 전국의 명승지를 돌아다녔는데, 이상하게 경주에 있는 최치원의 유적지는 전부 산업도로 옆이라 차 소음이 심하다. 우선 여기 상서장과 저기 낭산 서쪽 끝머리의, 책을 읽었던 독서당 그리고 황룡사지 남쪽 미탄사지 근처의 생가 모두가 길옆에 있어 평생 소음에 시달린다. 그래서 1천 년 뒤 이리 될 줄 알고 해인사로 들어가버렸는가.

최치원은 뜻을 이루지 못했지만 그의 정신은 남아 그의 후학들과 후손들이 호족연합체인 고려 귀족사회를 만드는 데 결정적 역할을 한다. 지금 시대 생명과 환경에 온몸을 바치는 수경 스님은 이 시무 10조를 지난 이명박 정부에 그대로 전하며 "지금도 늦지 않았다. 임기 내 업적에 집착하지 말고 공사(4대강)를 중단하라.”라고 했는데도 이명박은 꿈쩍도 않고 졸속으로 강행하여 완성하고 말았다. 언젠가는 큰 재앙이 되어 폭파해야 될 날이 올 것인데 이 죄를 어찌 감당할지. 토황소격문의 “하늘이 나쁜 자를 놓아두는 것은 복되게 하려는 것이 아니고 그 죄악이 짙기를 기다려 벌을 내리려는 것이다.”라는 구절이 떠오른다. 여기 쓸쓸한 상서장 같이 사람은 가도 작품은 남아 “심오한 이치는 마음을 닦는 데 얻을 수 있다.”라는 한 구절로 읽는 이의 심금을 울린다.

침묵의 감실부처

아래로 내려와 동남산을 걸었다. 음지, 양지마을에 들어서자 흐릿하던 하늘의 구름 사이로 햇볕이 보인다. 평생 한글운동에 온 열정을 쏟은 최햇빛 선생과 신라 문화 연구에 몸과 마음을 바친 고청 윤경렬 선생의 마음 같다. 감실부처로 오르는 계곡에 얼음이 꽁꽁 얼었지만 졸졸졸 물 흐르는 소리가 들렸다. 아무리 차가운 사람도 속정은 있듯이 차가운 얼음 속에도 얼음의 정이 흐르고 있다. 감실부처에 오르는 중에 등산객 두 사람이 몇 마디 주고받더니 산으로 올라갔다. 혼자 남았다. 이제는 먼 데서 들리는 차 소리가 가물거리고 태고의 신비에 싸인다. 환청인지 온갖 풀벌레 소리가 들리는 듯하다. 우선 옷부터 벗었다. 산을 오르거나 걸을 때 목티를 입지 말아야 하는데 오늘은 날씨도 어수선하고 평지를 가볍게 걷는다고 입고 나왔더니 땀이 날 듯하여 벗어버렸다. 감실부처를 조용히 찬찬히 보았다. 참 고요하고 수더분하게 앉아 있다. 우리네 이웃의 마음씨 좋은 할머니 같다. 그래서 경주 사람들은 그냥 할매부처로 불렀던 모양이다. 고개 빳빳이 들고 잘난 척하거나 어깨힘 잔뜩 들어간 근엄함도 없다. 어떤 종교든 초기에 들어올 때는 이처럼 어리숙한 모습이다. 그렇지 않으면 배척당한다. 이처럼 낮은 자세로 민중의 아픔을 어루만져주면서 교리를 널리 알린다.

　　특정 국가에 기독교(개신교)가 들어올 때도 선교사만 오지 않고 병을 치료할 수 있는 의사가 반드시 함께 들어온다. 초기 기독교의 「누가복음」, 「사도행전」의 저자 '누가'도 이방인(안디옥 사람)이면서 의사였고 사도 바울을 끝까지 보살폈다. 1884년 9월 22일 미국인 호레이스 알렌(Horace N. Allen, 1858~1932)이 중국을 거쳐 우리나라 최초의 선교사(북장로회)가 되는데 그 역시 의사였고, 한국명 안연(安連)으로 우리에게 많이 알려졌다. 지금 우리 역시 제 3세계 국가에 선교를 나갈 때 의사를 포함한 봉사단이 가지 않던가? 초기 기독교가 박해받으면서 전도할 때는 순수하게 민중을 위했지만, 완전히 자리 잡은 19세기 제국주의 때는 말로만 선교사들이지 제국주의의 첨병으로 비즈니스, 로비스트들이었다.

　　유교 국가였던 조선에는 임진왜란(1592) 때 일본을 통해서 천주교가 맛보기로 들어왔고, 정조(1776~1800) 때 북경을 통해 본격적으로 들어온 후에는 하층민과 정권에서 소외된 남인에게 전교되어 모진 핍박을 받는다. 이 상황을 간파한 열강들의 개신교(프로테스탄트)는 최고위층인 왕실과 밀착하여 구교(천주교) 같이 순교라는 피 흘리는 절차 없이 우아하고 합법적으로 전파하면서 막대한 이권을 챙긴다. 알렌이

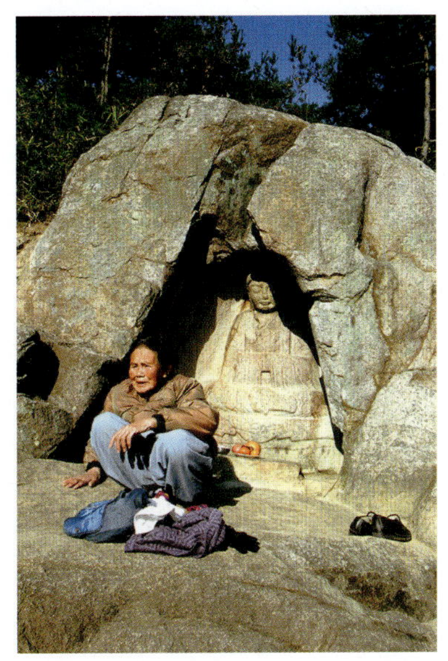

조선에 온 지 석 달도 채 안 된 1884년 12월 4일에 행운이 굴러들어왔다. 우정국 낙성식 때 김옥균 중심의 개화파들이 일본 군대를 동원해 갑신정변을 일으켰다. 제거 세력인 민영익은 수십 군데나 칼에 찔렸다. 알렌은 상처를 꿰매는 데 한 수하는 외과 의사였기에 고종은 놀라자빠진다. 알렌의 도움으로 왕비 민비의 친정조카 민영익이 3개월 만에 회복되자 알렌은 고종의 주치의인 시의(侍醫)가 되고 가선대부(嘉善大夫) 관직을 주며 국립의료원인 광혜원을 지어준다.

고종과 민비의 최측근이 된 알렌은 본성을 서서히 드러내 운산광산의 금광 채굴권을 따낸 후 프리미엄을 붙여 미국인에게 팔고, 경인철도 부설권을 따내 두 달 만에 2백만 원 프리미엄을 받고 일본에 넘겼다. 당시 '국채보상운동'으로 전 국민이 모은 돈이 2백만 원이었으니 실로 어마어마한 차익이다. 알렌 덕분에 미국은 서울 시내 전차 가설권과 수도 가설권을 따낸다. 또한 운산광산에서 40년 동안 금을 캐내 5천6백만 달러라는 엄청난 국부를 유출해갔다. 1천4백만 달러 이상의 순이익을 챙기면서 왕실에는 사례비 조로 20만 원과 월 사용료 6백 원을 상납했다. 거의 도둑놈, 강도 수준이다.

이 운산광산에 황금을 보려는 조선인들이 철조망 주위로 몰려들자 "노타치(No touch!)"를 외쳐댄 데에서 '노다지 금광'이라는 말이 등장했다. 먹을 것이 많으면 탐욕자들이 모여들 듯이 1885년 4월에 '백만장자 선교사' 언더우드(Underwood)와 감리교 선교사 아펜젤러(Appenzeller) 부부, 5월에는 감리교의 스크랜턴(Scranton)이 어머님과 함께 온다. 언더우드도 사업 수완이 좋아 미국에서 석유, 설탕, 농기구들을 수입해 막대한 이득을 챙긴다. 이 선교사들이 자기 돈 들여 선의를 베푼 것이 아니라 각종 이권으로 챙긴 이득으로 병원을 짓고 학교를 세웠던 것이다. 돈이 필요 이상으로 생기면 사치와 향락에 빠진다. 선교사들은 한 달에 3달러를 주고 하인을 부리고 가정부, 짐꾼, 가마꾼들을 채용해 위세를 과시하며 거드름을 피웠다. 지리산 천황봉에도 가마를 타고 갔다. 1920년 과수원에서 사과 한 개 따먹었다고 여덟 살 김명섭 아이의 얼굴에 염산으로 '도적'이라 새긴 하시모라는 짐승 수준의 선교사도 있었다.

조선이 열강들의 이권의 각축장이 되어 장로교와 감리교에 이어 영국의 성공회, 호주 장로교회, 캐나다 장로회, 침례교, 안식교, 성결교, 구세군 등의 온갖 교파가 들어오자 정리가 필요했다. 이들은 교파 간의 불필요한 경쟁을 피하기 위해 1890년 조선 팔도를 나누는데 전라도와 충청도는 남장로교, 경남은 호주 장로회, 경상북도와 황해도, 평안도는 북장로교, 함경도는 캐나다 선교회가 맡았다. 이 분할 안배는 오늘날 한국교회 분열 지역 배경과 일치한다.

그렇다면 불교는 어떤가? 이 땅에 공식적인 불교의 전래는 소수림왕 2년(372) 전진(前秦)의 부견왕(苻堅王)이 사신과 함께 승려 순도(順道)를 보내면서 불상(佛像)과 불경(佛經)을 전하면서 시작됐다. 백제는 침류왕 원년(384)에 동진(東晋)의 효무제(孝武帝)가 인도 승려 마라난타를 보내면서 불교가 유입됐다. 이와 같이 고구려와 백제는 강대국이 약소국에 국가사절단의 공식적인 문화 외교의 일환으로 승려를 보낸 것이라 선택의 여지도 없고 박해도 없이 대우받으면서 합법적인 지원 아래 불교가 전파되었다. 고구려는 사신을 보내 고맙다고 사례하고 순도가 갖고 온 책으로 자제들을 가르쳤으며 성문사(省門寺)와 이불란사(伊佛蘭寺)를 세워 순도 스님과 아도 스님을 각각 머무르게 하였다. 백제도 마라난타가 올 때 왕이 직접 교외에 나가 맞이할 정도로 예를 다했으니 그러한 왕실의 특혜 아래 널리 전파되었다. 더구나 마라난타 스님은 신통력과 주술에 신기한 이적을 보여 왕실의 안녕을 빌었으며, 불교는 고구려와 끊임없는 전쟁으로 동요하는 민심 수습의 새로운 지배 이념으로 정착하게 된다.

두 나라에 비해 신라는 숱한 우여곡절을 겪는다. 신라인들은 자신들의 문화와 토속신앙에 대한 높은 자의식 때문에 고구려 스님들의 포교에도 불교를 쉽사리 받아들이지 않았다. 19대 눌지왕(재위 417~458) 때 고구려에서 온 승려 묵호자는 일선(선산) 모례의 집 안에 굴을 파놓고 숨어 지내야 했다. 중국에서 사신이 향을 갖고 왔는데 사용하는 방법을 아무도 모른다는 소식을 듣고 설명해주고 때마침 공주가 중병에 걸려 향을 사르고 축원하여 병을 낫게 하니 왕은 기뻐서 후한 예물을 주지만 불교를 받아들이지는 않았다. 묵호자도 한계를 느꼈는지 왕에게 받은 예물을 모례에게 주고 사라져버렸다.

그 뒤 고구려의 정방(正方), 멸구자(滅垢玭) 스님이 신라에 들어와 포교하다 잡혀 죽었다. 21대 소지왕(재위 479~500) 때 고구려의 아도(我道)가 시자 세 명을 데리고 신라 대궐에 와서 포교의 자유를 청하다가 죽을 뻔해 다시 모례의 집으로 도망쳐 숨었다. 이상하게 신라의 공주들은 병이 잘 걸리는 모양이었다. 선덕여왕을 모델로 했다는 여기 감실부처를 한 번 더 자세히 보았다. 아주 부드럽고 평온했다. 아, 선덕여왕도 병이 있어 오랫동안 낫지 않았는데 밀본법사가 약사경을 읽자 병이 나았다 했지. 공주의 병을 아도가 고쳐주자 천경림에 신라 최초의 흥륜사(興輪寺)를 세워 일시적으로 포교를 했다. 그러나 이것도 공주의 병을 낫게 해준 보답으로 일시적인 것이었으므로 왕이 죽자 탄압을 받아 모례의 집으로 가서 무덤을 만들고 문을 잠근 채 열반에 들어갔다. 이토록 완고하던 신라도 법흥왕(527) 때 이차돈의 순교로 불교가 비로소 공인되었고 이후 급속도로 확장되어 온 천지가 불국토가 된다.

이런 어려운 과정을 거친 신라 초기의 불상들은 여기 감실부처처럼 한결같이 온화하고 수더분한 모습으로 만들어진다. 서쪽의 배리삼존불, 남산에 있다 국립경주박물관으로 옮겨간 삼화령 애기부처들이 통일 전 신라 초기의 불상들이다. 이 남산에 있는 나머지 유적들은 전부 통일 이후의 불상들이다.

바위 속 부처들의 속삭임

천천히 내려와 탑곡 마애불에 가기 전에 수없이 늘어선 바위 속에 숨은 듯이 새겨놓은 불상을 찾아갔다. 전에는 길이 없어 마을 안에 있는 월정사 경내로 들어가 쪽문으로 올라갔는데 산의 잡목들을 간벌해놓아 소나무 사이사이 산길을 걸어 올랐다. 깔끔히 정리해놓은 길에 여러 바위가 저마다의 개성을 발휘하면서 놓여 있었다. 신비롭고 아름다웠다.

크고 작은 바위들이 층층이 놓여 있고 가장 먼저 보이는 바위 앞에는 불전을 차린 흔적이 보인다. 중간쯤의 제일 큰 바위는 거대한 항공모함을 엎어놓은 모습인데 바위 좌우에 조그마한 불상이 보리수 아래에 앉아 있고 그 주위에는 알 수 없는 그림들을 새겨놓았다. 남산의 불상 중 거의 알려져 있지 않은 마애불이다. 이 바위에 얼마나 많은 사람들이 빌고 빌었을까? 물 한

*탑곡 마애불로 오르는길.

그릇 떠놓거나 향 하나 피워놓고 예를 다하여 지극정성으로 빈다면 무슨 소원이든 이루어질 것이다. 빌면서 마음이 이미 평안해지고 주어진 일에 최선을 다하게 되니 이루어질 확률이 높아지는 것이다. 현재의 상담이나 정신과 의사보다 과거 어머니들이 장독대에 정화수 한 그릇 올려놓고 비는 것이 지금의 속물적인 종교보다 얼마나 성스러우냐. 지금은 소위 말하는 고등종교가 지배하고 있지만 나는 둥근 달이나 여기 같은 자연의 바위, 정화수 한 그릇에 자신의 진심을 비는 원시종교(토템)가 훨씬 순수하고 믿는 이를 잘 지켜준다고 생각한다.

바위 위의 산에 올랐다. 바위와 어우러진 소나무가 참 아름다웠으나 여기도 몰지각한 사람이 묘를 써놓아 안타깝다. 하루빨리 묘를 정리하는 아름다움을 발휘하길 바란다. 여기서 산길 따라 탑곡 가는 길이 있으면 얼마나

좋으랴. 그야말로 나를 찾는 불국토에 이르는 길이 될 텐데……. 아래로 내려와 월정사 쪽문으로 들어가 대문으로 나오는데 절이 팔렸는지 폐허가 되어 있다.

다시 탑곡 마애불로 향했다. 나지막하게 경사진 오솔길, 물 흐르는 계곡에 자리한 조그마한 절, 큰 바위의 다양한 마애불. 누구나 좋아할 환상적인 분위기다. 절집들이 화려하거나 크지 않으면서 나지막하고 적당해 언제와도 좋았는데 근래에 지은 종무소 건물은 영 아니다. 공간은 옛 건물 크기인데 위로 너무 솟아올라 균형이 깨져버렸다. 안목 없는 스님과 목재를 가능한 한 많이 들게 해 돈을 벌려는 속된 업자의 합작품이다. 지붕과 기둥이 각각 한 자씩만 낮았다면 보는 눈이 얼마나 행복했을까?

그래도 이 정도는 그나마 봐줄 만한데, 이 남산 언저리에 돈으로 치장

해 눈을 피곤하게 하는 졸부들의 집 전시장이 한두 군데가 아니기 때문이다. 하기야 돌고 도는 것이 돈이라지만, 돈도 눈이 있어 아무에게나 붙지 않는 모양이다. 아무래도 안목 있는 착한 사람은 돈이 피해가나 보다. 돈이 있으면 안목이 안 되고 안목이 있으면 돈이 없는 것이 세상 이치인가.

그래도 제일 안쪽 요사채인 낡은 삼소헌(三笑軒) 건물이 옛 모습 그대로 남아 있어 다행이다. 국가가 좌표를 잃었을 때나 주권을 잃었을 때 가장 아름다운 일은 좌표를 바로세우고 나라를 찾기 위한 독립운동이다. 40년의 짧은 삶 중에서 17번이나 투옥되어 북경 감옥에서 순국한 민족시인 이육사(1904~1944)는 독립운동보다도 민족의 웅혼한 혼을 깨우는 저항시인으로 더 잘 알려져 있다. "까마득한 날에/ 하늘이 처음 열리고 …… 지금 눈 내리고 매화 향기 홀로 아득하니/ 백마 타고 오는 초인이 있어 …… 목 놓아 부르게 하리라."『광야』의 이 한 구절 한 구절이 얼마나 우리의 가슴을 뜨겁게 울렸던가. 이육사는 32세(1936)과 38세(1942)에 투옥의 시달림에 요양차 두 번이나 경주에 와서 이곳 옥룡암에서 지낸다.

특히 더운 7월에 여기에 왔으니 "내 고장 칠월은/ 청포도가 익어가는 시절/ …… 내가 바라는 손님은 고달픈 몸으로/ 청포를 입고 온다고 했으니"라는 '청포도'의 초고가 탄생한다.

계곡에는 추운 겨울만큼 하얀 얼음이 뽀오얀 웃음을 보내고 있었다. 천천히 올랐다. 오른쪽에 신라시대의 아주 작은 석탑이 일부만 남아 자신의 존재를 알리고 있다. 대웅전과 요사채 그리고 칠성각이 알맞은 크기로 놓여 있다. 이 요사채 건물에 일로향각(一露香閣)의 추사가 쓴 현판이 있다. 추사는 금석학자라 경주에 몇 번이나 왔을 텐데 그때 이곳에 들러 쓴 모양이다. 그 앞마당에 제법 큰 단풍나무가 세월의 무게를 안고 의연하게 서 있다. 태어날 때 집안 좋고 얼굴 잘나고 공부 잘한 것이 아니라 별 볼 일 없었는데 묵묵히 자신을 가꾸는 각고의 노력 끝에 전체적으로 어울리는 멋있는 단풍나

다소곳이 앉아 있는 탑곡 마애불.

무가 되었다.

이렇게 자신을 잘 가꾸어 희망과 아름다움을 품은 나무를 보면서 스스로를 되돌아본다. 나는 얼마나 혼신의 힘을 다하여 노력했으며 남에게 얼마나 아름다운 감동을 주었는가?

무자비한 문화재 보호

탑곡 마애불을 만나러 얼마나 자주 올랐던가. 이십 대였던 1985년 신록이 산천을 물들이던 어느 봄날 남산을 종주하는 중에 처음 왔을 때 얼마나 가슴 시린 아름다움을 느꼈는지 모른다. 남산 종주는 많은 시간이 필요하지만 남산을 가볍게 맛보는 것은 필수 코스다. 저마다의 특징을 지닌 남산의 유적 중에 여기만큼 사방에 다양하게 새겨놓아 애틋한 긴장을 풀어내는 유적이 있을까? 탑과 불상, 스님상, 비천상, 사자상 등 온갖 것들이 자신의 존재를 드러내고 다른 것도 살아나게 해 공생의 절묘한 관계를 보는 것 같다.

세월 따라 문화재를 가꾸고 보호하는 수준과 관람객들의 열정, 길잡이의 안내 수준이 묘하게 비례하는 것 같다. 여기만 보아도 80년대는 철 막음도 없었고 바위의 이끼도 그대로 놓여 있어 자연과 문화유적이 서로 유기적 관계로 보완 역할을 해 감동을 주었다. 보는 사람들도 진지했고 길잡이도 열정적이었다.

그러다가 90년대부터는 철 막음을 하고 바위의 이끼도 걷어내면서 유적 주위를 정리해나가더니 결국 2000년대에 들어서자 무자비한 정비가 시작되었다. 북쪽에 아름드리 산벚나무가 흐드러지게 꽃필 때면 극락세계, 무릉도원이었는데, 어느 날 벚나무와 소나무가 모조리 싹둑 잘려 있었다. 입에서 개새끼, 소새끼가 막 터져나왔다. 날짜도 기억한다. 박원순 변호사(현 서울

시장)가 우리 집 수오재에서 이틀을 지내면서 첫날 자고 다음 날 기행을 왔는데 잘린 나무가 너무도 싱싱했다. 어떻게 그렇게 큰 나무를 자를 수 있단 말인가. 분명 유적 바위의 햇빛을 가린다고 베었을 것인데, 나무가 북쪽에 있어 별 영향도 없고 유적지에 그늘이 무슨 해가 되는가! 문화재를 지키고 보호하는 수준이 어째서 이 정도인지 원통하고 분통이 터진다. 잘린 둥치가 말없이 인간을 원망하고 있다.

지금은 어떠한가. 얼마 전에 쇠말뚝에 용접을 하더니만 아주 편리하게 쇠 난간 길을 만들어 속기가 물씬 풍긴다. 마치 동물원에 갇힌 사자 같다. 전에는 생방송이라면 지금은 녹화방송을 보는 것 같아 짜릿한 긴장감이 없다. 그래서 북쪽 바위의 사자가 울부짖고 있었구나. 해설사들은 소수의 고수들을 제외하고 무대의 가수처럼 마이크를 아무 곳에서나 쓴다. 박물관, 남산, 불국사, 안압지, 대릉원 등등에 오는 해설사들도 꼭 마이크로 설명한다. 또 다른 문화 공해다. 문화재 해설은 주입식으로 설명을 하는 것이 아니다. 함께 느끼고 공감할 수 있도록 보는 이의 마음을 살짝 건드려주는 것이다. 전국에 수많은 해설사가 생기다보니 하향 평준화되었다. 해설사의 역사는 2002년 한일 월드컵 때 정부에서 지원해 교육시켜 배출한 것이 본격적인 시작이다. 그전에는 정말 자기가 좋아서 온갖 노력과 인문학 전반에 걸쳐 해박한 논리를 기른, 해설에 혼이 들어간 답사 길잡이들이 주를 이뤘다. 해설을 듣는 무리 중 뒤에 있는 사람은 잘 들리지 않아도 느낌과 표정으로 다 알아차린다. 마이크를 쓰면 꼭 문화재를 팔아먹는 약장수 같다.

지금의 옥룡암은 근래의 이름이고 신라 때는 '신인사(神印寺)'란 기와 명문이 나온 데에서 알 수 있듯이 밀교 계통의 절로 추정한다. 제일 먼저 반기는 북쪽 면은 좌우에 거대한 7층, 9층탑을 세우고 중앙에 천개(天蓋)를 쓴 부처님이 앉아 계신다. 지금 같으면 좌우 탑을 7층 아니면 9층으로 통일시켰을 것이다. 이 9층탑을 사라진 황룡사 9층 목탑의 형태로 추정한다. 맨 아래는

99

어설프게 생긴 사자 두 마리가 지키고 있다. 어리숙해 보여도 얼마나 잘 지켰는지 1천 년 넘게 그대로이지 않은가. 단단하고 강하면 부러지는데 유연하고 부드러우면 잠시 흔들릴 뿐 부러지지 않는다. 노자의 외유내강(外柔內剛)인가, 내유외강(內柔外剛)인가?

동면에는 두광도 선명하고 맑게 앉아 있는 예쁜 부처, 하늘에서 꽃비를 타고 오는 선녀, 다소곳이 앉아 향 피워 공양하는 스님, 부처가 득도했던 보리수 아래에서 눈이 오나 비가 오나 고요히 명상에 잠겨 있는 스님이 있다. 사람들은 스스로 자신을 알 텐데도 하나님, 부처님을 찾아 헌금 많이 하면 복 받고 천당 가고 극락 간다고 착각한다. 지극한 마음 공양이 제일이고 다음이 꽃과 향 공양이라 여기 스님도 이렇게 향 피워 공양하지 않는가. 무너진 신라 탑 일부를 새로 만들어 세워놓았는데 그 자체는 C급이지만 소나무 사이로 보면 대단한 아름다움을 풍긴다.

남면은 전혀 다른 분위기다. 마애삼존불 앞 바위에 나무를 세웠던 흔적으로 보아 석굴 사원의 형태였을 것이다. 이번에 바위 전체의 찌꺼기를 닦아내 선명하게 보이긴 하지만 세월의 연륜은 없다. 남면 맨 앞 바위에 조용히 앉아 있는 스님상이 묘하다. 언제였던가. 서울의 어느 단체 기행 중에 묻지도 않았는데 누군가가 이 스님상을 보고 "이승만이 닮았다." 하기에 그렇게 보니 모습이 닮아 보였다. 그 뒤로 누구 닮았는지 간간히 물어보면 '탤런트 전원주'부터 온갖 사람이 등장했고, 현대중공업 임원 부인들이 왔을 때에는 '축구선수 이천수'라 했다. 그렇다. 불상과 스님상이 인도 것 다르고 중국 것 다르듯이 불상 만드는 큰 원칙(32상과 80종호)을 따르되 결국 그 나라 그 시대의 두루 원만한 사람을 만들기 마련이다. 80년대에 전국을 기행하던 당시 초소나 검문소를 통과할 때 헌병들이나 경찰들이 버스에 올라 "잠시 검문하겠습니다."라고 하면서 거수경례를 했다. 그리고 "안녕히 돌아가십시오."라는 인사가 끝나자마자 웃음이 툭툭 터진다. 하루에 두 번이나 세 번 검문을 당하기도 했는데 꼭 검문당하는 사람이 또 검문을 당해 두 번, 세 번 주민등록증 꺼낸다는 것이다. 범죄형의 얼굴을 불상이나 스님상으로 하겠는가. 보통은 그 시대의 호감 가는 원만한 사람 얼굴을 하고 있기 마련이다. 고려대학교 출신들이 기행(고답회) 왔을 때는 그때 당시 잠시 다크호스였던 '안철수'가 튀어나왔고, 배국환 전 기획재정부차관 일행들이 왔을 때는 ○○○이 나와 모두 한바탕 웃었다. 손자 생일선물로 3대가 함께 2박 3일 경주에 왔을 때 홍석현 중앙일보 회장은 나의 말에 공감하며 이승만을 많이 닮았다고 했다. 그런데 이게 웬일인가. 2017년 6월 포항의 정신과 의사 모임 기행 때 보니 누군가가 눈을 떼어내 흉물로 변해 있었다. 아! 문화재를 훼손하는 짐승보다도 못한 인간이 여전히 존재한단 말인가.

이 남면 앞의 탑을 등지고 아래를 바라보면 자신이 지나온 여정이 한눈에 보인다. 이처럼 사람은 때로 멈추어야 자신이 지나온 길이 보인다. 비틀거리며 왔는지, 땀 흘리며 왔는지, 남을 아프게 하고 뛰어왔는지 돌아보면서 앞으로 가야 한다. 인간의 순수성을 간직한 채 영혼과 교감하는 아메리카 인디언들은 말을 타고 평원을 달리다 반드시 말을 멈추고 달려온 길을 돌아본다. 이처럼 미처 따라오지 못한 영혼을 기다리는 맑고 겸손한 심성을 우리는 배워야 한다. 소나무와 절 지붕, 저 멀리 낭산이 아스라이 보이는 절경이다.

서쪽 면은 면적도 적고 앉아 있는 불상 하나에 하늘에서 선녀가 비천상이 되어 날아오르고 있다. 신라시대가 문화적으로 현 시대보다 한 수 위다. 지금 같으면 볼 것 없이 정답이 나와 있다. 흙을 파내 북면과 동면을 같이 드러나게 하여 마애불을 새겼을 것이다. 없는 불상을 새겨넣는다는 생각이 오늘날 방식이라면 예전에는 도처에 있는 불상을 허용된 면적만큼 살짝 드러내는 것인데 이 수준은 하늘과 땅 차이다.

두루 원만한 속 깊은 부처

탑곡에서 내려와 사잇길로 보리사에 올랐다. 마을이 끝나자 일직선으로 쭉 오르는데 새 전봇대를 교체하면서 아름답던 벚나무 가로수를 다 잘라버렸다. 어찌 이리 무지할까? 왼편의 넓은 대나무 숲도 솎아주고 정리만 한다면 또 하나의 명물이 될 것인데 방치하고 지금은 철망을 쳐놓았다. 가파른 길을 스님의 무지함을 아쉬워하며 올랐다. 풀어놓은 흰 개가 짖어대고 새끼 강아지가 살살거린다. 절 마당 종각 옆에서 스님이 강아지를 부르는데도 별 반응이 없다.

보리사는 참 정갈한 절이다. 스님께 합장 인사하자 말을 건넨다. 간단히 답례만 하고 곧장 석불 쪽으로 올랐다. 나는 수없이 절에 와도 침묵으로 유물과 대화하지 스님과는 말하지 않는다. 예의로 합장만 하고 아주 맑은 영혼의 스님을 만나면 가볍게 몇 마디 주고받는다. 단 우리 집에 오는 스님,

*보리사 마애불과 개. **보리사 마애불 앞에서 필자의 아들과 딸. 유치원 다니던 막내가
올해 대학을 졸업하고 직장인이 되었으니 20년이 더 흘렀다.

비구니, 목사, 신부, 수녀 분들과는 온갖 대화를 한다. 속세니까.

　삼성각 앞의 세 그루 소나무(지금은 두 그루)도 기상이 대단하고 참 멋스
럽다. 보리사의 이 석불좌상은 남산에서 마애불을 제외한 많은 불상 중에
가장 온전하게 남아 있는 완벽하고 우수한 불상이다. 불상에서 바라보는
전망도 아주 좋다. 찬찬히 자세히 보았다. 감실부처같이 어리숙할 필요가
없는 시대다. 삼국을 평정했고 천지가 불국토인데 마음껏 폼 잡아도 된다.
그러나 격이 있는 사람은 지위 고하, 권력, 돈에 초연하면서 겸손하다. 이 불
상이 어디 목에 힘주고 나 잘났다고 하는가. 웃는 것도 우는 것도 아닌 속
깊은 부처님이다. 입술과 배를 잡아당겨 절대 말하지 않고 내면의 향기로
말할 뿐이다.

　아래로 내려와 아주 조그마한 보리사 마애불에 올랐다. 중간쯤 오르는

데 아까 본 강아지가 언제 왔는지 기다리고 있다. 마애불에 다다르자 어미 개가 달려와 짖어댄다. 이 마애불은 작아서 앙증스럽다. 면 단위 촌에 살다가 복잡한 서울에 와서 어쩔 줄 몰라 수줍어하는 변방의 부처 같아 정이 간다. 그래도 자존심 강한 시골의 들꽃같이 당차고 야무진 모습을 풍기고 있다. 부처가 보는 시점대로 내려다보니 온 배반들판이 장관이다. 이 조그마한 바위에 신라인들은 무슨 심정으로 이런 불상을 새겼을까? 그리고 불상을 새기면서 얼마나 행복했을까? 오를 때는 몰랐는데 내려와 절 입구에서 보니 '오후 5시 이후 개조심'이라고 삭막하게 써놓았다.

어느새 어둠의 그림자가 엄습해온다. 갯마을을 지나 경북임업시험장에 이르자 바리게이트가 쳐져 있고 여기도 '오후 5시 이후 출입을 금합니다. 출입 시간 하절기 09~18시, 동절기 09~17시'라 써놓았다. 나무와 숲은 봄부터 가을까지는 꽃이 피고 져서 아름답고, 겨울에는 황량한 여백이 있어 좋

다. 길 따라 조금만 걸으면 '새남산길'이 나온다. 좌우에는 임업시험장 나무들이 도열해 있다. 마을에 접어들자 느티나무 한 그루와 죽은 노송 한 그루가 길손을 반기고 저녁 연기가 정겹게 피어오른다. 아주 낡은 옛 모습의 집이 두어 채 있어 반갑다. 마을을 빠져나오자 '화랑교육은 인성교육의 요람'이라는 문구와 함께 화랑교육원이 나온다. 점점 짙어지는 어둠 속에서 하늘의 달이 익어가고 있었다.

말없는 헌강왕, 어둠 속에 흐르는 달빛

헌강왕릉 입구 솔숲에 들어서자 갑자기 캄캄했다. 익숙하게 숲길을 올랐다.

눈 덮인 헌강왕릉.

짙은 어둠에 두려움이 엄습해 온몸이 오싹하고 머리카락이 쭈뼛 선다. 그러나 가야 한다. 이때의 가장 큰 무기는 하늘에 항변하는 것이다. "살면서 남을 해롭게 하지 않았고, 하늘에 죄를 짓지 않았고, 착하고 아름답게 살려고 노력하였습니다. 단 본의 아니게 주위 사람들을 안타깝게 하고 힘들게는 했지만……. 죽이든 살리든 알아서 하시라."라고 하면서 "헌강왕 당신 찾아가는데 알아서 하시오."라고 호기를 부린다. 세상에 하늘의 백만큼 큰 것이 있을까? 하늘과 왕의 감응이 통했는지 긴장의 끈이 풀려 발걸음이 가벼워졌다. 왕릉 주위를 천천히 둘러보았다. 달빛은 은은한 향기와 함께 글을 쓸 수 있는 힘까지 준다. 형설지공(螢雪之功)! 옛 사람들은 반딧불에 글을 읽었다지만 나는 달을 좋아해 달빛에 취하고 달빛에 글을 쓰는 행복을 누린다.

헌강왕 당시의 기록을 『삼국사기』에서 보면 "성품이 총명하고 민첩하며 글 읽기를 좋아했는데 눈으로 한 번 본 것은 모두 입으로 외웠다.", "서울의 민가는 서로 이어져 있고 노랫소리와 피리 소리가 끊이지 않았다."라고 나온다. 『삼국유사』에는 "서울로부터 동해 어귀에 이르기까지 집들이 즐비하게 늘어서 있고 담장이 서로 맞닿았는데, 초가집은 한 채도 없었다. 길에는 음악과 노랫소리가 끊이질 않았으며 바람과 비는 사철 순조로웠다."라는 내용이 있다. 이 기록대로라면 태평성대였다.

그러나 신라는 아침이면 사라질 네온사인이 반짝이는 마지막 밤무대였다. 미국에 과도하게 의존하는 현재 우리나라 현실에서 미국이 기침하면 감기 걸리듯이, 묘하게도 당나라가 황소의 난으로 서서히 멸망의 길을 걷듯이 신라도 끊임없는 권력 투쟁과 농민 반란으로 하향 곡선을 그린다. 875년 등극한 해에 당나라에 황소의 난(875~884)이 일어나 10년 만에 평정되고, 문장으로 중국에서 이름을 떨친 최치원이 헌강왕 11년(885)에 돌아온다.

즉위 5년(879) 3월에 울산에 갔다가 처용을 데리고 온다. 3개월 후에는 일길찬 신홍(信弘)이 반역을 꾀하다 참형을 당한다. 신홍은 이미 문성왕 3년

(841)에 반란을 모의하다가 발각되어 섬으로 도망가 잡으려 했으나 잡지 못했다. 그러던 신홍이 38년 뒤에 또 다시 반역을 꾀했다는 것은 신라가 이미 허물어지고 있었다는 증거다. "임금님 귀는 당나귀 귀"의 주인공 경문왕이 아버지고, 경문왕의 큰아들이 헌강왕이다. 경문왕 때도 반란이 일어난다. 즉위 6년(866) 10월에 이찬, 윤흥이 아우 숙흥, 계흥과 반역을 모의하다가 발각되어 도망갔으나 끝까지 추적하여 모두 죽이고 그 일족까지 모조리 죽였다.

이처럼 반란이 자주 일어나니까 강성해진 울산의 호족들도 달랠 겸 주군을 순시했을 때 처용을 데려오는데 아마도 처용은 호족의 아들이거나 아랍인 거주지의 아랍 의사 혹은 경제 고문이었을 것이다. 처용무의 처용탈을 보면 아랍 계통의 얼굴이라 서역인으로 유추하는데 이것도 조선 성종 때 만든 『악학궤범』에 실린 모습을 재현한 것이다. 한서대학교 조용진 교수(얼굴연구소장)는 『악학궤범』에 나오는 처용의 얼굴을 체질인류학적으로 분석하면 치열은 아랍인이 아닌 우리나라 남방 계통의 특징이고 경북 해안 지역에 자주 나타나는 얼굴이라고 한다. 또한 역사보다 더 정확한 역사가 들어 있다는 지놈(genome, 유전체)을 연구한 울산과학기술원의 게놈연구소의 박종화 교수는 "한국인은 한반도 주변에서 수렵 및 채취를 하던 고대인과 베트남에서 중국을 거쳐 올라온 남방계 농경민이 섞여 형성됐다."라고 한다. 헌강왕은 처용을 신라 17관등 중에 진골과 최고 귀족층인 6두품만 오를 수 있는 9등급의 급간(級干)이라는 벼슬을 주고 미인과 정략결혼을 시킨다.

　　미인도 처음에는 특별정착금에다 호기심으로 결혼했을 것이나 몇 년 살다보니 정서가 맞지 않아 시큰둥했을 것이고, 처용도 오늘 같은 신라의 달밤에는 마음이 영 뒤숭숭하고 허전하여 월명항(지금의 배반동 남천 일대) 근처 선술집으로 발길을 옮겼다. 어느 날 밤이 이슥하여 집으로 돌아오니 아내가 외간 남자(신라인이었을 것이다.)와 정사를 하고 있기에 이러지도 저러지도 못하고 돌아서서 추었던 춤이 처용무다. 용서일까, 체념일까? 그래서 처용무는 차분하고 느리며 흐느적거리는 사위가 고독한 춤이다.

사랑인가, 쾌락인가

처용의 아내에서 보듯이 신라와 고려시대에 자유롭게 사랑하고 섹스를 했다면 처용의 아내는 불륜일까, 로맨스일까. 지금의 잣대로 보면 법률상 간통(2015년 간통죄 폐지)이지만, 신라 때는 남녀 간의 사랑이 자유로워 당시의 섹스는 오늘날 키스 정도였을 것이다. 고려사회도 비교적 자유로웠다가 조선시대에 와서는 유교 사상 때문에 드러내놓고는 못하고 여자에게만 철저한 정조 윤리를 강조했다. 그러나 아이러니하게도 엄격한 법을 적용한 조선 초기부터 간통 문제는 끊임없이 이어진다. 이성계(태조)의 아들인 세자 방석의 부인 유씨는 세자빈인데도 내시와 통정을 하다 친정으로 쫓겨났고, 태종 때 승지(지금의 대통령비서관 직급)였던 윤수(尹修)의 부인은 맹인인 하천경과 간통해 사형을 당했다. 조선 5백여 년간 27명의 왕 중에서 가장 위대한 왕은 세종이 었다. 그런데 묘하게도 세종 시대에 유독 간통 사건이 많았고, 조선 최대의 섹스 스캔들까지 일어났다.

우리나라 영화에서 키스 장면이 맨 처음 나온 작품은 1954년 〈운명의 손〉이었다. 연극배우 윤인자가 그 주인공이었는데 영화가 개봉하자 온 장안이 술렁거렸다. "그 여자 시집 다갔네.", "진짜로 했대.", "키스신? 그게 뭔데?" 이렇게 되자 윤인자의 남편은 영화사를 상대로 고소하기에 이른다. 주로 영화관에는 노부인, 여염집 부녀, 기생들과 앳된 여학생들이었다. 키스하는 장면에서는 온 극장이 떠나갈 듯한 비명이 터져나왔는데 주로 부인석이었단다. 반수 이상은 학생들이고.

영국 가수 클리프 리차드가 1965년(2005년 40년 만에 다시 한국을 찾았다.) 당시 이화여대 강당과 세종문화회관에서 공연할 때 감동을 받은 여대생, 여인들이 브래지어 심지어 팬티까지 벗어 던졌다는 흥분의 공연이 두고두고 회자되고 있다. 이슬람국가인 이란과 터키에서는 아직도 영화 속 키스 장면이 허용되지 않고, 택시 안에는 승객이 키스하면 그 두 남녀를 운전사가 집어던질 수도 있다는 경고판이 붙어 있다.

헌강왕도 가고 처용도 가고, 1천 년 뒤에 "남자에게 연애는 인생의 일부지만 여자에게 연애는 인생의 전부다."라고 한 것은 바이런이 살았던 19세기 영국이다. 그러나 바이런 자신이 세계 각국의 여자들과 사랑해보고 이런 소리를 한 것은 철저히 남자 중심의 합리화다. 차라리 "여자의 연애에는 한계가 없다. 그러나 남자는 한계가 있다."라고 말한 프랑스의 몽테를랑의 말이 더 세련되어 보인다.

간통에 대해 드골은 재미있는 말을 했다. 독일에 나라를 빼앗긴 프랑스의 드골이 런던 망명 중일 때 영국 국회의원이 드골에게 항의했다. "당신의 보좌관이 내 아내와 간통했소.” 가톨릭 신자인 드골이 이 소리를 듣고 보좌관을 즉시 해임했다. 이유는 간단했다. “침대에서 한 짓을 들킬 정도라면 그 놈은 바보야. 나 같으면 그렇게 들키지는 않아. 그런 바보 녀석은 목을 쳐야 돼!”

그러나 이런 아내도 있다.

벽사창 아래에 기대어 당신의 글을 받아보니(碧紗窓下啓緘封)
처음부터 끝까지 흰 종이뿐이었습니다(尺紙從頭徹尾空).
아마도 당신이 이 몸을 그리워하는 마음을(應是仙郎懷別恨)
말없이 전하고자 하였나봅니다(憶人金在不言中).

중국의 시인 곽희원은 아내에게 써놓은 편지를 넣을 때 백지를 잘못 넣었고, 아내는 글자 하나 없는 백지의 오묘함을 감탄했던 것이다. 위의 글은 감동받은 아내가 남편에게 보낸 답장인데 그 아내에 그 남편이다. 이런 애절한 아름다움의 아내도 있다. 이것보다 한 수 더 높은 것이 조선시대 안동의 원이엄마 편지다. 죽은 신랑의 관 속에 넣은 눈물로 짠 미투리와 영혼을 울리는 편지가 4백여 년 만에 빛을 보았다.

세계 인류가 가장 선호하는 보편적 결혼 제도인 일부일처제가 인간의 모든 혼인 제도 중 가장 어려운 것이라고 주장한 인류학자 미드(M. Mead)의 말은 우리에게 시사하는 바가 크다. 또 두 번의 이혼과 가슴 뜨거운 열애를 여섯 번 한 30대 초반의 헐리우드 배우 스칼렛 요한슨은 “결혼은 매우 낭만적이고 아름다운 일이다. 그러나 일부일처제는 존경스럽기는 하지만 그 문제를 떠나 본능에 어긋난다고 생각한다.”라고 당당히 말하는 시대다. 흔히들 자기가 하면 로맨스고 남이 하면 불륜이라 하는데, 나는 간통이 짧으면 로맨스고 길면 불륜이라 생각한다. 사랑과 욕망은 달려가 잡으면 저만큼 달아나버리는 아지랑이나 신기루 같은 것이다.

달빛은 여전히 속삭이듯 밤하늘을 사랑에 물들게 하지만 왕릉은 몇 번이고 도굴당하여 경주문화재연구소에서 45일 동안 발굴 및 조사해보니 현실 내부에는 석침(石枕), 족좌(足座)가 있었고, 철재 지줏대, PVC 파이프, 송곳, 고무양동이, 로프 등이 있었다고 한다. 1920년대 일본인들이 공주 능산리 고분들을 얼마나 무자비하게 도굴해갔는지 부장품 하나 없고 5호분 현실 안에는 일본 담배 마코라만 뒹굴고 있었다 했듯이 여기 헌강왕릉 안에도 보수한 석공의 말을 빌리면 뼛조각 하나 없고 라면 봉지만 뒹굴고 있었단다. 속이 텅 빈 헌강왕릉을 뒤로하고 달빛을 안고 솔숲 길을 나오자 사방이 환했다.

짧은 인생, 슬픈 정강왕

헌강왕릉에서 내려와 통일전 주차장을 가로질러 남산 솔숲으로 올라가면 아주 운치 있는 정강왕릉이 나온다. 정강왕릉에 오를 때는 무서움도 없고 마음이 한결 가벼웠다. 헌강왕(憲康王)과 정강왕(定康王)은 형과 동생 사이인데 능의 위치도 가깝고 더구나 세상을 뜬 날짜도 똑같다. 헌강왕이 886년 6월에 병이 나서 7월 5일에 죽어 보리사 동남쪽에 장사 지냈고, 정강왕도 887년 5월에 병이 나서 7월 5일에 죽어 보리사 동남쪽에 장사 지냈다. 이러다보니 정강왕은 형이 죽고 장례를 치르고 왕이 된 후 채 1년도 못하고 죽어 치적이랄 것도 없고 기록도 짧다.

첫해의 기록이 "나라의 서부지방이 가물고 또 흉년이 들었다."라고만 남아 있고, 다음 해 봄 정월에는 황룡사에 백고좌(百高座)를 베풀고 왕이 몸소 행차하여 강의를 들었다고 하니 이것은 왕권이 위태롭거나 신변에 문제가 있다는 뜻이다. 곧이어 한주(서울)의 이찬 김요(金嶢)가 배반하므로 군사를 보내 이를 토벌했다. 5월에는 왕이 병이 나서 시중(지금의 국무총리)에게 말

한다. "내 병이 위급하니 반드시 다시 일어나지 못할 것이다. 불행하게도 뒤를 이을 아들이 없으나 누이동생 만(曼)이 천부의 자질이 밝고 예민하며 뼈대가 장성한 남자와 같으니, 그대들은 마땅히 선덕왕과 진덕왕의 옛일을 본받아 왕위에 오르게 하는 것이 좋겠다."라고 전한다. 그리고 두 달 뒤에 죽으니 마지막 유언을 한 셈이다. 누이동생 만이 신라의 마지막 여왕인 진성여왕이다.

이처럼 신라 왕족은 형과 동생 그리고 여동생이 연이어 왕을 하는 특이한 왕족이었다. 하늘은 두 가지를 동시에 주지 않는(天不與二物) 모양인지 이들에게 지혜와 총명을 주었으나 수명은 짧게 주었다. 아버지 경문왕(48대)은 어릴 때부터 성숙한 덕이 있어 왕이 된다. 지금이야 결혼이 필수가 아니고 선택이지만 결혼 적령기 자녀를 둔 부모들은 처녀, 총각을 예사로 보지 않는다.

47대 헌안왕 역시 두 딸이 있었으니 왕족 중에 사윗감을 눈여겨보았을 것이다. 즉위 4년(860) 가을 9월에 많은 신하들과 임해전(구안압지, 지금의 동궁, 월지)에서 잔치를 베풀면서 열다섯 살 어린 나이에 참석한 김응렴(金膺廉)의 생각을 떠보려고 "너는 한동안 멀리 다니면서 공부했는데, 착한 사람을 본 일이 없느냐?"라고 물었다. 응렴이 "저는 일찍이 착한 행실이 있다고 생각하는 세 사람을 보았습니다."라고 답하자 "그래 어떻던가?"라고 물었다. 응렴은 "한 사람은 귀한 집 자제로 남들과 사귀는 데 자기를 앞세우지 않고 남의 아래로 자처했으며, 한 사람은 집안이 넉넉하여 의복을 사치할 만했지만 항상 삼베와 모시로 만족했으며, 한 사람은 세도와 영화를 누리고 있었지만 일찍이 그 세력으로 남을 누르지 않았습니다. 제가 본 바는 이와 같습니다."라고 말했다.

이 말을 들은 왕은 그를 사윗감으로 점찍고 왕비에게 "내가 많은 사람을 겪어보았지만 응렴과 같은 사람은 없었소."라고 말하고는 응렴에게 "원컨대 그대는 스스로 몸을 아끼고 사랑하라. 내게 딸이 있는데 그대의 잠자리를 모시게 하겠다."라고 한 뒤 따로 술자리를 마련하여 "내게 두 딸이 있는데 언니는 스무 살이고 동생은 열아홉 살인데 자네가 알아서 선택하게."라고 제안했다. 응렴은 거절하기 뭐해 공손히 사례하고 부모에게 말하니 부모 마음은 다 같아 "들어보니 큰딸이 동생보다 얼굴이 못하다 하니 동생을 아내로 삼는 것이 좋겠다."라고 한다. 그러나 응렴은 오히려 의심하여 결정하지 못하고 흥륜사 중에게 물어 "언니를 아내로 맞으면 세 가지 이익이 있고, 동생을 선택하면 세 가지 손해가 있을 것이다."라는 의견을 들었다 하니 응렴이 줏대 없는 마마보이는 아니었던 모양이었다. 그는 대단히 신중하고 지혜롭게 대처하여 왕에게 "저는 감히 스스로 결정하지 못하겠습니다. 임금님께서 정해주시는 대로 따르겠습니다."라고 한다. 왕은 큰딸을 응렴에게 출가시킨다. 그러고는 이듬해(861) 정월에 병이 들어 죽음을 예견하고 측근들에게 왕위 승계 유언을 내린다. "내게는 불행히도 아들은 없고 딸만 있는데 사위 응렴은 나이는 비록 어리나 노련하고 성숙한 덕이 있으니 그대들이 그를 왕으로 세워 섬기면 반드시 조종의 훌륭한 사업을 넘어뜨리지 않을 것이므로 나는 죽어도 또한 썩지 않을 것이다."

이렇게 하여 왕이 된 응렴이 48대 경문왕이 된다. 재위 3년(863)에 5년 연상의 왕비 영화부인은 동생을 둘째왕비로 삼았다. 경문왕이 훗날 흥륜사 중에게 예전에 말한 세 가지 이득이 무엇이냐고 물었다. "그때 왕과 왕비께서 그 뜻대로 됨을 기뻐하여 사랑이 점점 깊어진 것이 첫째요, 이로 인해 왕이 된 것이 둘째, 그전부터 바라던 둘째 딸을 마침내 아내로 맞게 된 것이 셋째입니다." 이를 들은 왕이 크게 웃었다. 이렇게 기분 좋은 기쁨에서는 좋은 아이가 생길 수밖에 없다. 큰아들 헌강왕, 둘째 정강왕, 딸 진성여왕 모두 지혜롭고 총명했는데 시대가 내리막길이었고 수명이 짧았다.

　아버지 경문왕(861~875)이 15세에 결혼(860)하여 15년 동안 왕을 하다가 30세에 죽었고, 허니문 베이비라도 헌강왕(875~886)은 15세에 왕이 되어 26세에 죽는다. 정강왕(886~887)도 1년 왕을 했으니 형(헌강왕)보다 오래 살지 못했다. 진성여왕(887~897) 역시 길게 봐도 삼십 대 초까지 살았다. 헌강왕의 아들 효공왕(897~912)도 아버지(헌강왕)가 죽을 때 돌이 안 되었으니 17세에 죽는다. 아들(헌강왕, 정강왕), 딸(진성여왕), 손자(효공왕) 모두 10대에서 20대에 죽었고 오래 살아야 삼십 대 초였다. 칼 맞아 죽었거나 비명횡사가 아니라 전부 병으로 죽었다. 그래서 여기 누워 있는 정강, 헌강 모두 죽어서 내리는 시효가 편안하고 즐거운 강(康) 자였구나.

　어둠은 시간이 흐를수록 점점 밝아지고 슬픔은 세월이 지날수록 희미해진다. 이미 1천 년이 훌쩍 지나버린 세월이라 헌강왕과 정강왕이 이십 대에 죽었더라도 깊은 슬픔은 없다. 오히려 이리저리 휘어진 소나무 사이로 낭만을 흘리는 달빛이 아름답다.

경주 남산 종주의 핵심

4길 경애왕릉에서 서출지

나의 남산 기행은 경애왕릉 입구에서 출발한다.

경주 남산은 남북(약 10킬로미터)으로 길게 누워 있고 동서(약 4킬로미터)로 짧게 솟아 있는 산으로 마치 자라 같다 하여 신라 때부터 금오산(金鰲山, 금자라산)이라 불렀다. 오늘날 경주 남산 하면 이 금오산과 앞의 고위산(高位山)을 합쳐 일컫는다.

경주 남산이 단순히 산으로만 존재한다면 별 의미가 없다. 남산은 선사시대 사람들이 살았던 삶의 흔적인 21군데의 선사 유적뿐만 아니라 1백50곳의 절터, 1백29개의 불상, 99개의 탑, 13개의 왕릉 등 수많은 유물과 유적들이 함께했을 때 비로소 우리에게 미소 짓고 살아나는 것이다. 남산의 불교 유적은 북에서 남으로 내려오면서 3백여 년에 걸쳐 점차적으로 이루어진 것이라 하나의 거대한 야외 영혼 종합박물관이다.

　이 남산은 한꺼번에 볼 수도 없고 욕심을 내어서도 안 된다. 43곳의 골짜기 곳곳마다 사연이 있고 문화유적이 있다. 어떻게 보느냐에 따라 달라지겠지만 하루에 서너 골짜기씩 보아도 열흘은 잡아야 된다. 전체보다도 요점과 핵심만 알면 되는 우리나라 사람들은 그럴 여유도, 시간도 없다. 그래서 남산 반나절 하프코스와 하루 정복 풀코스가 등장한다.

반나절(하프)코스 삼릉(경애왕릉) → 목 없는 부처 → 마애관음보살 → 선각 석가삼존불, 선각 아미타삼존불 → 선각 여래좌상 → 석불좌상 → 상선암 → 마애석가여래대불좌상 → 상사바위 → 금오산 정상 → 용장사지 3층 석탑, 마애여래좌상, 석불좌상, 용장사 절터 → 용장계곡 → 용장마을

하루(풀)코스 반나절(하프)코스＋용장계곡에서 위로 → 호수 → 모전 석탑 → 신선암 마애불 → 칠불암 → 염불사지 석탑 → 양피사 못 → 남산리 쌍탑 → 서출지 → 통일전 주차장

여기는 삶과 죽음에서 오는 고통과 번민을 위로하고 녹여내며 정화시켜주는 마음 치유의 성소(聖所)이자 신라인들이 염원했던 불국토의 위대한 성지다. 그리고 신라인들이 추구했던 이상과 꿈꾸었던 세계를 실현한, 영혼이 살아 숨 쉬는 곳이다. 그래서 나는 경주 남산에 오를 때마다 가벼운 흥분과 긴장하는 순례자의 텅 빈 마음을 안고 오른다. 오늘 나의 기행은 풀코스, 남산 종주의 순례다.

순례자의 마음을 안고

나의 남산 순례는 경애왕릉 입구부터 시작한다. 들어가는 입구에서 왕릉까지 좌우로 늘어선 기품 있는 소나무가 마치 신하들이 도열해 있는 것 같다. 초라해 보이는 경애왕릉은 햇살을 받아 따뜻하게 누워 있다. 여기 경애왕릉과 삼릉의 소나무들은 언제 보아도 장관이고 가슴 시린 아름다움이다. 삼릉을 훔쳐보듯이 쳐다보면서 계곡 옆으로 곧장 올랐다. 물소리가 졸졸거리고 새들은 울어댄다. 차가운 물이 흐르는 골짜기의 이름은 냉골(冷谷)인데 왕릉이 세 개 있다고 삼릉계곡으로 더 잘 알려져 있다.

조금 오르자 제일 먼저 '목 없는 부처'가 힘차고 당당하게 앉아 있다. 아래 계곡에 쓰러져 있는 것을 옮겨놓은 것인데 목은 아직 찾지 못했다. 목도 없고 무릎과 손도 없으나 매듭의 끈은 도드라지고 힘이 넘치고 어깨선도 유려하여 우수한 불상임을 알 수 있다. 비록 목은 없지만 원망도 미움도 없이 이처럼 당당하게 앉아 있을 수 있는 힘은 무엇일까? 바로 자신감일 것이다.

왼쪽으로 좀 더 오르면 조그마한 마애관음보살이 자못 당당한 자세로 서 있다. 깨물고 싶을 정도로 귀엽고 앙증스럽다. 입술을 꽉 다물어 빈틈없이 야무진 모습이다. 그래, 이 정도는 되어야 아미타불의 비서실장(좌 협시보살)으로 중생의 고통을 보고 듣고 구제해줄 수 있지. 해가 서산을 붉게 물들이면 굳이 황금을 찾아 헤맬 필요가 없다. 여기가 황금보살이고 서방정토가 된다. 나는 오래전부터 이 마애관음보살을 '미스남산'이라고 부른다.

다시 내려와 천천히 올랐다. 바위와 계곡이 오밀조밀 밀어를 속삭이는 모습이 정겹다. 적당히 오르자 피부가 검어 단단해 보이는 거대한 바위에 일필휘지로 그린 듯한 선각 마애불(線刻磨崖佛)이 힘차게 꿈틀거린다. 화선지에 붓으로 그린 것보다 더 힘차 보인다. 기운생동(氣韻生動)이란 이럴 때를 두고 일컫는다. 이처럼 단단한 바위에 생명을 불어넣는 힘이 무엇일까? 서양예술의 궁극적 목적이 표현에 중심을 둔 아름다움(美)에 있다면 동양에서 예술의 목적은 도(道)이므로 여기 신라인들이 불상을 새길 때 무심의 마음으로 혼을 담았기에 천년의 세월이 지나도 우리에게 감동을 주는 것이다. 그리고 바위 면을 다듬지 않고 자연 그대로인 상태에 불상을 그려넣는 대담성은 신

●목 없는 불상의 매듭이 선명하다.

왕의 길을 걷는 즐거움

라인이라 가능하지 현 시대라면 불가능하다. 만약 지금 여기에 불상을 만든다면 어떨까? 분명 바위 면을 반질반질하게 정리해놓고 아무 생각 없이 기본 불상 모델을 참고해 손맛도 감정도 없이 기계로 만들었을 것이다. 생각만 해도 아찔하다. 왜 그럴까. 정성과 혼이 없는 데다 공사 수주 '단가'대로 하기 때문이다.

돌출된 앞 바위에 '선각 삼존불'이 있고 뒷 바위에도 '선각 삼존불'이 있다. 뒤의 것은 현세불인 석가모니불이고 앞의 것은 서방정토를 관장하는 아미타불이다. 여기 한 바위에 삶과 죽음이 동시에 있다. 그래, 삶과 죽음은 같은 것이지. 숨 안 쉬면 죽음이니. 이 바위처럼 삶과 죽음을 공유할 수 있는 사람은 의미 있는 삶과 향기로운 인생을 살아갈 수 있을 것이다.

자세히 살펴본다. 석가모니불인데 오른손 수인은 8만 4천의 마귀를 항복시킨 항마촉지형(降魔觸地形)이 아니라 두려워하지 말라는 시무외인(施無畏印)이고, 왼손은 다리 위에 손을 얹어 부처가 선정에 들어간 모습의 선정인(禪定印)을 하고 있다. 앉아서 설법하고 있는 이 석가모니 본존불은 얼굴이 후덕하고 두광과 신광의 광배를 둥글둥글 크게 새겨놓았다. 좌우의 협시보살은 서서 본존불을 호위하고 있다.

아미타불은 인자하고 거룩한 모습으로 선 채로 누군가를 맞이하고자 서성이고, 좌우의 협시보살은 무릎 꿇고 공손히 꽃을 받치고 있다. 서방정토 극락을 관장하는 아미타불이 왜 서 있는가. 잘난 사람도 이런 겸손을 보일 때 얼마나 아름다운가. 망자(亡者) 중에 착한 일을 많이 하고 아름답게 살았던 사람이 오면 이렇게 망자를 직접 맞이하는 '아미타래영불(阿彌陀來迎佛)'이다. 지금 시대 아미타불은 우리를 어떻게 맞이할까. 아마도 앉아 있을 것이다. 서서 맞이할 만한 착한 망자가 없기 때문이리라.

대개의 사람들은 여기서 오른쪽 계곡으로 올라간다. 그러나 나는 바위 위로 올라간다. 바위 덩어리가 크고 단단하게 누워 있다. 여기서 뒤돌아보면 아래 솔밭과 벌판이 한눈에 보인다. 일반인의 안목에서는 지금처럼 아무것도 없는 것이 좋지만, 종교적인 관점에서는 이대로 방치하지 않는다. 존귀한 부처님을 비를 맞힐 수야 없지. 그래서 빗물이 옆으로 내려가게 홈을 파놓고 기둥을 세웠던 흔적이 보인다.

남산의 묘지 천국, 어찌하오리까

산을 오르는 중에 내려오는 국립공원 직원들과 마주쳤다. 이렇게 순례자의 마음으로 현장에서 보고 느끼고 글 쓰는 내 스타일은 만나는 사람에게 가능한 한 침묵으로 대한다. 가볍게 묵례만 했는데 얼마 전에 부임한 남산 분소장이라기에 몇 마디 주고받았다.

"남산에 수천 개 되는 불법 묘 정리 안 됩니까?"

"약 3천 개 정도인데 잘 안 됩니다."

"강제로라도 할 수 없나요?"

"시에서 협조를 잘 안 해줍니다."

"그리고 등산객들은 못 오게 하는 방법 없나요?"

"등산로가 20개인데 시에서는 관광객 유치로 보지요."

맞다, 우리나라에서 제일 안 되는 것이 '부처 간 협의'라 했지.

묘지 천국! 이걸 해결하는 방법이 없을까? 나는 오래전에 실현 불가능한 혁명을 꿈꾼 적이 있다. 3일 천하는 너무 짧고, 박정희의 18년은 너무 길고, 1백 일만 하면 된다. 한 달 안에 국가사적지만 두고 전국의 묘(공원묘지 납골당도 면적만 줄었지 또 하나의 흉물)를 없애는 기간을 준다. 이때 국가에서는 무연고 묘를 없앤다. 그 후 두 달 동안은 강제적으로 없앤다. 모든 경비는 국가가 부담해 봉분과 묘지 주위의 흔적을 없애고 나무를 심는다. 화장은 국가가 무료로 해주고 유골은 산(전국의 모든 산)에 묻거나 강과 바다에 뿌린다. 그리고 1백 일째 날 사임 기자회견을 하고 조용히 죽어 화장하고 경주 우리 집 뒷동산 솔밭에 흔적도 없이 묻힌다.

흉물스런 묘, 납골당 하나 없는 우리 강산은 얼마나 아름다울까. 그야말로 극락이고 천국일 것이다. 장례법은 나라마다 다르지만 흙과 물, 불이 만나 사람이 된다는 불교에서는 산에서 태워버리는 소장(燒葬), 물에 넣는 수장(水葬), 빈터에 두는 기장(棄葬)이 있었다고 하며, 신라의 현장(玄奘, 602~664) 스님의 『대당서역기』에는 숲 속에 시체를 버려두어 짐승이 뜯어먹게 하는 야장(野葬), 화장, 수장을 기록돼 있다. 그 뒤 인도를 갔다온 당나라 학승 의정(義淨, 635~713)의 『남해기부내법전』에는 승려가 죽으면 확인한 후 바로 그날 화장터로 운구하여 화장한다고 했다.

그러면 부처님은 어찌했는가. 어느 날 출가한 비구가 병이 들어 죽었는데 동료 비구들이 시체와 의발을 모두 길가에 버렸다. 이를 보고 속인들이 비난했다고 부처님께 보고하자 비구가 죽으면 응당 분소(다비)로 공양해야 한다고 제자들에게 가르쳤다. 제자인 우파리가 "부처님께서는 사람의 몸속에 8만 마리의 벌레가 있다고 하셨는데 그 많은 생명이 있는 몸을 어떻게 태웁니까."라고 질문하니 부처님은 "몸속에 있는 벌레들은 사람이 살았을 적엔 함께 살지만 그 사람이 죽으면 따라 죽어 상관없다."라고 명쾌하게 답했다. "시신 태울 나무를 못 구했다면 어떻게 합니까?"라고 다시 묻자 "화장을 할 수 없으면 강물에 넣도록 하고, 마땅한 강물이 없으면 땅을 파서 묻어라."라고 분명히 일렀다.

불교 이전의 고대에도 인도에는 윤회 사상이 있었고, 부처님은 더운 기후의 인도에서 시체를 방치하면 전염병의 원인이 되기도 하니 깨끗이 태워 극락왕생을 비는 화장(火葬, 茶毘, jhapita)이 가장 좋은 방법이라고 제자들에게 가르쳤다. 그 다음이 수장이고 마지막이 임장이라 했다. 석가가 수행했던 영축산도 원래 화장터였고 석가의 부인(왕비) 시체도 독수리에 보시했다.

중국에는 토장과 화장이 있었다. 그러다가 관혼상제(冠婚喪祭)에 최고의 가치를 부여하는 유교가 등장하면서 의례를 중시했다. 아무래도 종교는 교주의 절대적 영향을 받게 되어 있다. 시체를 묻고 봉분을 씌운 최초의 사람은 아마도 공자(BC 551~479)일 것이다. 원래 공자는 미천한 집안에다 어머니마저 후처로 들어와 성장기에 어렵게 자란 터라 고생했던 어머니의 무덤 위치를 잊어버릴까봐 봉분을 만들었다. 그러던 중국에 불교식의 화장법이 도입된 것은 현장이나 의정 등의 구법승들이 활약하던 7세기 후반이다. 공자의 조국인 현재의 중국은 1백 퍼센트 화장하는 아름다운 나라가 되었다.

마호메트의 이슬람교는 영생을 믿는 종교라 화장은 하지 않지만 누가 죽든 지위 고하를 막론하고 장사를 스물네 시간을 넘기지 않는다. 장례가 길면 길수록 고인에게 고통을 준다고 믿기 때문이다. 묘지도 화려하게 꾸미거나 비석을 세우는 것을 금한다. 이란의 혁명가 아야톨라 루홀라 호메이니(Ayatollah Ruhollah Khomeini)도 공동묘지에 묻어달라는 혁명가다운 유언을 했다. 말레이시아도 장식만 다를 뿐 왕이나 일반인이나 묘의 크기는 똑같다.

기독교는 부활을 믿기 때문에 시체를 태울 수 없고, 그 부활의 변질이 휴거(rapture)인데 지구가 멸망하는 날 하나님을 믿지 않으면 천국에 갈 수 없다는 것이다. 그러나 지혜롭게 생각해 화장하는 국가들도 많다. 프랑스는 90퍼센트의 화장률을 자랑하고, 가톨릭 국가인 스페인도 1979년부터 화장이 급속도로 증가했는데 왕부터 화장했고 귀족에 이어 일반인들이 따라 했기 때문이다. 이처럼 무엇보다 지도자의 솔선수범이 중요한데도 우리나라 대통령과 지도층은 절대 하지 않는다. 우리나라 권력자들 중에는 중대 결심을 할 때면 꼭 자기 부모 묘를 찾는 이상한 사람들이 많다. 이 문제와 관련해 내가 불가능한 혁명을 하지 않고 할 수 있는 일은 무엇일까. 여기 남산과 전국의 문화유적 안에 있는 묘지만이라도 하루 빨리 국가가 나서서 정리하길 바라는 것이다. 정부와 문화재청은 무엇 하는지 모르겠다.

아프리카 불상과 실패한 성형 불상

가파른 산등성이를 숨이 찰 만큼 직진해 오르면 정면에 턱 버티고 앉아 있는 부처님이 계신다. "그래, 너희들만 잘났느냐 나 같이 백 없고 못났어도 한자리 차지하면 안 되나." 하는 것 같다. 한눈에 보아도 우리네 불상이 아니라 멀리 아프리카에서 온 불상 같다. 가까이에서 보면 덜 아름답고 멀리서 봐야 겨우 봐줄 만하다. 눈은 뜨다 말았고 코는 두툼하면서 길고 입술은 툭 튀어나왔고 목은 어깨에 붙어 있다. 아마도 상이 원만하지 않자 자꾸 손댄 탓에 저렇게 망쳤을 것이다. 이런 작품은 신라 때 등장한 예가 없으므로 힘은 있으나 투박하고 텁텁한 고려시대 불상으로 본다.

이 마애불 오른편에 서 있는 바위가 재미있다. 보는 사람마다 다르겠지

만, 세상일이 뜻대로 잘 안 풀려 빚에 시달리는 어느 마음 맑은 남정네가 맛있는 음식이나 변변한 옷 한 벌 못 사주어 미안한 마음으로 아내를 꼭 껴안아주니, 큰아이 세우고 애기 업은 착한 아내가 말없이 괜찮다고 훌쩍거리는 것 같다. 여기서 내려다본 풍경은 속세를 잊을 만하다.

　오른쪽 옆길로 쭉 가면 성형한 불상이 앉아 있다. 사람의 얼굴이나 불상은 같은 눈, 코, 입이라도 그 크기와 모양에 따라 인상이 확연히 다르다. 나는 이 불상을 볼 때마다 전에 수리한다고 시멘트로 땜질해놓은 흉물스럽던 모습이 떠오른다. 그때는 너무나 안쓰러워 웃음이 나오다 연민으로 바뀌는 착한 불상이었고, 어눌하면서 어수룩하고 순박한 모습이었다. 뒤에 깨져있던 광배를 붙였고 비스듬히 떨어져나간 코와 입술에 시멘트로 수리했던 것을 떼어내고 같은 화강암으로 때워놓았다.

　　수리한 지금의 불상은 당당하고 다부진 모습이다. 허리는 잘록한데 가슴은 볼륨 있게 솟아나 있고 오른팔과 겨드랑이 사이로 공간을 두어 더욱 날렵한 모습이다. 그런데 보기에 영 거슬린다. 코와 입술이야 원본이 없으니 어차피 원만한 모습으로 성형했다지만 목은 칼로 싹둑 베어놓은 것 같다. 이음새를 메우지 않고 목 잘린 불상 얼굴을 그대로 올려놓은 것 같다. 틈새가 얼마나 넓은지 누군가가 100원짜리 동전 몇 개를 넣어놓았다. 부처님도 예수님도 가난하고 헐벗고 고통 받는 사람을 구제해주려 고행했고 십자가에 못 박혀 죽었지 돈을 벌려고 하지 않았다. 목이 잘린 불상이지만 세속적인 승려와 목사들에게 침묵으로 일갈하는 것 같다. "이놈들아, 더 이상 극락, 천당 팔아먹지 말고 너희나 맑게 살아라. 아니면 지옥 갈 준비해라." 면허세,

주류세, 소득세……. 모든 것이 세금인데 종교인에게 세금 한 푼 받지 않는 종교 천국 우리나라가 과연 좋은 나라일까? 일제강점기 3.1운동 이후 일본이 무력 통치에서 유화 정책으로 전환하면서 일제에 협력하는 종교인들에게 종교 법인에 대한 근로소득세 등 다양한 면세 혜택을 준 것이 오늘날까지 이어지고 있다.

게다가 불상의 귀는 좌우대칭이 맞지 않아 짝귀가 되어버렸다. 왼쪽 귀는 떨어져나간 채로 왜 그냥 두었는지 모르겠다. 빈민운동에 온몸을 바친 고 제정구 의원 추모 때 남산 기행에 참석한 1백30여 명의 사람들을 인솔하면서 이 불상 앞에서 이렇게 잘못 보수했다 하니 듣고 있던 유홍준 선생이 "야, 내가 문화재청장할 때 했는데 그래도 괜찮다."라고 하셨다. 나는 웃으면서 "글쎄요……."라고 얼버무렸다. 원래는 어떤 모습이었을까. 성형한 곳을 수건으로 가렸을 때를 상상해보면 된다.

염불 소리, 극락에 이르고

성형 불상에서 오른쪽 아래 계곡을 건너 오르고 다시 계곡을 건너 가파른 길을 오르는데 어디선가 염불 소리가 울린다. 극락으로 인도하는 것 같다. 세상의 수많은 소리 중에 어떤 소리가 아름다울까?

사람마다 다르겠지만 나는 스치는 소리를 좋아한다. 댓잎이 바람에 스치는 소리, 솔잎이 바람에 스치는 소리, 달이 구름에 스치는 소리, 바람이 허공을 스치는 소리, 귀뚜라미가 풀잎에 스치는 소리, 아름다운 여인의 옷깃 스치는 소리, 농익은 여인의 웃음 스치는 소리, 흰 눈이 소리 없이 대지를 스치는 소리, 그리운 여인의 발걸음 스치는 소리, 여인의 하얀 웃음이 꽃잎에 스치는 소리, 김광균의 시 '설야(雪夜)'의 마지막 구절 "먼 데서 여인의 옷 벗는 소리" 그리고 경건하고 엄숙한 성당의 종소리. 지금 들리는 산사의 염불 소리는 마음을 고요하게 하는 극락의 아름다운 소리다. 산사의 종소리는 왜 이리 가슴을 후벼 팔까. 아마도 성과 속을 뛰어넘는 절대적 소리가 지닌 아름다움 때문일 것이다. 우리는 어떤 소리로 남에게 행복을 줄 수 있을까?

상선암에 못 미쳐 제법 큰 바위 위에 인공인지 자연인지 알 수 없는 거북바위가 앉아 있다. 조금 더 오르자 자그마한 상선암이 오르는 길손을 맞이한다. 잠시 바위에 앉자 염불 소리가 바람에 안겨 햇살에 실려온다. 경사진 산길을 천천히 올랐다. 거대한 바위 덩어리에 말없이 앉아 있는 불상이 인간세상을 굽어보고 계신다. 남산에 앉아 있는 불상 중에서 가장 크다. 그 불상 앞에는 불상을 우러러볼 수 있는 공간이 제법 있고 아래는 낭떠러지다. "아따, 불상 크다. 크고 넓적하다 싶은 바위에는 다 있구먼.", "그러지라. 초창기부터 불교 도시잖소." 전라북도 시골 어디쯤에서 온 순박한 사람들이 대화를 주고받는다.

볼과 입술, 턱도 애매하고 목이 달라붙어 삼도도 보이지 않아 부자연스럽지만 전체를 보면 후덕하고 착한 인상의 불상이다. 발은 선을 너무 넣어 꼭 발가락양말을 신은 것 같이 촌스러워 보인다. 그러나 얼굴은 거의 환조로 하고 나머지는 대담하게 선(線)으로 확 그어 현대적인 조형 감각으로 처리해버렸다.

이 마애석가여래좌상은 보물로 지정할 만한데 겨우 지방문화재로 지정돼 있다. 아마 다른 지역에 있었다면 보물이나 국보였겠지만 경주의 수많은 불상, 더구나 남산의 많고 많은 불상 중 하나라 지방문화재가 되었을 것이다.

다시 가파른 바위 길을 오른다. 예전에는 바위 위로 올라갔는데 지금은 철 계단을 해놓았다. 산등성에 오르자 온통 바위뿐이다. 바위가 길이 되어 반질반질하다. 절벽 아래를 보니 상선암은 지붕만 보이고 아찔하다.

상사병이 걸린 사람이 이 상사바위에 빌면 나아진다는데 그래도 누구를 사랑할 수 있다는 것은 행복한 것이다. 제일 불행한 것은 사랑할 대상이 없다는 것이다. 사랑의 호르몬인 옥시토신도 사랑을 해야 생긴다. 그러나 지금 시대는 사랑보다 돈이 좋아서 사랑을 제대로 할 줄 모르는 것 같다. 우리는 어떤 사랑을 하고 있는가.

여기부터는 약간 오르막길 능선이다. 금오산 정상에는 '국립공원 금오산 468m' 표석을 경주일요산악회에서 세워놓았다. 뒷면에는 '남기는 것은 발자국, 가져가는 것은 추억뿐'이라는 꽤 괜찮은 문장을 새겨놓았다. 오른쪽 약수계곡으로 내려가면, 서 있는 불상 중에서 남산에서 가장 크고 목이 없는 약수골 마애불이 있다. 정면 앞으로 내려가 산등성이를 오르다가 왼쪽으로 내려가면 남산 순환도로와 마주친다. 일명 남산 5.16순환도로다. 1960년 5월 16일 군사 쿠데타를 성공시킨 박정희 소장은 죄수들을 동원하여 이 도로를 만든다. 조금 더 내려가 왼편으로 눈을 돌리면 듬직한 바위가 시선을 붙잡는다. 신념에 찬 내면이 드러난 후덕하고 엄숙한 인상의 바위다. 고 노무현 전 대통령 얼굴과 흡사하여 '노무현 바위'라 부른다. 권위를 무너뜨렸

왕의 길을 걷는 즐거움

●남산 상선암 위 석불좌상.

남산 노무현 바위. 노무현 바위 옆에서, 왼쪽부터 필자, 유인태 의원과 유홍준 선생님 (사진 최영숙).

고 주권국가 확립에 진정성을 바친 올곧은 바보 서민 대통령이었다. 며칠 전 이곳을 지나면서 순간적으로 이 바위에 유인태 국회의원(고 제정구 의원 추모 사업회 이사장)을 세워보았더니 그도 이 바위의 얼굴과 많이 닮았다. 유인태 이사장은 참여정부 정무수석이라 각별한 인연이고 3당이 합당할 때 꼬마민 주당으로 함께 남아 옳은 소신을 실천했던, 사람 좋고 수더분하고 선량해 막걸리나 소주 한잔 기울이고 싶은 분이다.

용장사지 석탑과 매월당 김시습

'노무현 바위'에서 1백 미터 정도 내려와 오른쪽 용장사지 가는 길로 접어들 었다. 이 주변은 오른쪽 약수계곡에서 밭두렁을 태우던 할머니의 과실로 난 산불 탓에 벌거숭이산이었는데 지금은 싱싱한 소나무가 내 키를 훌쩍 넘는 다. 내려가는 곳곳의 기묘한 바위에 기대어 절묘한 작품을 만들어놓은 소나 무와 바위의 앙상블은 환상의 콤비다. 바위를 쪼갠 흔적이 많아 석탑이 멀지 않음을 알 수 있다.

　하얀 눈이 소리 없이 내리면 그리움이 살며시 밀려오듯이 탑의 꼭대기(상륜부)가 천천히 보인다. 마치 순정 어린 여인의 보일 듯 말 듯한 하얀 속살처럼 용장사지 3층 석탑은 자신을 그렇게 보여주고 있었다. 이렇게 아름다운 석탑은 미인을 만나는 것보다 더 설렌다. 긴장 품은 절묘한 아름다움이 카메라 셔터를 절로 누르게 하는 일이 여기 올 때마다 반복되고 있다. 극적인 낭떠러지 장소에 꼭 알맞은 크기의 탑을 세운 신라인들의 심미안이 경이롭다. 정형화된 2층 기단 위에 세운 것이 아니라 거대한 바위산을 아래 기단으로 삼고 세운 혁명적 조형 감각이다. 탑이 앞의 고위산과 내남평야를 동시에 품으면서 끝없이 펼쳐진 능선을 껴안고 있다. 단아하면서 드라마틱한 아름다움과 함께 고요한 절제로 침묵의 향을 뿜어낸다. 한편으론 절대자의 고독으로 보이는 것은 왜일까? 절제된 아름다움 때문일까? 고독한 방랑자 매월당 김시습 때문일까?

　30여 년 동안 내 어깨를 떠나지 않은 가방 안에서 김밥과 소주 한 병, 마른오징어 한 마리를 꺼냈다. 첫 잔은 이 아름다운 석탑에게, 둘째 잔은 이렇게 만든 신라인과 여기서 울분을 승화시키며 『금오신화(金鰲新話)』를 쓴 작가 김시습에게 건네고, 잔잔한 그리움이 일렁이는 내 가슴에도 한 잔을 부었다. 그런데 제일 좋은 곳에 자리 잡고 나서 보니 누군가가 바위를 다듬어 엉덩이 들어갈 자리를 만들어놓았다. 구름을 밀어내는 바람 소리뿐이었는데 발소리보다 더 큰 짠짠짠 하는 노랫소리가 들린다. 정상에서 나에게 약수계곡 길을 묻기에 가르쳐준 아저씨였다. 휴대전화 통화에 카메라를 연신 눌러대고, 등에 멘 배낭에서는 쉴 사이 없이 노래가 흘러나온다. 나는 죄 없는 참이슬을 잔에 부어 쭈욱 빨아들이고 마른오징어를 질근질근 씹었다. 참 이상하다. 이런 신성한 산에 오면서 순례자의 마음까지는 아니더라도 겸손의 마음은 갖고 와야지, 노래를 틀면 어쩌자는 것인지 모르겠다.

천년의 이 남산 산길에 얼마나 많은 신라인들이 오갔을까. 지극한 마음을 안고 순례자의 마음으로 겸손을 품고 왔을 그들에게 오늘날 아무 생각 없이 등산복 입고 단체로 우르르 몰려왔다가 발자국만 남기는 몰염치는 없었을 것이다. 달가닥 소리가 나서 보니 어떤 아저씨가 쓰레기를 줍는다. 김밥과 술을 한 잔 권하니 "아이니더, 술 마시면 엎어집니다."라며 해맑게 웃는다. 이런 착한 분도 있는 것이다.

어느 거리의 허름한 술집도 누가 드나들면서 술을 마셨냐가 중요하듯 여기 용장사지도 매월당 김시습이 전국을 10년간 방황하다 서른한 살에 와서 서른아홉 살까지 살면서 수많은 시와 우리나라 최초의 한문소설 『금오신화』를 쓴 유서 깊은 곳이다. 현실적 모순에 철저히 저항한 매월당은 전국을 떠돌던 영원한 방랑자였지만 태어난 지 여덟 달부터 배우지 않고도 글을 알았던 신동이었다. 세종은 지신사 박이창(?~1451)을 시켜 김시습의 재주를 알아보게 하고 소문대로라는 보고에 "내가 불러보고자 하나 남들이 해괴하게 여길까 두렵다. 너무 드러내지 말고 잘 가르치도록 하라. 나이가 들고 학업이 성취되면 내가 크게 쓰겠노라."라는 전지를 내린다. 그리고 비단 50필을 주면서 김시습이 어떻게 가져가는지 보려 하니 도와주지 말라 했다. 모든 관리들이 숨죽이고 있을 때 김시습은 태연하게 비단과 비단의 끝을 모두 묶어서 그대로 끌고 가버렸다. 탄복한 사람들은 이때부터 그를 시습이란 이름 대신 오세 신동이라 불렀다. 잘나가던 시습은 열세 살 어린 나이에 어머니를 잃고 아버지 김일성(金日省)마저 병석에 눕자 가족을 데리고 외가가 있는 울진에 내려갔다.

어린 시습이 어머니 삼년상을 마치기도 전에 자신을 애지중지 키워주던 외할머니마저 세상을 떠난다. 이런 와중에 아버지는 계모를 얻었고, 집에는 따뜻한 사랑이 없었으며, 형편도 기울어 스무 살 늦은 나이에 훈련원 도정 남효례의 딸과 결혼하였다. 다음 해 스물한 살(단종 3년, 1455) 때 서울 삼각산 중흥사에서 글을 읽다가 수양대군(세조)이 조카 단종을 몰아내고 권력을 잡았다는 소문을 듣고는 보던 책을 덮고 방문을 걸어 잠근 채 사흘 동안 문밖으로 나오지 않았다. 사흘째 되는 저녁에 통곡하면서 공부해서 무엇 하느냐, 중이 되어 더러운 세상과 하직하겠다면서 읽고 있던 책을 모두 불살라 버리고 미친 척하면서 칙간(거름통)에 빠져 있다가 중흥사를 나와서 전국을 방랑한다. 이때 바로 중이 되었다고도 하는데 자신을 칭송하던 별명대로 오세암에 가서 깨끗한 눈이 되겠다는 설잠(雪岑) 스님이 되어 머리를 깎았으나 수염은 길렀다. 그 이유를 두고 "머리를 깎은 것은 번뇌를 없앤 것이요, 수염을 기른 것은 장부의 기상을 나타낸 것이다."라고 했다. 명나라 천년 스님 역시 수염을 기르면서 "머리를 깎은 것은 번뇌를 없앤 것이요, 수염을 기른 것은 장부를 표현한 것"이라 했고 승병장으로 이름을 날렸던 사명 대사도 수염을 길게 길렀다.

매월당은 유난히 여자 복이 없었다. 첫 아내도 스무 살에 만나 헤어졌

고, 17년 만에 다시 얻은 아내도 죽었다. 양양부사 유자한이 자신의 계집종을 보내주었으나 볼품없이 늙어 오십 지난 매월당에게 매력을 못 느꼈을 것이고, 매월당도 여종을 노리개로 청춘을 붙잡기에는 마음이 허허로워 별 관심이 없었다. 여종이 보따리를 싸들고 가버리자 유자한이 호되게 나무라지만, 남녀 간에는 느낌이 통해야 마음과 육체를 교환할 수 있는 법이다.

이 어려운 와중에서도 농사를 손수 짓고 찾아오는 제자들을 가르쳤다. 그러면서 처절한 현실을 외면하지 않고 백성의 고통을 아파했다. 김시습의 시를 보면 마치 3백 년 뒤에 다산 정약용(1762~1836)과 조수삼(1762~1849)의 가슴 아픈 기민 시를 읽는 듯하다. '기농부어(記農夫語)'라는 시를 보자.

지난해 일찍 가뭄이 들고 늦장마도 휩쓸어

……

아녀자는 배가 고파 길가에 울부짖으며 나앉고

길가에서 이를 보니 탄식뿐이로다.

사채와 조세를 밤낮으로 독촉하는데

……

어린아이 앞에서 시끄럽게 울어대고

서로 나에게 매달리는데도 못들은 채

구중궁궐 깊고도 깊은 곳에

날개 달고 날아가 대궐문 두드리고 고소하고 싶네.

그때나 지금이나 백성들, 서민들의 삶은 고달프고 팍팍하다. 서민의 피를 빨아먹는 사채 독촉은 당해보지 않은 사람은 모른다. 매월당도 살기가 피곤했을 것이다. 오붓한 가정을 만들어 된장찌개 보글보글 끓는 따뜻한 정이라도 느껴보려 했는데 운명의 장난은 그를 가만두지 않았다. 다시 가정이 풍비박산 나자 쓰라린 슬픔을 머금고 방랑의 길에 나섰다. 봄과 무슨 기묘한 인연이 있는지, 서른한 살 여기에 올 때도 봄이었고 서른아홉 살 떠날 때도 봄이었으며 마지막 숨을 거둘 때도 봄이었다.

매월당 평전을 쓴 소설가 이문구(1941~2003)는 용장사지로 향하는 도중에 하도 많은 뱀이 길을 막아 결국 오르지 못한 채 평전을 써야 했다. 나는 수없이 여기에 왔어도 뱀 한 마리 보지 못했다.

경주 남산과 KBS의 〈1박2일〉

지금이야 시들해졌지만 〈1박2일〉은 인기 예능 프로그램 중 하나였다. 원래 〈1박2일〉 프로그램 콘셉트는 80년대 문화유산 답사나 기행을 가면서 우리 문화쟁이(?)들이 지금껏 애용하고 있던 방식이다. 문화쟁이들은 1박 2일이란 단어만 들어도 설레었다. 낯선 곳의 풍광과 문화유적 그리고 하룻밤은 생각만 해도 가슴이 두근거린다. 연이어 무박 2일, 2박 3일, 3박 4일 등 방송 프로그램이 등장했으니 1박 2일이라는 용어를 쓴 것은 그것을 수용할 수 있는 시대 상황을 잘 읽었다는 뜻이다. 천재보다 위대한 것은 그 시대이듯이 80년대 아니 90년대 초까지만 해도 여자가 바깥에서 1박을 한다는 것은 대단한 용기가 필요했다. 그때는 결혼하고 나서야 첫 외박을 했다는 중년 여인들이나 처녀들이 많았다.

문화란 물과 같아서 높은 데서 낮은 데로 흐른다. 그러나 수용할 그릇이 안 되면 흘러가 버린다. 인도가 중국의 불교는 우리가 기원이다, 우리가 전해주었다며 폼 재지 않듯이 백제가 일본에 문화를 전해준 일에 긍지는 갖되 폼 잴 필요가 없다. 남자들끼리 술을 마실 때 늦게 온 친구에게는 연거푸 세 잔을 마시게(後來三盞) 하는데 이것도 신라시대 안압지(지금의 동궁, 월지)에서 나온, 주령구에 세 잔을 일거에 마시는(三盞一去) 풍습에서 이어온 것처럼 문화는 수용하는 사람의 것이다. 일찍이 아리스토텔레스(BC 384~BC322)는 자연을 모방하든 앞선 문화를 수용하든 "하늘 아래 창조가 없다."라고 했다.

이번 남산 종주 코스는 2011년 10월 KBS 〈1박2일〉에서 방영되어 문화유산에 관한 관심과 저변 확대에 기여한 코스다. 국민의 사랑을 받는 프로그램을 문화와 접목한 것은 칭찬해줄 만하다. 덕분에 남산이 많이 알려지고 새로운 시선으로 바라보는 사람들이 늘었지만 남산은 심한 몸살을 앓기도 했다. 방영 전인 한 달(2011년 9월 16일~10월 17일) 간 남산을 찾은 방문객 수가 7만 5천6백7명이었으나 방영 후 한 달(10월 17일~11월 16일) 간은 13만 6천5백41명이었다. 가히 폭발적으로 늘어난 수치다. 그러나 시청률이 아무리 높은 인기 프로그램이라 해도 그 효과가 6개월뿐이듯 이것도 길어야 6개월이었다.

인기 프로그램은 촬영 스케줄이 알려지면 방송 촬영이 힘들어진다. 유홍준 선생과 방송국에서 남산 종주 코스와 우리 집 수오재를 숙수를 삼는 것을 비밀로 해달라는 부탁이 왔다. 촬영 일주일 전 PD와 작가 열두 명이

사전답사를 왔다. 새벽에 서울에서 출발해 이른 아침을 먹고 이 코스로 남산에 올랐다. 여기서 내려가 용장계곡으로 올라 일반적인 코스인 연못을 지나 신선암, 마애불, 칠불암으로 가는 길을 택하려다 순간의 착각과 남산을 입체적으로 보여줄 '뷰 포인트'를 생각하는 바람에 이엉재로 올라 사람들을 엄청 고생시켰다. 그날 밤 막차 타기 직전까지 칠불암으로 종주하고 감실부처, 수오재, 감은사지, 대왕암, 노서동 고분군의 금관총까지 둘러보는 빡빡한 일정에 걸음이 등산 수준이라 더 힘들었을 것이다. 더구나 거의 수직으로 산에 올라 산등성이 몇 개를 오르락내리락했으니 나도 힘들었지만, 시종 생글생글 웃음이 떠나지 않던 김대주 작가, 착한 안경 PD, 앳된 2학년 PD, 대학원 작가, 조교 작가(이 애칭들은 내가 붙여 불러주었다.) 모두들 힘들어 했다. 나와 함께 줄곧 선두를 지킨, 착한 작가라는 별명을 붙인 김란주 작가에게 힘들지 않느냐고 물으니 천관산(전남 장흥)이 지금보다 더 힘들었다고 한다. 그 말에 모두들 동의하더니 천관산 오르던 것을 떠올리는지 다들 묵묵히 올랐다. 같이 왔던 눌와출판사의 김효형 대표는 "재호형, 나는 이제 남산 답사는 은퇴해야 되겠어요."라고 한다. 나영석 PD는 시종일관 모자를 꾹 눌러쓰고 말이 없는 과묵한 모습이었다. 어디를 어떻게 찍고 어떤 방식으로 풀어낼까 고민했을 것이다.

　나는 동지적 입장에서 나를 보는 듯이 이해했다. 축구감독, 야구감독, 영화감독, PD나 나같이 문화유적지를 인솔하여 해설하는 '문화 길잡이'들은 남에게 감동을 주는 사람들이다. 축구, 야구감독이 선수들을 잘 운용하여 경기로 명승부를 한다면, 영화감독은 시나리오에 맞게 배우들을 출연시켜 어떻게 명작을 만들까 고민하고, PD는 탤런트나 배우 출연자들을 어떻게 엮어서 어느 수준으로 풀어낼 것인지 고민하며, 우리는 급조된 일회성 인연의 온갖 부류의 사람들을 당일, 1박 2일, 2박 3일 동안 어떤 문화유적 코스로, 어느 눈높이에 맞춰 감동을 줄까 생각한다. 다만 관중과 시청자, 답사

139

객들은 고수와 하수의 차이를 안다. 마찬가지로 일행들은 당시 출연자들(이승기, 이수근, 김종민, 엄태웅, 은지원)이 힘들어 할 것 같다고 걱정한다. 그래서 나는 지금 이 코스로 오지 말고 오른쪽 계곡의 연못 있는 곳으로 오르라 했다. 다들 힘들었지만 내가 지어준 별명을 부르며 간식으로 준비한 초콜릿을 먹으면서 즐겁게 걸었다.

이윽고 동쪽 칠불암 정상에 오르자 맑고 시원하고 속이 후련했다. 곧장 내려가 아슬아슬한 절벽 위의 신선암 마애불에 도착하니 힘들었던 과정이 눈 녹듯이 녹아 모두 큰 감동을 받았다. 마애불 앞에서 나의 구슬픈 단소 연주로 피로를 풀어주었다. 아무리 좋아도 시간이 부족해 오래 머물지 못하고 내려가면서 〈1박2일〉 전용 노란버스를 최대한 올 수 있는 데까지 오라고 했다. 수오재에 묵은 김치, 부추전과 막걸리, 솥뚜껑 삼겹살 숯불구이와 소주를 준비시킬까 하다가 남산을 답사하면서 20년 넘게 단골로 드나드는 칠불암식당에 전화해 칼국수, 추어탕, 파전, 두부를 준비해달라 부탁하고 들이닥쳤다. 워낙 깔끔하고 맛이 좋지만 힘들게 걸었던 성취감과 늦은 점심이라는 허기가 더해져 모두들 맛있게 먹었다. 감실부처를 보고 수오재에 들렀다가 감은사지와 대왕암에 갔다. 다시 시내 노동, 노서 고분군의 금관총을 둘러보고 밤늦게 일정이 끝났다.

2011년 10월 8일, 하루 전에 우리 집 수오재에서 잔 유홍준 선생과 함께 포석정, 서남산 촬영이 시작되었다. 나는 선발대로 제일 앞에서 카메라 뷰 포인트 위치를 잡았고 뒤에는 유홍준 선생과 출연진 일행들이 적당한 거리를 두고 따랐다. 80년대부터 남산에서 유홍준 선생과 함께 답사객들을 인솔할 때는 항상 내가 선두에 서고 선생은 맨 뒤에서 출발했는데 〈1박2일〉에서 그 각본대로 대미를 장식했다. 이렇게 남산을 걸으면서 착한 작가(김란주 작가)는 지난번 먹었던 칠불암식당을 갈지 말지 고민인데 주인이 어떠냐고 몇 번이나 물었다. 주인이 안 좋았다면 말렸을 것인데 참 착한 사람이라 추천했다. 나

왕의 길을 걷는 즐거움

•칠불암과 마애불.

는 착한 사람은 하늘이 도와준다고 믿고 있다. 기왕이면 맛좋고 착한 집이 대박 나면 얼마나 좋으냐. 그전에 부산일보, MBC 〈전국기행〉을 소개해주기도 했지만 〈1박2일〉에 나온 후 더욱 문전정시를 이루니 기분이 좋다. 이 칠불암 식당도 2016년에 원래 주인은 시내로 가고 다른 사람이 한다.

여기 용장사지에서 모두들 1천 억(가짜 돈)짜리 김밥을 먹었다. 그러나 지금 먹는 3천 원짜리 김밥이 그때 1천 억짜리 김밥보다 맛있는데 그 이유가 뭘까? 원효가 해골 물을 마시고 도를 깨우친 것과 같이 세상 모든 것은 마음먹기에 달렸다는 뜻의 '일체유심조(一切唯心造)'인 것일까.

매화 향기, 남산을 울리고

용장사지석탑에서 아래로 천천히 내려갔다. 산에서 나는 모든 사고의 80퍼센트는 하산 도중에 일어난다. 오를 때는 긴장하지만 내려갈 때는 긴장이 풀리기 때문이다. 수천 명의 답사객을 남산으로 안내하면서 사고 한 번 없었는데 내가 팔이 한 번 부러졌고, 모 재벌회장 부인이 여기 석탑에서 아래로 내려가다가 미끄러져 허벅지에 피가 나 동여매고 내려왔으나 일행에 방해될까 봐 내색도 하지 않았다. 전에는 밧줄이 없었는데 현재는 튼튼한 밧줄이 있고 철 계단까지 만들어놓아 옛 맛이 사라지긴 했으나 한결 안전해졌다. 그래도 산에서는 항상 조심해야 한다.

이렇게 조심조심 내려오면 사색에 잠긴 단정한 마애불이 조용히 기다리고 있다. 둥근 도넛 형태의 삼륜대좌불이 원망도 없고 미움도 없이 목이 날아간 채로 앉아 있다. 옷 주름으로 스님 상으로도 본다. 경덕왕 때 대현 스님이 주위를 돌면 이 불상도 따라 돌았다는데 지금도 그럴 것 같다.

매월당이 은거했을 장소를 찾아보았다. 아마도 서북쪽 바위 속이 아닐까 상상해보았다. 따뜻한 남쪽으로 향해 있어 볕 잘 들고 바위들이 매력적이다. 위에는 석탑이, 옆에는 마애불과 불상이, 아래는 용장사지 절터가 있는 기막힌 장소다. 그때나 지금이나 따뜻한 남쪽나라는 이국적인 이상향이다. 매월당도 추운 서울에 살다가 남산에 와서 너무 따뜻하니까 처음에는 건너편 은적골에 있다가 이곳으로 왔다. 아마도 은적골은 북향이라 추워서 이곳으로 왔을 것이다.

여기서 아래로 얼마간 내려가면 지혜의 등불을 밝혔던 석등꽂이를 비롯한 석탑 잔재들이 뒹구는데, 뒤돌아보면 용장사지 3층 석탑이 우아함을 뽐내고 있다. 여기에도 어김없이 보기 흉한 묘가 있다. 옆으로 10미터 정도 가면 유명한 용장사 절터가 나온다. 또 흉물스런 묘가 먼저 눈에 띈다. 용장사 절터는 햇볕 잘 들고 바람을 막는 아늑한 장소이지만 지금은 방치 수준으로 석축과 산죽들이 엉켜 있다. 융통성을 발휘하는 신라인들의 절묘한 가람 배치가 상상을 초월한다.

현 시대라면 보나마나 지금의 묘 자리나 절터 앞에 세웠을 것이다. 여기서 보면 석탑은 허공에 아련히 두둥실 떠 있다. 조상이 이렇게 묘를 썼더라도 지금의 후손이 상식이 있다면 알아서 정리해야 하는데 언제까지 흉물스럽게 방치할 것인지. 후손이 스스로 하지 않으면 국가가 나서서 우선 급

한 대로 전국의 문화재 주위에 있는 것부터라도 없애야 한다. 하늘이 나를 도와준다면 내 개인 돈을 들여서라도 발굴하고 정비한 뒤 매월당이 그토록 사랑했던 매화나무를 몇 그루 심고 싶다. 예전에 "하회별신굿을 보고 죽어야 극락 간다."라는 말이 있듯이, 용장사 절터를 잘 정비한다면 살아서 여기 한 번 못보고 죽으면 억울할 것이다. 분명 매월당도 "내 비록 얼어 죽을지언정 향기 팔아 살지 않겠다."라는 매화의 고고한 기상과 절개를 생각했을 것이다.

아래로 쭉 내려오면 매월당의 법명을 딴 설잠(雪岑)교가 나오고 용장계곡에 맑은 물이 흐르고 오리뽕 나무에 싹이 움트고 있다. 여기서 오른쪽 아래로 내려가면 경주 남산 하프코스고 위로 오르면 풀코스다. 위로 오르더라도 10미터 아래의 넓은 바위에 가야 한다. 여기에서 올려다보면 아득히 먼 수미산에 부처님이 석탑이 되어 아련히 서 있는 듯하다. 자연과 인공의 절묘한 조화를 볼 수 있다.

다시 계곡을 올랐다. 지금까지는 평일이라도 사람들을 간간이 만났지만 여기부터는 사람 하나 없다. 계곡 물소리를 벗 삼아 속세의 때를 흘려보

왕의 길을 걷는 즐거움

내니 비로소 맑은 영혼이 살아나는 것 같다. 아직도 계곡에는 겨울의 잔영인 하얀 얼음이 자신의 존재를 과시하고 있다. 그러나 얼음 밑으로는 어김없이 봄의 소리가 묻어난다.

개울을 건너자 이영재 팻말이 나온다. 〈1박2일〉 팀들을 고생시켰던 일을 생각하니 미안한 마음에 쓴웃음이 나왔다. 평소 오르던 계곡 건너 산길로 올랐다. 신우대 좌우로 빽빽한 오솔길을 한참 지나자 변함없이 호수가 반겨준다. 전에는 사슴이 목을 축일 정도로 맑았는데, 이번 겨울은 속세가 혼탁하니 물도 시뻘건 흙탕물이다. 그러나 지금은 차라리 얼음이 추함을 덮어버렸다. 90년대 초 어느 겨울 오늘같이 꽁꽁 언 얼음 위에서 나는 문화유산 회원들과 장난치는 중에 단소를 놓치지 않으려다 미끄러져 팔이 부러졌다.

이 호수는 1981년 3월 1일에 착공하여 3월 27일에 속전속결로 완성됐다. 갑자기 전두환과 삼청교육대가 떠올랐다. 18년이나 독재 집권을 하던 박정희가 1979년 10월 26일 부하 김재규에게 총 맞아 죽고, 육군소장 전두환이 계엄하에서 실권을 쥐고 1980년 8월 4일 '국가보위비상대책위원회(국보위)'를 만든 후 사회 정화 정책의 일환으로 '삼청교육대'를 설치했다. 일부 조직폭력배들도 있긴 했으나 대부분 반체제 인사들을 마구 잡아들였고 그해 8월 6일부터 1981년 1월까지 6만 7백55명이 삼청교육대에 끌려가 54명이 사망할 정도로 혹독한 훈련을 받았는데, 그들은 여기 호수 쌓는 일에도 동원되었다.

이 호수를 짓기 시작한 1981년 3월 1일을 보자. 그날 박근혜는 『고난을 벗삼아 진실을 등대삼아』란 책을 내고 "남의 잘못을 보면 그것을 자기 생의 귀중한 교훈으로 생각해야 한다."라고 수첩에 적었다. 이후 민정당의 후신 새누리당(지금은 자유 한국당) 대선후보로 나와 승리하여 청와대에 들어가 대통령을 하면서 글과는 정반대로 살다가 탄핵을 당하고 구속이 되어도 반성할 줄 모른다. 참 희한한 원칙과 신뢰의 나쁜 사람이다. 이런 대통령을 잘

못 없고 가장 청렴하다고 태극기 휘날리며 집회하는 사람들과 연단에 올라 외쳐대는 불쌍한 정치인들도 있다. 신성한 태극기가 최대의 수모를 당했다. "아니오"와 "네"를 분명히 하라는 그 시대 김수환 추기경과 쌍벽을 이루는 성철 스님은 암울한 시기에 고통 받는 민중을 어루만져줘야 하는데 "산은 산이요, 물은 물이요"라며 도인같이 뜬구름 잡는 것이 특기라 그 날짜 〈주간한국〉에 역시 알 듯 모를 듯한 애매한 법문을 한다.

어떤 도적놈이(云何賊人)
나의 가사 장삼을 빌려 입고(假我衣服)
부처님을 팔아(販如來)
자꾸 죄만 짓는가(造種種業).

그날은 일요일이었는데 KBS1에서는 「지붕 위의 바이올린」을, KBS2에서는 「7인의 신부」를, MBC에서는 「소년의 기도」라는 우아하고 격조 있는 '주말의 명화'를 내보내고 있었다.

극락의 신선암 마애보살과 칠불암

호수를 끼고 가다가 팻말대로 가지 말고 왼쪽으로 꺾어 올라야 한다. 아마 국립공원에서는 등산로를 중심으로 팻말을 붙였을 것이다. 조금 오르다 오른쪽 묘 앞으로 20~30미터쯤 가면 전탑 형식의 제법 준수한 석탑을 만날 수 있다. 이런 산속에 홀로 서 있는 것 자체만으로도 감동이다.

다시 되돌아와 위로 올라 오른쪽으로 조금 오르자 서쪽 하늘에 석양이 붉은 빛을 토하고 있다. 멈춰 서서 소나무 사이로 이리저리 끼워보며 감상한

다. 석양이 아름다운 만큼 마음은 바빠진다. 그리고 곧 정상에 오르자 동쪽 서라벌 온 벌판이 극락같이 펼쳐진다. 그렇다. 우리는 죽어서 천당을 찾고 극락에 가는 것이 아니라 살아서 극락을 찾고 만들어야 한다. 신라인들이 이 남산에서 염원하며 찾고자 한 것도 현실의 극락이었을 것이다.

아무리 좋아도 정상에서 오래 머물 수는 없다. 이 기묘한 바위 골짜기를 스크린 돌리듯이 보면서 급히 내려왔다. 서산에 해가 기울기 시작하면 없는 놈 이자 날짜만큼 빨리 넘어가기 때문이다. 이 동물적 감각은 나그네가 되어 해 지는 석양의 길을 수없이 걸어보았거나 고리대금에 연체 이자를 피눈물 흘리며 내본 사람만이 실감할 것이다.

절벽을 끼고 조심조심 돌아가면 극적으로 신선암 마애보살(《1박2일》 때문에 사람들이 하도 많이 찾아 바위 절벽 길은 막고 위에서 내려가게 새 길을 만들었다.)

이 수줍은 듯 반긴다. 너무 아름다워도 숨이 막힌다. 좋은 것은 이런 것인가.
수없이 왔건만 올 때마다 짜릿한 전율을 느끼니 알다가도 모를 일이다. 이미
날은 저물어 주위에 어둠의 그림자가 밀려온다. 이렇게 아름다운 보살에게
마시다 남은 소주 한 잔을 바치고 나의 가슴은 술을 부르지 않아 나머지는
나무와 바위에 따라주고 내려왔다.

아래 칠불암에는 이미 전등불이 마애불 주위를 밝히고 있다. 사방이
어둠인데 사람 하나 없고 나의 인기척에 살며시 엿보던 비구니만 문을 닫고
들어가 버린다. 전의 낡은 건물은 외로운 산사의 고독 같아 좋았는데, 절 아
래에서 쓰레기를 태우다가 불이 났고 소방헬기가 조준을 잘못하여 절 지붕
위에 물을 쏟아버려 집이 내려앉아 새로 지은 건물이라 고즈넉한 멋은 없다.

앞에는 두부 모양의 바위 덩어리에 동서남북 사방에 모양이 제각각 다른 부처님이 앉아 있고, 뒤에는 쫙 펼쳐진 바위에 앉아 있는 본존불 좌우에 협시불이 당당하게 서 있다. 종교적인 열정으로 보면 아주 당당하고 원만한 불상이겠지만, 본존불의 왼쪽 눈은 아무리 봐도 어색해 꼭 사팔눈 같다. 아마도 화강암에 불순물이 많아 눈 부위가 이렇게 어색하게 되었을 것이다.

이 칠불암 위로 올려다보면 꽃비에 실려 구름 타고 하강하는 신선암 마애보살이 가물가물하다. 합장하고 몸을 돌려 내려오자 대숲이 이어지는데 나무숲이라 캄캄하다. 사람 하나 없는 칠불암 계곡, 갑자기 피가 거꾸로 솟고 머리가 쭈뼛 섰으나 헌강왕 밤길에서처럼 나의 제일 큰 무기이자 약방의 감초인 주문, "나는 착하고 아름답게 살려고 노력했고, 하늘이 용서 못할 죄를 짓지 않았나이다."라고 하늘에 항변하면서 어둠을 안고 길고 긴 칠불암 계곡을 별 두려움 없이 내려왔다.

마을이 시작되고 산불 감시 초소에 이르자 어둠 속에서도 날씬한 자태가 돋보이는 석탑이 지친 나그네를 반겨준다. 근래에 단장한 염불사지(念佛寺址)라 전하는 곳에 서 있는데 원이름은 피리사(避里寺)였다. 신라 때 이곳이 피리마을이었고 절 이름도 마을 이름대로였는데 이 절에 염불을 아주 잘하는 스님이 있어 그를 염불 스님(念佛師)이라 불렀다. 보통의 스님에 비해 특이했던지 『삼국

149

유사』에 이상하고 색다른 스님(寺有異僧)으로 기록돼 있다. 그는 항상 아미타불만 염불했는데 "소리는 높낮이가 없고 옥 같은 소리가 한결같았다."라는 것으로 보아 염불의 최고 경지에 올랐던 모양이다. 얼마나 깊숙하게 울려 퍼졌는지 1천3백60방(坊), 온 서라벌의 17만 호에서 듣지 않은 사람이 없었다고 한다. 오늘날같이 온갖 소음 탓에 멀리 있는 것은 고사하고 가까운 소리도 잘 들리지 않는 시대에서는 이해하기 힘들 것이다. 성덕대왕신종 소리가 사방 1백 리(40킬로미터)까지 들렸다 하고, 나 역시 어릴 적 시골에 살 때 강 건너 20리(8킬로미터) 떨어진 읍내에서 정오를 알리는 오포(午包) 소리를 또렷이 들었다. 지금 경주 우리 집에서 차 소리가 뜸한 새벽에 진평왕릉 옆 보문선원, 더 멀리 떨어진 남산의 보리사 새벽 예불 소리가 옆집에서 나듯 들려온다. 물론 온 서라벌 장안에서 다 들을 수야 없었겠지만 보통 스님의 염불과는 달리 구슬같이 맑고 영롱해 멀리 울려 퍼졌을 것이다.

　지금은 어느 절이나 직접 외는 염불 소리는 끊어진 지 오래고, 테이프 염불, CD 염불이라 감동이 없다. 어느 깊고 고요하고 조그마한 절에서 나는 저녁연기와 허공에 울려 퍼지는 스님의 염불 소리는 그 자체가 극락인데, 어디서 들을 수 있을까?

지금이야 어림없지만 불국사 관광단지를 조성할 때 불국사역 앞의 시장을 없애고 지금의 광장을 만들면서 여기 있던 탑과 이거사지 석탑을 갖고 가서 세웠다가 해체하고 여기에 2009년에 다시 세웠다. 그리고 염불 스님 별명을 따서 피리사를 염불사(念佛寺)로 고쳐 불렀다고 한다. 이 탑을 세운 후 절집이 들어섰으니 옛 염불사의 염불 소리는 허공에서 들어야 한다.

여기 이 남산마을은 지난 8, 90년대 초까지만 해도 옹기종기 정겨운 마을이었으나 지금은 국적 불명의 이상한 큰집들이 지어져 현 시대 졸부 집들의 전시장 같다. 그래도 소박하고 예쁜 한옥집들이 몇 군데 있어 위안이 된다. 이 마을 좌우에 연못이 두 개 있는데 남산리 3층 석탑 앞에 있는 연못과 통일전 주차장 옆의 서출연못이다. 동네사람들은 탑 옆에 있다고 '탑못', 서출못은 마을 안에 있다고 '안못'이라 불렀는데 『삼국유사』 '사금갑(射琴匣)' 이야기 때문에 국가사적지로 지정되면서 안못을 '서출못'으로 확정하였다. 또 안못은 임씨 문중의 큰집, 탑못은 임씨 문중의 작은집인 영향도 있었다.

통일의 기운은 싹트고

세상만사가 갑자기 이뤄지지 않는다. 끈질긴 노력이나 집념, 불타는 사명감 무엇 하나라도 혼신의 힘을 다해야 이룩할 수 있다. 삼국 중 가장 미약했던 신라가 반도를 평정해 통일국가를 이룩한 원동력은 무엇일까.

우선 반도의 동쪽에 치우쳐 있고 백제와 고구려가 버티고 있어 선진문물을 받아들이기가 불리한 지리적 조건이었지만, 혜초 스님같이 죽음을 무릅쓰고도 인도까지 구법승으로 가고 선진문물을 배우겠다는 유학승과 학생들이 삼국 중 가장 많았다는 것은 불타는 집념의 소산이었다. 그리고 낙동강과 험준한 태백산맥이 가로막아 영토 확장에 쉽게 진출할 수 없다는 단점이 있었지만 반면에 고구려, 백제, 가야의 침공에는 천년의 방어벽이었다. 게다가 전쟁에 나가서 장렬히 전사하면 왕이 친히 교외까지 나가 눈물로 맞이하고 가족을 돌보아주니 국가를 위해서 죽어도 여한이 없는 것이다. 결국 진평왕 때 수나라에서 유학한 원광 스님의 '세속오계'로 정신 무장한 화랑들의 숭고한 희생정신을 바탕으로 반도를 평정해 통일국가를 이룩했다.

강 따라
길 따라

모든 생명의 탄생이 물에서 시작되듯이 인류의 역사도 물에서 시작되었다. 한 나라의 수도는 예외 없이 강을 끼고 있다. 고구려가 압록강과 대동강을, 백제가 한강과 금강을, 고려가 예성강을, 조선이 한강을 끼고 도읍을 정했듯이 신라 역시 형산강을 안고 천년의 도읍을 이어왔다. 신라 궁성이었던 반월성을 기준으로 남쪽에 흐르면 남천, 북쪽에 흐르면 북천, 서쪽에 흐르면 형산강도 서천이라 했다. 이 하천 영역에서 찬란하고 영롱한 신라의 역사가 잉태되었다.

걷는다는 것은 행복하다

하천과 강을 걸을 때 대개 상류의 발원지부터 시작하지만 나는 강물이 바다와 만나고 하천이 강과 만나는 하류부터 거슬러 올라간다. 저 강물은 어디에서 시작했을까? 저 강물의 처음은 어디일까? 그 근원을 알고 싶기 때문이

왕의 길을 걷는 즐거움

벚꽃이 만발한 반월성 남천가에서 한가하게 쉬고 있는 노인들과 목욕하는 아이들.

다. 강둑을 걸었다. 강둑길에는 역사가 흐르고 낭만이 흐르고 꿈이 영글어 가고 사랑이 익어간다. 늘 그렇듯 유난히 변덕스런 봄날이었다. 그래도 산책을 나서자 따스한 봄볕에 바람마저 조용했다. 나의 기행에 하늘도 무심하지 않구나. 이번 왕릉 길 여정은 남천과 서천이 만나는 형산강에서 거슬러 오른다. 강 건너 저만큼에는 선도산과 서악동 큰 고분들이 위엄 있게 솟아 있고 남으로는 남산이 남북으로 길게 누워 있다.

봄은 여인으로부터 시작되니 도시에서는 여인들의 화사하고 가벼운 옷차림에서 봄을 느낄 수 있지만 시골에서는 쑥 뜯고 나물 캐는 아낙에게서

156

봄이 묻어난다. 둑에서 드문드문 아낙들이 소리 없이 봄을 뜯고 있는 사이에 자전거를 타고 둑길을 지나가는 사람들의 모습이 여유롭고 정겹다. 고요하던 바람이 가슴을 일렁이게 할 만큼 불어왔다. 새들은 합창으로 자신의 아름다움을 과시하면서 나의 마음에 즐겁게 보시하고 있다. 멀리서 개가 짖는 소리는 아름답지만 지금같이 떼로 짖어대는 개 소리는 그야말로 개 소리다. 마치 인간의 어리석은 욕망을 꾸짖는 것 같다. 언제 솟았는지 보리가 제법 파릇파릇 푸른 물결을 이루었다. 이리저리 곱게 휘어진 보리밭 선은 어찌저리 아름다운지 보고만 있어도 가슴이 일렁인다.

전봇대 위에서 까치 한 마리가 반갑게 울어댄다. 혼자 걸어도 외롭지 않다. 온 산천초목과 새들이 벗이 되어준다. 아름다움에 취해서 걸어가는데 말 못할 분노가 차오른다. 하천 둑에 웬 돌무더긴가 했더니 보의 형태인 제방을 쌓은 것이다. 보를 쌓으면 반드시 물이 썩는다. 신라시대 귀신들이 쌓았던 귀교는 다리였지 제방이 아니었다. 신라시대 귀신들이 뛰놀던 건너편 두두리 벌판에 산천을 파괴하는 오늘날의 위정자들이 흡사 귀신같이 기를 쓰고 날뛰는 것 같다. 얼마 걷지 않아 다리가 나왔다. 다리 밑에 버려진 온갖 쓰레기가 인간의 추한 내면을 적나라하게 보여준다. 오릉교 다리 교각과 상판 사이를 거북이머리에 용 몸통으로 대들보처럼 해놓았다. 몸통에는 페인트로 청록다방 745-0000, 신라다방 741-0000, 남천반점 772-0000, 아사원 771-0000 등의 광고 문구를 어지럽게 휘갈겨놓았다. 여름에 다리 밑에서 피서를 즐기는 사람들을 위한 광고다. 다리 위에는 자동차들이 쉴 사이 없이 지나간다. 다리난간에 거북이 여섯 마리가 슬픔에 겨워 고개를 하늘로 치켜들고 울음을 토해내고 있다. 그래도 자연은 어김없이 제 역할을 다하여 쑥 캐는 할머니의 비닐을 수북하게 채워준다. 인근에 있는 흥륜사(신라 영묘사지)에 가서 여기서 출토된 신라의 잔잔한 미소를 떠올리며 어지러운 마음을 위로했다.

묵묵히 살아가는 사람들

새잎 돋아나는 수양버들이 유려한 곡선을 늘어뜨리며 바람에 흐느적거리고 있다. 숲 사이로 솟아오른 오릉은 아름다움을 서서히 잉태하는 중이다. 문천다리를 건너자 '시민자전차상회', '남광목공소', '행복한집' 등 정겨운 간판들이 나온다. 차가 없던 시절 자전거는 오늘날 자가용보다 더 귀했기에 자전거라 하지 않고 '자전차'라 했다. 고물 자전거를 열심히 수리하는 주인 앞에 앉아 담배를 한 모금 한 모금 깊이 빨아들이는 동네 아저씨가 있고, 또 한 사람이 말없이 낡아빠진 나무의자를 들고 와서 익숙하게 앉는다. 늘 그래왔던 것처럼……. 사진을 몇 컷 찍고 "재미 좀 어떻습니까?"라고 묻자 곧바로 날아온 답은 간단했다.

"없습니다."

"옛날에는 좋았지요?"

"옛날에 참 좋았지요. 그 추억에 하지요."

"몇 년 하셨습니까?"

"얼마 안 되었습니다."

"그래도 30년은 넘어 보이는데."

"네, 38년째입니다."

삶의 고수다. 자신의 일을 묵묵히 해온 시간이 30년은 흘러야 일가를 이루지. 다시 둑길을 걸었다. 양지바른 둑에 노랑, 분홍, 초록, 흰 꽃들이 수북이 피어 있다. 민들레꽃에는 언제 날아왔는지 벌 한 마리가 잉잉거리며 떠날 줄을 모른다.

둑길 옆에 자리한 김유신 장군 생가인 재매정에 왔다. 삼국의 각축은 긴장의 연속이었다. 신라 명장 김유신은 전쟁에 출전했다 돌아오면 또 출전, 또 출전이었다. 644년(선덕여왕 13년) 9월 백제에 크게 승리하고 다음 해(645

년) 정월, 왕을 뵙기도 전에 백제 대군을 또 막으러 갔다. 3월에도 백제군이 침략해온 탓에 집에 들르지도 못하고 서쪽으로 향하면서 이 앞을 지난다. 50걸음 정도 지나다 집에 가서 물을 갖고 오게 하여 마시고는 "우리 집 물맛은 옛 맛 그대로구나(吾家之水 尙有舊味)."란 유명한 말을 남겼다. 유신이 마셨던 그 우물물은 현재 희뿌연 흙탕물이고 고종 9년(1872)에 세운 유허비는 세월의 무게를 이고 덩그러니 서 있다. 저만큼에는 제법 운치 있는 한옥이 오가는 길손에게 세월의 향기를 흘리고 있다. 사마소(司馬所) 건물인데 조선시대 과거에 합격한 생원(生員), 진사(進士)들이 유학을 가르치거나 정치 토론을 하던 곳이다. 집은 주인의 인격인데 선비가 사라진 지금은 껍데기만 서 있다. 예외 없이 문은 잠겨 있고, 사마소 앞 남천에는 앳된 여고생들이 흐르는 물에 다리를 적시고 모래진흙을 다리에 바르며 깔깔거리고 있다. 풋풋한 봄의 서곡을 알리기에 충분하다.

한옥의 향기와 경주 최 부잣집

한옥은 깊은 향기가 묻어난다. 삶의 연륜과 세월의 흔적이 배어 있고, 주인의 철학이 깃들어 있기 때문이다. 교동에 들어섰다. 원래 교촌(校村), 교동(校洞)이란 조선시대 향교(鄕校)가 있던 곳을 일컫는다. 제일 먼저 눈에 띄는 것은 경주시에서 한옥마을을 조성하면서 크게 지어놓은 건물이다. 한옥마을 조성이야 백번 환영하지만 오랜 세월 형성된 마을의 특징을 살려 기존의 건물과 조화를 이루어야 아름답고 자연스러운데 어딘지 기존의 한옥들과 부조화스럽다. 그래도 옛사람들이 무심의 손맛으로 만들어놓은 흙 담장에 매화가 피어 있는 정겨움에서 위안을 받는다. 문이 꽁꽁 잠겨 있어 안에 들어갈 수 없으니 담 너머를 훔쳐볼 수밖에 없다. 신라시대의 아름다운 석탑을

보고 또 본다. 미인을 훔쳐보듯이……. 뭐니 뭐니 해도 여기에는 유명한 경주 최 부잣집이 있다. 숫을대문을 들어서면 1970년에 불탄 것을 2006년에 5억3천만 원을 들여 복원해놓은, 아무런 감동 없는 사랑채(36평)가 있고 오른쪽에는 쌀을 보관했던 큰 창고가 있다. 이어서 조그만 행랑채 문으로 들어가면 힘 있고 단정한 안채가 나온다. 이것이 겉으로 보이는 최 부잣집의 모습이다. 흔히 경주 최 부잣집을 부자들의 도덕적 의무인 노블레스 오블리주(Noblesse oblige)를 몸소 실천한 대표적 부잣집으로 꼽는다. 지금 시대에는 너도나도 부자가 되겠다고 야단이다. 그러나 부자는 되기도 어렵지만 유지하는 것이 더 어렵다. '부자가 3대를 못 간다(富不三代)'라고 하는데, 여기 12

대 만석꾼에다 9대 진사를 배출한 최 부잣집은 어떤 가치관과 철학으로 부를 이어왔단 말인가. 바로 '과거를 보되 진사 이상은 하지 마라, 재산은 만석 이상 모으지 마라, 지나가는 나그네(過客)를 후하게 대접하라, 흉년이 들었을 때 남의 논밭을 사지 마라, 최씨 가문의 며느리들은 시집온 후 3년 동안 무명옷을 입어라, 사방 1백 리 안에 굶어죽는 사람 없게 하라.'라는 육훈(六訓) 여섯 가지와 '스스로 초연하게 지내고(自處超然), 남에게 온화하게 대하며(對人藹然), 일이 없을 때에는 마음 맑게 지내며(無事澄然), 유사시에는 용감하게 대처하고(有事敢然), 뜻을 얻었을 때에는 담담하게 행동하며(得意淡然), 실의에 빠졌을 때에는 태연히 행동하라(失意泰然).'라는 육연(六然)이 핵심이다. 그렇다면 여기에서 오늘날 우리가 배울 점은 무엇이고 버릴 점은 무엇인가.

권력을 버리고 돈과 명예를 얻다

천불여이물(天不與二物)! 하늘은 인간에게 두 가지를 주지 않는다고 했다. 대개 용모가 뛰어나면 머리가 부족하고, 머리가 뛰어나면 행동이 부족하고, 행동이 뛰어나면 지성이 모자란다. 정도의 차이는 있지만 인간이 평생을 두고 갈구하는 돈과 권력, 명예를 동시에 주지 않는다는 뜻이다. 그런데도 다 갖겠다고 욕심 부리면 추해지고, 이루었던 것도 한순간에 무너진다. 취미와 특기가 돈과 권력이라면 사기를 치든 아부를 하든 얼마든지 가질 수 있지만 명예까지 얻지는 못한다. 꼭 명예를 얻고 싶으면 돈과 권력 중 하나를 버리면 된다. 두 가지를 이루었던 사람들이 빅딜하지 않고 권력에 들어와 그나마 갖고 있던 돈과 명예를 한순간에 잃어버리는 것을 요즘 시대에 수도 없이 보고 있지 않은가? 어느 시대를 막론하고 갈등과 번민, 고통과 슬픔은 있게 마련이다. 그것을 치유하고 통합하기 위해 모두가 노력해야 하지만 사회 지도

층과 위정자들은 더욱 노력하고 실천해야 한다. 지도층의 도덕적 의무인 노블레스 오블리주는 로마와 중세유럽에서 착취당한 농노들의 반란에 영주들이 자신들의 재산을 지키기 위해 농노들의 요구를 어느 정도 들어준 데서 유래했다.

동서양을 막론하고 농경사회는 지주와 소작인의 분배 전쟁이었다. 최부자의 경우를 보자. 3대 최국선(1631~1682)은 책상을 가득 채우고 있던 담보 잡힌 문서들을 모두 태우고 "갚을 사람이면 이런 담보가 없어도 갚을 것이고 안 갚을 사람이면 이런 담보가 있어도 갚지 않을 것이다."라고 했다. 감동의 실천이다. 최국선은 임진왜란과 병자호란의 큰 병란을 당하고 신분제의 혼란 속에서 먹고살기 위한 양반과 농민들의 농토를 헐값에 매입하여 부를 급속도로 축적했다. 그러자 땅문서와 집문서를 잡히고 살아갈 방법이 없는 가난한 사람들이 집단으로 도적 떼가 되어 복면하고 밤중에 최 부잣집에 침입하여 문서를 찢고 불태웠으나 사람을 심하게 해치지는 않았다. 그후 최국선은 합법적인 부의 축적이라고 해서 모두 정당화될 수 없다는 것을 크게 깨닫고 담보 문서를 찢었던 것이다. 흉년에 땅을 사지 않는다는 철칙을 지킨 데다 원한을 처벌하지 않고 그들이 원하는 방향으로 실천한 최국선은 그야말로 대단한 인물이다. 조선 후기(영조) 청송의 9대 만석꾼 심 부자도 마찬가지다. 7대 송소 심호택도 밤에 도적들이 방에 들어와 집안사람들을 위협하자 지혜로운 안방마님이 "사람의 목숨은 다치게 하지 마라."라고 하면서 곳간 문을 열어주고 마음껏 가져가게 했다. 그러고도 남은 재산으로 지은 집이 오늘날 청송의 송소 고택이다.

현재에는 아예 대학에 부동산학과가 있고 경매 물건을 잘사는 사람이 전문가로 대우받으며, 고리대금으로 불쌍한 서민들을 등쳐 먹고사는 벌레 같은 인간들도 얼마나 많은가? 그런 면에서 보면 육훈으로 권력에 초연하면서 부와 명예를 지키고 이어나간 최 부자 가문이 진정 대단한 것이다.

마지막 최 부자 최준의 선택

최 부자 가문의 부의 시작과 끝은 일본의 침입이었다. 중시조 최진립 장군(1568~1636)은 임진왜란 때 왜적을 물리치고 병자호란 때 용인에서 장렬히 전사한 공로로 명문가의 반열에 들어서고 최진립의 셋째 아들 최동량(1598~1664)은 범람하는 형산강 주위의 저습지 개간과 볍씨를 직파해서 이양하는 신농법으로 부를 크게 일으킨다. 그리고 1671년 삼남에 큰 흉년이 들자 3대 최국선은 헐값에 농토를 마구 사들이다가 밤중에 크게 당하고는 "모두가 굶어 죽어가는데 나 혼자 재물을 가져서 무엇 하느냐."라며 마당에 큰 솥을 걸고 곳간을 헐어 민초를 구하고 문서를 불태우고 찢었던 것이다.

5대 최언경(1743~1807)이 지금의 교동으로 이사 올 때 신성한 향교 옆이라 유생들의 반대에 부닥쳐 몇 년 동안 집을 못 짓다 어느 선비의 중재로 지금처럼 집을 낮게 지었다. 그래서 선각자들이나 천재들보다도 그 시대가 더 위대한 것이다. 그들은 시대가 원하는 맥을 짚어갔다. 같은 시대 단원 김홍도(1745~?)가 씨름 그림으로 대표되는 풍속화를 그린 것은 조선 후기 상업이 발달하여 소금장수까지 단원의 그림 수요자로 확대되었기 때문이다. 양반들이야 문자도 알고 시도 읊어 산수화에 떨어지는 폭포 그림에 쓰인 "향로봉에 해 비치니 붉은 연기 피어나고(日照香爐生紫煙)/ 저 멀리 폭포는 냇가에 걸려 있네(遙看瀑布挂前川)./ 날듯이 흘러 수직으로 삼천 척을 떨어지니(飛流直下三千尺)/ 아마도 은하수가 구천에서 떨어지는 듯하구나(疑視銀河落九千)."라는 이백(701~762)의 시 '망여산폭포(望廬山瀑布)'를 이해하고 즐기지만 글자를 모르는 소금장수야 씨름 그림을 보면서 킬킬 웃어도 화제 달린 산수화야 어이 느낌을 알겠는가?

단원과 같은 시대 풍속화로 쌍벽을 이루는 혜원 신윤복(1758~?)은 한량(閑良), 기녀(妓女), 스님, 유부녀, 처녀 등을 그림에 등장시켜 남녀 간의 애정을 적나라하게 표현하는 바람에 도화서에는 쫓겨났지만 그의 그림은 비디오 없던 시절에 근엄한 양반들이 사랑방에서 은밀히 희희낙락했던 유희거리였다. 유교적 도덕관념이 강했지만 내가 그렸노라고 떳떳이 시인하고 낙관을 찍었던 것은 시대가 이미 이중의 도덕률을 인정하는 사회였기에 가능했을 것이다. 시대 상황을 잘 파악하여 부를 유지하던 최 부자 가문도 일본에 병합되는 일제강점기에 고난을 맞는다. 그 고난을 헤쳐가야 했던 운명의 주인공은 12대 문파 최준(1884~1970)이었다.

모든 재산을 영남대학교로

최 부자 가문의 마지막 인물인 최준은 개인적으로 감당하기 힘든 고난의 격동기를 겪었다. 일제에 협력하면서 부를 이어 가느냐 아니면 나라를 잃었는데 무슨 재산이 필요하냐며 전 재산을 팔아 가족 59명을 데리고 낯선 땅 만주로 가서 평생을 조국 독립에 힘쓴 우당 이회영(1867~1932)처럼 하느냐, 수없이 번민했을 것이다. 최준의 아버지 최현식(1854~1928)은 나라의 주권이 일본에 넘어가자 집안 살림을 아들에게 맡기고 임금이 있는 북쪽에 절한 뒤 은거해버린다. 따라서 20대 중반의 최준이 고난에 찬 세파를 헤치고 나가야 했다.

내가 보기에 최준은 이러지도 못하고 저러지도 못하는 우유부단한 성격이었다. 그는 조선국권회복단, 대한광복회 등에서 활동하다 1917년에 투옥되기도 했다. 면암 최익현(1833~1906)이 의병을 수백 명씩 데리고 와서 며칠씩 지내고 자금까지 얻어갔다. 우리 독립운동사에서 비밀리에 상해 임시정부에 군자금을 가장 많이 보낸 곳이 백산 안희제(1885~1943)의 백산상회였다. 1918년 안희제가 최준을 찾아와 의로운 길을 설명하고 뜻을 함께하길 제안하니 최준은 군자금을 제공하는 백산상회의 대주주가 된다. 그러나 백산상회는 1백30만 원(당시 쌀 3만 석)이 부도났고 최 부자도 이를 막을 능력이 없었다. 1년에 1만 석을 한다면 3년을 농사지어야 가능했다. 그런데 뜻밖에도 당시 사이토 총독 오른팔인 식산은행 총재 아리가가 이 어마어마한 빚을 탕감해준다. 이후 그에겐 나라 잃은 조국과 기우뚱거리는 가문 그리고 고독한 방황이 기다리고 있었다. 악랄한 일제가 거액의 빚을 왜 탕감해주었을까?

그때나 지금이나 은행은 비오기 전에 우산 쓰라고 돈을 빌려주고는 비가 오면 우산을 가차 없이 거둬가는 것처럼 냉혹하다. 여러 가지 설이 있지만 단정 짓기는 어렵다. 1919년은 3.1만세운동으로 무력 통치에 한계를 느낀 일제가 겉으로는 문화 통치를 한다고 대타로 사이토 마코토(1858~1936)를 3대 통감으로 보낸다. 사이토는 조선의 문화가 상상을 초월할 만큼 우수하다는 것을 깨닫고, 조선의 서적 수십만 권을 불태운 전임 데라우치 총독과는 다른 유화 정책을 편다. 인심 좋은 최 부잣집을 경매로 처분하면 식민 통치에 도움이 되지 않으리라는 판단과 이를 미끼로 총독부에 협조하도록 회유하기 위해서, 혹은 부채를 탕감해주는 조건으로 최 부자의 고가(古家)를 환수하여 신라박물관으로 만들려고 했다는 것이다. 실제로 최준은 당대에는 안 되고 사후에 제공하겠다고 약속했다. 해방 후 약속의 효력이 자연 소멸되어 재산은 지킬 수 있었지만 마음의 빚은 남았을 것이다. 그래서인지 최준은 말년에 손자 최염에게 일본에 간다면 아리가의 무덤에 꼭 한 번 찾아가라고 했다.

해방이 되었다. 행동하는 실천가 백범 김구 선생이 경교장에서 만나자고 한다. 김구는 "가산을 탕진하면서까지 임시정부에 독립군자금을 보내주신 공로로 3천만 동포가 우러러볼 것입니다."라고 하면서 안희제를 통해 보내준 군자금 기록장을 건넨다. 그는 안희제가 단 한 푼도 착오 없이 보낸 사실을 알고는 가슴 뭉클한 눈물을 쏟아낸다. 혹시 백산이 중간에 가로채는 등의 배달 사고를 하지는 않았을까 내심 의심했으리라. 그때 백산은 이미 일경의 고문으로 해방 2년 전에 순국했기에 최준은 그의 고향이면서 묘가 있는 경남 의령을 향해 큰절을 한다.

최준은 우여곡절을 겪은 후 모든 재산을 털어 대구대학교와 계림학숙을 짓는다. 그러다가 1961년 박정희 육군소장의 5.16쿠데타로 '대학 설치령'이 강화되면서 대구대학교는 심각한 운영난에 봉착한다. 그래서 당시 최고 갑부였던 이병철에게 아무런 대가를 받지 않고 학교를 넘겨준다. 그러나 이병철은 사카린 밀수 사건으로 울산에 한국비료도 넘겨주고 대학 운영에도 손을 떼 1967년 대구대학교와 청구대학교가 합병하여 영남대학교가 된다. 그리고 영남대학교는 박정희 일가에게 넘어간다. 최준은 나라가 더 발전하면 이런 일이 일어나지 않을 거라며 침묵했다. "해방이 되었으니 일경의 감시도 없고, 전 재산을 희사해 도둑 들 일도 없으니 대문을 활짝 열어두라."라는 말을 남긴 최준은 1970년에 죽어 역사 속으로 사라졌다. 위당 정인보와 육당 최남선은 여기에서 1년 이상 머물면서 『동경지(東京誌)』1633를 다시 편찬한다.

나는 온갖 상념에 잠겨 여기저기를 둘러보았다. 최 부잣집을 보고 옛 만석꾼의 집 규모로 생각하면 안 된다. 원래는 대지 2천여 평에 후원이 1만여 평에다 집 안에 살던 노비만 해도 1백여 명이었다. 쌀 80여 석이 들어가는 곳간 건물도 지금은 한 채만 남았지만 예전엔 일곱 채였단다. 세월이 흐를수록 역사는 사라지고 흔적만 남는다. 원래 이 터는 신라시대 김춘추(태종무열왕)의 딸로 청상과부 요석공주가 살던 곳으로 추정한다. 주춧돌과 장대석을 보면 전부 신라시대의 석제다. 사랑채 앞에 기품 있게 놓여 있는 부드러운 연꽃 모양의 석조는 여기에 1년에 한번 꼴로 자주 들락거리던 인촌 김성수가 하도 탐이나 고려대학교로 옮기자고 몇 번이나 제의했던 것이다.

나는 여기에 올 때마다 최 부잣집 가문의 마지막 인물인 최준에 대해 여러 생각을 떠올린다. 울산의 만석꾼이자 사법시험을 합격하고도 평양 법원에 판사로 부임하지 않고 1917년 대구 달성공원에서 '대한광복회'를 결성하여 조국 독립에 몸 바치다 38세에 대구형무소에서 사형당한 박상진 (1884~1921) 의사, 이 박상진 의사가 국내외로 독립운동을 하니 재산 관리가 힘들다고 성실한 사촌처남 최준(대한광복회 재무담당)에게 모든 문서를 맡긴다. 박상진 의사가 순국하자 최준은 소유권을 이전하고 후일에는 자신이 보관하고 있던 박 의사 집안의 도장을 이용하여 임야 1백95만 평까지 이전한다. 후일 박 의사 아내 최영백, 아버지, 아들 박경중 그리고 광복 후에는 독립운동가 우재룡(1884~1955), 권영만(1877~1950)까지 나서 부당성을 법적으로 대응하고, 최준을 질책하고 호소했으나 결국 찾지 못했다. 결국 박상진 집안은 나라를 위해 독립운동하다 아들 잃고 가문도 몰락했다.

그러나 돈의 굴레에 놓여 이러지도 저러지도 못하는 운명 앞에서 가문을 살리려 했던 최준이 인간적으로 안타깝기도 하는 등 많은 생각이 든다. 그런 최준이 어느 노스님에게 받아 가문의 금언으로 삼았다는 "재물(財物)은 똥거름(糞尿)과 같아서 한곳에 모아두면 악취(惡臭)가 나 견딜 수 없고 골고루 사방(四方)에 뿌리면 거름이 되는 법"이라는 말이 허공에 맴돌고 있었다.

한국판 노블레스 오블리주, 이종만과 이종환

로마시대 귀족들이 지켜야 할 사상이자 정신으로 출발했지만, 엄밀히 말하면 서양이나 한국이나 진짜 노블레스 오블리주는 없다. 서양도 영주들의 착취가 심하여 겨우 입에 풀칠하기도 힘든 농노들이 이래 죽으나 저래 죽으나 마찬가지라는 절박함으로 반란을 일으키니 영주들이 모두 잃어버리기 싫어 그들에게 떡 하나 더 준 셈이었다. 한국의 대표적 노블레스 오블리주라고 칭찬하고 있는 이곳 최 부자도 흉년에 농토를 헐값에 사들여 축적하는 여느 부자와 같았던 3대 최국선이 밤중에 죽을 고비를 넘기고 크게 깨달아 실천했던 것이다.

그렇지만 적어도 이종만(1885~1977)은 진짜 노블레스 오블리주를 실천한 사람이다. 이종만은 어떤 사람이기에 가진 자의 도덕적 의무인 노블레스 오블리주를 행한 아름다운 부자였는데도 잘 알려지지 않았을까? 1885년 울산 바닷가 용잠포구(지금의 울산시 남구 용연동)의 가난한 집에서 7남매 중 둘째로 태어나 한학을 공부했으나 건강이 따라주지 않아 포기하고 스무 살(1905)에 부산으로 가서 생선 장사를 시작한다. 처음에는 잘되었으나 전쟁약품 요오드액(일명 아까징끼)의 원료인 미역을 대량으로 샀다가 러일 전쟁이 빨리 끝나는 바람에 쫄딱 망한다. 이후 어부가 되어 배를 빌려 원산에서 명태를 가득 싣고 오다가 울산 앞바다에서 풍랑을 만나 배가 침몰하는 바람에 두 번째로 실패한다. 20대 초반에 두 번의 큰 실패로 지친 몸을 이끌고 일단 고향으로 돌아와 낮에는 밭 갈고 밤에는 책 읽는 주경야독(晝耕夜讀)으로 지내던 그는 고향에 대흥학교를 세워 신교육을 가르친다. 그것도 몇 년 만에 문을 닫고 강원도 양구에 이재민 구호봉사를 갔다가 중석에 손을 대 처음에는 재미를 보았으나 결국 실패한다.

1930년대는 조선 천지가 금광 열풍에 휩싸인다. 미국의 개척시대마냥 조선 천지가 너도나도 일확천금을 노리는 금을 찾아 난리였다. 보성전문학교(고려대학교 전신)를 세우고 탁지부 대신과 군부 대신을 지낸 이용익(1854~1907)도 갑산금산에서 송아지만 한 금덩어리를 고종황제와 명성왕후에게 여러 개 바쳐 출세했다. 1933년 한 해 동안 우리나라에서 5천 개의 광산이 개발되었는데 그중 금광이 3천 개였으니 너도나도 금 찾아 나설 만하지 않은가. 게다가 한해 10여 명 정도가 금광 재벌이 되었으니 누군들 가만히 있겠는가? 세상이 변하고 굳게 맹세한 사랑이 변해도 황금은 영원히 변치 않는 것이었다.

지금이야 자신의 소유가 되어야 광산을 할 수 있지만, 일제강점기의 총독부는 선원주의(先願主義)라 하여 산주(山主)와 상관없이 캐낸 금을 근거로 광업권을 먼저 출원한 사람에게 허가를 내주는 산금정책(産金政策)을 시행했다. 이러다보니 없는 사람이 일확천금을 꿈꾸기에 얼마나 좋은가. 이러한 시대적 분위기에 이종만도 금광에 뛰어든다.

1931년, 사업을 시작한 지 25년 만에 금맥이 터졌지만 자금을 댄 친구와 절반씩 나눠 갖기로 하였는데 친구의 배신으로 빈털터리로 쫓겨났다. 28번이나 실패하고 29번째 시작한 1332년에 그는 불혹에 접어들어 50대를 바라보는 마흔일곱 살이었다. 그러나 하늘이 무심하지 않았는지 이종만에게 조선 최고의 금광을 안겨준다. 1936년에 광구 4백여 개에 4억 평의 조선 최대의 금광 '장진광산'으로 그는 조선 제일의 금광 주인이 되고 최고의 재벌이 된다. 이종만도 하늘이 준 최고의 선물에 최고의 기부를 하여 하늘에 보답한다. 이때부터 이종만은 사람이 하는 단순한 기부가 아니라 하늘만이 할 수 있는 눈부신 노블레스 오블리주를 실천한다.

당시 순이익으로 한 해 200억을 공익 사업에 투자한다. 자영농 육성을 위한 '대동농촌사'란 재단법인을 설립하여 수확의 7할을 농민이 갖고 나머지 3할(당시 법적으로 5할이 상한선인데 실제는 6, 7할을 받았다.)을 마을재단이 갖도록 했다. 30년 뒤에는 농민이 수확물 전부를 갖되 농민에게 소유권을 주지 않은 것은 농민이 일시적 충동으로 저당 잡히거나 팔아 다시 소작인으로 전락하는 것을 막기 위해서였다. 재단이 받은 3할의 소작료로도 토지를 늘려 조선 토지를 몽땅 사들여 농민 전체가 자영농이 되는 것을 꿈꾸었다. 이 정도는 인간으로서는 하기 힘든 신의 경지에 들어서야 가능한 것이었다.

지금이야 땅이 부를 축적하는 도구지만, 농경사회에서 땅은 모든 가치에 우선하는 생명줄이었다. 당시 지주들의 토지 취득 과정도 흉년에 농민들에게 땅문서를 담보로 고리대금을 빌려주고 못 갚으면 땅을 빼앗는 방식이었다. 실제로 해방 전후의 소작제도야말로 소작인을 상대로 한 수탈이나 마찬가지였다. 해방이 된 후 실시한 토지개혁 당시 남북을 통틀어 4백90만 정보(1정보=3천 평)의 농지 중 60퍼센트인 295만 정보를 3퍼센트의 지주들이 독점하고 있었다는 점을 고려해보면 이종만의 실행이 실로 어마어마했음을 알 수 있다.

또한 자영 광업가 육성을 위해 '대동광산조합'을, 문화 사업을 위해 '대동출판사'를 설립했다. 1937년에는 미국 북장로회가 운영하던 평양숭실전문학교가 신사 참배를 거부하다가 폐교되자 1백20만 원에 인수하고 운영비 30만 원을 추가하여 '대동공업전문학교(김일성대학공학부 전신, 전 김책공업대학교)'를 설립한다.

그는 자신의 가족에게는 1, 2만 원으로 족하니 '나머지 재산은 죽기 전에 꼭 사회에 환원하겠다.'라고 약속했고, 그 약속을 실천한 정말 아름다운 사람이다. 이러다보니 당시의 사람들은 이종만의 땅이 1백57만 평에 불과하여 혜택을 보는 사람이 적은 것을 아쉬워했고, 더 큰 부자가 못된 것을 한탄했다. 오늘날 수출 규모가 1조 달러 넘는 우리나라에서 대기업들은 즐거운 비명인데 국민들은 왜 갈수록 힘이 들까? 함께 더불어 같이 잘사는 것은 영원한 꿈인가? 어떤 사회보다도 '성실한 사람이 잘사는 사회'를 만들 수는 없을까? 가진 것에 만족할 수 없게 만드는 것이 자본주의라서인지 세계 최강인 미국의 소득 분배 격차는 최하위로 세계 1위이고 우리나라가 그 뒤를 이어가고 있다. "이제야 나는 깨달았다. 생을 유지할 적당한 부를 쌓았다면 그 이후 우리는 부와 무관한 것을 추구해야 한다."라고 한 스티브 잡스(1955~2011)의 말을 부자들은 물론 우리 모두 새겨들어야 한다.

황금은 번영보다 더 많은 비극을 낳는다는 말처럼 이종만과 같은 시대에 광산으로 번 돈으로 경영난에 허덕이던 민족신문 조선일보를 1백만 원에 사서

친일신문으로 타락시킨 방응모 같은 사람도 있지만, 자신의 재산을 움켜쥐고 있지 않고 남과 더불어 살아감을 실천한 이종만 같은 사람도 있는 것이다.

이런 이종만도 금광부자가 된 1937년 중일전쟁에 일본군 위문품과 1939년에 위문대(위안부가 아니다.)에 각각 1천 원씩 냈고, 일제의 금광 생산 장려 정책도 태평양전쟁 중이라 중단하고 금광 사업을 조이기 시작하던 시기에 위기에 처하자 1941년 임전보국단에 들어가 친일 행위를 하는데 결국 1943년 일제는 금광을 강제로 문을 닫아버린다. 대동농촌사는 망하면서도 농민들에게 모든 토지를 나눠주었고 후에 대동출판사를 판 돈은 대동공업 전문학교 경비로 쓴다.

이종만은 1949년 '조국통일민주주의전선 결성대회'에 조선 산업건설 협회 위원장 자격으로 참석했다가 남한으로 돌아오지 않고 북한에서 두 번의 최고인민회의 대의원에 조국통일민주주의전선 중앙위원회 의장을 하다 1977년 93세의 일기로 세상을 떠나고 사회장으로 애국열사 능에 안장됐기에 남한에서 잊힌 인물이 되었다.

초유의 대통령 탄핵 정국에 배우 강동원이 외증조부인 이종만을 자랑했다가 친일했다고 여론의 호된 질타를 받아 "할아버지의 친일을 부끄럽게 생각한다며 사려 깊지 못했다."라고 사과했다. 그러나 조선 최고의 부자가 자신보다 세상을 위해 빈민을 구제하고 8할이 농민인 당시에 농민들을 자영농으로 육성했으며, 교육 사업에 힘쓰고, 전 재산을 사회에 환원한 것은 눈물 나는 아름다운 실천으로 존경받아 마땅하다. 하층민들의 살기 위한 순왜(順倭)와 지식인들의 권력 획득, 사적인 이익 추구를 위한 친일이 다르듯이 이종만은 민족을 배반한 악랄한 친일은 아니었다.

해방의 안개 정국 와중에 조선 인재들 대부분이 북으로 간 것은 실로 민족사적인 비극이었다. 『임꺽정』의 작가 벽초 홍명희, 서정적인 작품의 정지용 시인 정도는 그래도 많이 알려졌지만 화가이자 수필가이면서 서울대학교 교수를 하던 근원 김용준(1904~1967), 독립운동과 한글운동에 일생을 바치다 북에서 우리말 한글을 집대성한 고루 이극로(1893~1978) 박사는 여전히 잊힌 인물이다.

옛말에 '개같이 벌어서 정승같이 쓰라.'라고 했는데 정승같이 벌어서 정승같이 쓸 수는 없는가. 탐욕과 욕망의 이 시대에 무한정 돈을 벌되 격조 있게 쓸 수 있는 방법은 없을까. 28번이나 실패해도 일어섰던 이종만의 강철같은 용기는 인근 마을에 살았던 박태준(1927~2011) 회장의 마음에도 영향을 주었을 것이고, 울산에서 현대그룹을 일군 정주영(1915~2001) 회장이 서산 간척과 소 떼 방북이라는 감동의 깜짝 이벤트로 남북 긴장의 물꼬를 튼 것도 이종만의 영향이 컸을 것이다.

그러면 이종환은 또 어떤 사람인가. 암울한 일제강점기인 1923년에 경남 의령의 두메산골에서 태어난 이종환은 마산에서 학업을 마치고 일본에서 메이지대학교 재학 중 학도병으로 만주와 오키나와로 끌려다니다 해방을 맞았다. 20대에 정미소 사업을 시작으로 동대문시장에서 오퍼상을 하여 사업 자금을 모아 1958년 영등포에서 플라스틱 제품을 만드는 삼영화학을 창업하여 오늘날 10여 개의 계열사를 거느리고 있다.

대개의 성공한 기업인들이 돈 버는 데는 귀신 수준이듯이 이종환도 "나는 돈 버는 재주가 있는 사람입니다. 돈은 벌면 벌수록 더 모으고 싶어요. 한창 돈 벌 때는 나도 그랬습니다."라고 말한다. 그러다가 1960년대 스위스에 간 그는 스위스가 땅덩어리는 우리나라의 3분의 1에 국민은 6분의 1인데 1인당 국민소득은 40~50배라는 사실에 충격을 받고 사람에 투자하기로 마음먹는다. 그 굳은 결심이 오늘날 한국에서 기부 왕이 되는 직접적인 계기가 되었다.

2000년에 10억으로 이종환 재단을 만들어 본격적인 기부를 시작한다. 2002년에는 3천억을 추가 출연하여 관정 이종환 교육재단을 만들었고, 현재까지 자신의 전 재산 8천억 중 95퍼센트를 내놓고 또 6백억을 기부한 분이다. 게다가 자신이 사는 서울 명륜동 집도 재단에 기부해버린 한국에서 제일 많이 기부한 진정 아름다운 분이다. 덕분에 지난 10년간 학생 4천6백 40여 명이 8백38억 원의 장학금 혜택을 받았다. 장학금을 주는 기준도 독특하여 단순히 성적이 좋다고 주는 것이 아니라 세계 일등 인재가 될 '가능성'으로 준다. 그리고 "의대생이나 법대생엔 내 돈을 쓰지 마라."라는 확고한 원칙이 있는데, 사실 의대나 법대의 경우 실용학문이기에 졸업하면 살아가는 데 별 문제가 없다. 의대나 법대 학생들은 의술로 세상의 환자에게 건강한 삶을 주고 사회 정의를 위해 선택하는 경우도 있지만 대개가 국가와 민족보다 개인의 영달을 추구하기에 친인척이 도와주든 어떻게 하든 공부를 마칠 수 있다는 이유에서였다.

관정 이종환 명예이사장은 아흔 살에 5년만 더 산다면 현재의 8천억 재단 규모를 1조 원 대로 늘려 더 많은 사람들에게 혜택을 주겠다 했는데, 이 아름다운 욕심은 존경받아 마땅한 욕심이다. 아마도 이종환 이사장은 아름다운 욕심 때문에 1백 세까지 건강하게 사실 것이다. 저승사자도 이종환 회장이 알아서 올 때까지 기다리고 있다고 전하라 하는 것 같다. "돈 더 벌고 쌓아놔 봤자 재벌밖에 더 됐겠습니까, 허허……." 이렇게 말하는 이종환 이사장 같은 사람이 많이 나와야 희망이 있는 우리나라가 될 것이다.

54개국 5백여 개 기업의 회장, 재산 2백55억 달러(약 30조 원)에 개인 재산 18조 원으로 아시아 최고 부자에다 세계 9위의 재력가인 홍콩의 리카싱(李嘉誠) 청풍그룹 회장(1927~)은 자선사업에 몰두하면서 "의롭지 못한 채 부귀를 누림은 뜬구름 같다(不義而富且貴 於我如浮雲)."라고 했는데 이 말은 울림이 크다.

"돈을 벌면 모두 기업 경영진의 주머니 속으로 들어가 버리고, 손해를 보면 모두 일반 서민에게 덮어씌우는 자본주의는 정상이 아니다."라고 했던,

노벨경제학상을 받은 컬럼비아대학교의 조셉 스티글리츠 교수의 말에는 누구나 공감하지만 현실은 타개되지 않고 이어진다. 그래서 부자는 많아도 존경할 부자가 없는 이 시대에 이종만, 이종환 같은 아름다운 선행을 실천하는 부자는 진정 존경받아야 한다. 그러나 부자만 좋은 일을 하길 바라서도 안 된다. 가난한 사람은 돈이 아니라 맑은 웃음이나 착한 미소 아니면 덕행으로, 부자는 착한 선행이나 아름다운 기부로 이름을 떨쳐야 아름다운 세상이 되지 않겠는가?

강물은 흐르고

다시 발걸음을 재촉했다. 원효가 다리를 건너 요석공주와 세기의 사랑을 나누었던 월정교 다리와 건물은 복원이 되었지만 주변 정리를 한다고 어수선하다. 2백35억이라는 국민의 세금으로 만들고 있는데 신라시대 수준은 안 되더라도 비슷하게는 되지 않을까 기대해본다. 반월성을 끼고 도는 남천은 온통 정비한다고 옛 모습을 잃었다. 남천 중에서 여기를 문천도사(汶川到沙)라 하여 물이 맑아 은빛 물결이 모래를 거슬러 오르는 것 같다고 해 경주 8괴에 포함시킨다.

길옆으로 국립경주문화재연구소에서 꽤 오랫동안 발굴했던 인용사지(仁容寺止)가 나온다. 약소국 신라가 당나라에 도움을 청하기 위하여 김춘추(재위 654~661)의 둘째 아들이며 문무왕의 동생인 김인문(629~694)을 볼모로 당에 머물게 한다. 그는 660년 나당 연합군이 백제를 칠 때 소정방의 부사령관이었고, 668년 고구려를 칠 때도 출정했지만 당나라에 계속 머물러야 했다. 당나라가 다시 신라까지 삼키려 할 때 신라군이 당나라군을 물리친 후 백제 땅을 점령하자 당 고종은 김인문을 가두었다. 신라에서는 감옥

어둠 속에 남천은 흐르고.

에 있는 김인문을 위해 이 절을 짓고 관음도량을 열어 그의 안전을 빌었다. 신라 외교문서의 문짱 강수(?~692)의 석방을 청하는 글 '청방인문표(請放仁問表)'를 본 당 고종은 눈물을 흘릴 만큼 가슴 뭉클한 감동을 받아 김인문을 석방시킨다. 그러나 돌아오다 바다에서 죽은(『삼국사기』에는 694년 4월 29일에 66세로 당나라에 있다가 죽었다고 한다.) 김인문을 위해 극락왕생을 빌며 미타도량을 만든 가슴 찡한 절이다. 막아놓은 칸막이벽에다 아크릴로 박영호, 박미옥 등등의 연구원들의 얼굴을 재미있게 그려놓았는데 지금은 발굴이 끝나고 온 풀들이 솟아나 있다. 조금 더 걸어가자 경주박물관을 오르는 다리가 나오고, 다리 건너 반월성 아래 예쁘고 정겨운 한옥 기와집이 있어 보는 재미가 쏠쏠했으나 몇 년 전에 헐어버렸다. 사라져가는 안타까움을 흐르는 물에 떠내려 보내기에는 아쉬움이 크다.

　　시간이 많이 흘렀다. 버스 타고 집에 가서 늦은 점심을 먹고 다시 와서 걸었다. 홍매화가 붉은 마음을 흘리고 있었다. 대밭에는 길이 없어 다시 나와 하천을 끼고 걷다가 효불효교(『신증동국여지승람』의 기록) 아래로 내려갔다. 『삼국사기』에는 경덕왕 19년(760)에 대비되는 춘양교(일명 일정교)로 기록돼 있다. 교각(橋脚)은 센 물살을 견디도록 배 모양의 주형(舟形)으로 세월의 무게를 껴안고 옛 모습 그대로 누워 있다. 물살 소리, 바람 소리, 경주박물관 녹음테이프에서 울려나오는 성덕대왕신종 소리가 함께 어우러져 온 신라를 알리고 있다. 논 가운데의 외딴 집 개 소리는 역시 개 같은 소리였다. 한두 마리 애정으로 키울 때야 정겹지만 송아지만 한 덩치의 사납고 험상궂은 개를 저렇게 마당에 풀어놓을 수 있는 사람은 도대체 어떤 마음을 가진 사람일까?

　　곳곳에서 생활하수가 남천으로 흘러든다. 대통령이나 장관 등 정책 입안자들이 수치로만 듣지 말고 직접 강이나 하천을 하루만 걸어보면 알겠지만, 강과 하천은 온갖 지류에서 흘러오는 물이 모여 흐르는 것이다. 엉뚱한 보를 쌓는 것이 아니라 흘러드는 물을 정화해서 보내면 되는데 답답하고 분

왕의 길을 걷는 즐거움

통이 터진다. 자연이라는 위대한 스승을 학생인 우리 인간이 이토록 괴롭혀야 되겠는가? 이렇게 산천에 죄를 지어 어쩌려고……

진(秦)나라 몽염(?~BC209) 장군은 황제의 거짓 칙서로 사약을 받게 되었다. 아무리 생각해보아도 죽을죄를 지은 것이 없었다. 좋은 것은 이유가 없다지만 죽을 때도 명분이 있어야 원통하지 않다. 몽염 장군은 '아! 내가 만리장성을 쌓으면서 산천을 파괴했으니, 국토에 죄를 지었구나.'라고 여기고 죽어갔다. 마찬가지로 이명박 전 대통령도 4대강 사업이 그토록 하고 싶었다면 강 한 곳을 선택한 후 최선을 다해 해본 다음에 사업의 장단점을 파악해 다음 정부에서 지속 여부를 선택하게 했다면 얼마나 좋았을까. 조그마한 하천도 이러한데 민족의 젖줄인 거대한 4대강을 개판으로 만든 대통령과 적극적으로 도운 무능한 장관 및 학자들을 국토에 지은 죄로 구속시켜 죗값을 받게 하여 후세에 귀감이 되도록 해야 한다. 공자도 말했다. 나쁜 일을 하여 하늘의 벌을 받으면 빌 곳이 없다고(獲罪於天 無所禱也). 그래, 하늘이 용서 못할 죄를 지어서는 안 되지……

한글 사랑 문화 사랑

한 굽이 휘어진 길을 걷자 해맞이마을이 나왔다. 마을 입구에는 '한글은 겨레의 얼굴/ 이 땅에 처음/ 한글이름의 해맞이 마을/ 마을도 따뜻/ 마음도 포근/ 한글을 꽃피우는 겨레 얼 빛나리/ 538돌 한글날 최햇빛.'이라는 글이 있다.

원래 이름은 '음지마을'이었는데 이 마을의 최햇빛 선생(본명 최철규, 1908~2000)이 '해맞이마을'로 바꾸었다. 최햇빛 선생은 순수 우리말을 지키고 실천한 분으로 평생 한글 사랑을 펼치다가 "밤길도 오래 걷다보면 새벽을 맞이한다."라는 아름다운 말을 남기고 93세까지 장수하시다 돌아가신 분이다. 건너편 양지마을은 평생 신라 문화를 아끼고 사랑하시다 하늘나라에 가신 고청 윤경렬 선생(1916~1999)이 사시던 마을이다. 마을의 가게에 들어갔다. 후덕하게 생긴 인상 좋은 주인아주머니가 맞이한다. 갈증이라도 나면 막걸리 한 병은 마시고, 춥기라도 하면 소주라도 몇 잔 기울일 텐데 그렇지 않으니 초면에 말이라도 몇 마디 나누려면 마시기 싫어도 음료수라도 예의로 사주곤 한다. 이런저런 이야기를 주고받았다. 최햇빛 생가는 다른 사람이 구입하여 별장처럼 꾸며놓았다. 몇 년 전 어느 봄날, 문화를 아끼는 '아낌회'에서 뜻을 모아 생가 터에 조그마한 비석을 세우고 동네 이웃들을 불러 술 한잔과 떡 한 조각을 나누어 먹었다. 멀리 제주도에서 날아온 딸은 춤으로 아버지를 위로하고 추모했다.

　다리 건너 고청 선생의 생가는 아들의 사업 실패로 경매에 넘어가 윤기 잃은 집 대문에 '고청 윤경렬 선생 기념사업회'라는 간판이 걸려 있고 집 앞에는 만개한 매화가 쓸쓸한 향기를 피우고 있었다. 그대도 다행인 것은 한국문화재보호재단에서 이 집을 사들여 기념관 준비에 박차를 가하고 있다는 반가운 소식이다. 평생을 신라인으로 백발 휘날리며 고청주(고량주) 한잔에 신선같이 살다 가신 분이다.

　마을을 지나 둑길로 접어들었다. 옛 흙길이 정겹고 좋았지만 시멘트 농로로 가야 했다. 앞서 가던 자전거가 어느덧 가물가물 멀어졌다. 나그네가 행복한 것은 시간을 멋대로 재단할 수 있기 때문이다. 머무르고 싶으면 머물고, 걷고 싶으면 걷는다. 물소리가 가슴으로 들어온다. 화랑교를 지나자 여섯 시가 지났다. 흰 달도 이미 하늘에서 붉어지기를 기다리고 있다.

　1987년 석굴암연구회에서 세워놓은 장사 벌지지(長沙 伐枝枝) 비 앞에 하얀 양변기가 뒹굴고 있다. 왕자를 구하러 일본으로 떠난 박제상을 뒤따라온 박제상 부인이 여기 모래사장에서 다리를 뻗고 울부짖었다는데, 그런 곳

•최햇빛 기념비 앞에서 제주도에서 날아온 딸이 효심의 춤을 추고 있다.

•고청 윤경렬 선생 기념비 제막식에서 집사하는 김윤근 경주문화원장과 예를 올리는 박방룡 전 부산시립박물관장. ••'하늘도 내 교실, 땅도 내 교실'이라고 새긴 윤경렬 선생 기념비 앞에서 가족과 경주의 문화예술인들이 함께한 기념촬영.

에 쓰레기를 버리는 인간은 도대체 어떤 인간일까?

큰비가 내린 뒤면 항상 흘러가지도 못하고 댐 속에 갇힌 온갖 쓰레기를 보면 이 나라 전체가 마치 쓰레기장 같다. 저런 양변기는 물론 영원히 썩지 않는 플라스틱이 더 큰 문제다. 플라스틱은 66년(1950~2015) 동안 83억 톤이 생산되어 63억 톤이 쓰레기로 버려졌고, 그중 재활용된 분량은 6억 톤뿐이라고 하니 어찌하면 좋을까. 인간이 지구를 망친다.

건너편 망덕사지에 갔다. 길은 없고 논둑이 길이다. 좁은 나무다리를 건너 언덕에 오르면 준수한 당간지주가 제일 먼저 반긴다. 그리고 제법 큰 무덤이 자신의 세를 과시하듯 창피한 줄 모르고 누워 있다. 목탑지에 심초석만 옛 사연을 흘리고 있다. 금당 터가 세월의 향기를 품은 채 다정한 그리움을 안고 마음 지친 나그네를 반겨준다. 좌우의 목탑 중에 처음 보았던 서목탑지에는 심초석만 있었지만 동목탑지에는 석물 유구들이 온전히 남아 있었다. 해가 진 봄날의 풋풋한 분위기가 나그네를 상념에 젖게 한다.

신라 32대 왕인 효소왕 6년(697), 망덕사 낙성식에 남루한 옷을 입은 구부정한 스님이 참석을 청하자 효소왕은 망설이다 내쫓지는 않고 끝자리에

앉으라 했다. 왕이 "어느 절에서 왔는가?"라고 묻자 스님은 "비파암에 있습니다."라고 답한다. 왕은 "국왕이 친히 불공을 드리는 자리에 함께 참석했다고 누구에게도 말하지 마라."라고 빈정대자 스님은 "폐하 또한 누구에게도 석가의 진신과 공양했다고 말하지 마시오."라고 하면서 남쪽으로 날아갔다. 이렇듯 살면서 함부로 잘난 척하는 것 아니다. 기는 놈 위에 나는 놈 있고, 고수들은 도처에 있다. 그러니 지위와 직책, 외모나 옷으로 사람을 함부로 평가해서는 안 된다.

망덕사 승려 선율은 갑자기 죽어 염라대왕 앞에 불려갔다. 너는 무엇하다가 왔느냐고 다그치니 대품반야경을 완성하려 했으나 완성하지 못하고 왔다고 답했고, 그러자 비록 수명은 다했지만 좋은 일을 하다가 왔으니 경전을 완성하고 오라고 살려준다. 이처럼 염라대왕도 착한 사람에게는 따뜻한 정이 있다. 그때 눈물을 흘리면서 한 처녀가 선율에게 자신의 부모님이 금강사의 논 한 이랑을 몰래 훔친 죄에 연루되는 바람에 자기가 저승에 잡혀와 무거운 고통을 받고 있으니, 돌아가면 자기 부모에게 훔친 논을 빨리 돌려주라 전해달라 했다는 기막힌 사연이 『삼국유사』에 기록돼 있다. 논 한 이랑을

제3장 통일의 기운은 싹트고

왕의 길을 걷는 즐거움

훔쳐도 15년 동안 고통 받는데 온갖 쓰레기를 버리고 국정을 농단하고 사기치고 산천을 파헤치는 죄를 어찌 감당할지. 죽었다가 돌아온 선율 스님과 부모 잘못 만나 고통 받고 있는 착한 신라 처녀가 아른거린다.

통일의 기틀과 수성

이곳에서는 날이 어둑해도 두렵지 않다. 평지에다 우리 집이 걸어서 10분 정도의 근처이기 때문이다. 신문왕릉은 망덕사지에서 동쪽으로는 직선거리로 2백 미터 정도이지만 건널목은 아래로 가야 하기에 왔던 길을 나와 남천 둑길을 걸었다. 몇 년 전까지만 해도 흙길의 낭만과 운치가 있어 걸어서 자주 다녔는데 이제는 시멘트로 발라버려 운치가 사라졌다.

신문왕릉은 참 늠름하고 기품 있지만 위치가 국도 7호선 산업도로 옆이라 단 1초도 쉬지 않는 소음 때문에 망쳐버렸다. 그래도 왕릉이 뿜어내는 긴장감은 일품이다. 기업이나 국가가 회사와 나라를 일으켜 세우는 것도 어렵지만 이것을 지키기는 더 힘들다. 할아버지 김춘추(태종 무열왕)와 아버지 문무왕이 반도를 평정하고(백제 660년, 고구려 668년) 당나라 세력까지 몰아낸 후(674) 왕위(681)를 물려주었는데 이제는 내부의 적이 문제였다. 즉위하자마자 반역에 시달리는데 그것도 다름 아닌 장인 김흠돌이 포함된 무리였다. 모두 참형시키고 교서를 내린다.

"공로가 있는 이를 상 주는 것은 앞 임금님의 훌륭하신 법도이며, 죄가 있는 자를 처벌하는 것은 앞 임금님의 좋은 법이다. 나는 작은 몸과 적은 덕으로써 숭고한 기업(基業)을 이어받아, 식음을 폐지하고 일찍 일어나고 늦게 자리에 들면서 중신들과 함께 나라를 편안하게 하기를 바랐는데, 어찌 상중에 난리가 서울에서 일어나리라 생각했으랴. 역적의 괴수인 흠돌(첫 왕비의 아버지), 흥원, 진공 등은 그 지위가 재능으로써 오른 것이 아니요 벼슬은 실로 은덕으로써 올라간 것인데, 처음부터 끝까지 근신하여 부귀를 보전하지 못하고 …… 흉악하고 간사한 자를 불러들이고 근시(近侍)들과 서로 결탁하여 화가 안팎으로 통하고 같은 악인들이 서로 도와 기일을 정하여 역모를 하려 했다. …… 부득이한 일이었지만 선비들을 놀라고 동요하게 했으니 근심스럽고 부끄러운 마음 어찌 아침저녁으로 잊을 수 있으랴.”

20일 뒤에는 반역의 뿌리를 뽑기 위해 이찬 군관(軍官)을 죽인다. 그리고 교서는 “임금을 섬기는 법은 충성을 다함을 근본으로 삼고, 벼슬살이를 하는 의리는 두 마음을 가지지 않음을 근본으로 삼는 것이다. 병부령인 이찬 군관은 연줄을 타서 반열에 끼어 드디어 윗자리에 올랐는데, 임금의 잘못을 바로잡아 조정에 청백한 절개를 바치지도 못하고, 목숨을 버리고 몸을 잊고서 나라에 붉은 충성을 표하지도 못하고서, 반역한 신하 흠돌 등과 교섭하여 그 역모의 사실을 알면서도 일찍이 알리지 않았다. 이와 같이 이미 나라를 근심하는 마음이 없고, 다시 국사를 위해서 몸을 바칠 뜻도 없어졌는데, 어찌 거듭 재상의 자리에 두어서 법도를 함부로 흐리게 할 수 있으랴. 마땅히 무리들과 함께 죽여서 후배들을 징계해야 할 것이므로 군관과 그 맏아들을 자살시켜 원근에 널리 알려 이를 알게 하라.”라고 했다. 적과의 싸움에는 힘을 합치면서도 적이 제압되거나 사라지면 내부에서 권력 다툼이 생기는 것은 동서고금이 똑같다. 즉위하고 가을과 겨울 몇 달 동안 왕권 강화를 위해서 장인도 제거해버린다. 그리고 통일신라에 국학(國學)을 세워 새로운 국가 건설에 매진한다.

첫 왕비는 아들도 없는 데다 아버지(김흠돌)가 반란으로 처형당하고 연좌되어 궁중에서 쫓겨난다. 즉위 2년(682) 6월에 국학(國學)을 세운다. 이보다 앞선 선덕여왕 9년(640)에 귀족의 자제들을 당나라 최고학부 태학(太學)에 유학 보낸다. 그리고 42년 뒤(682)에 신라도 국학을 세운 것이다. 그러나 고

구려는 소수림왕 2년(372) 불교가 들어오던 해에 태학(太學)을 세웠고, 백제
는 근초고왕 30년(375)에 박사 고흥(高興)을 얻어 (중국이나 고구려 귀화인) 『서
기(書記)』를 적어 신라보다 먼저 들여왔다.

즉위 3년(683)에 새 부인을 맞이하는데 결혼 예물이 "폐백이 열다섯 수
레, 쌀, 술, 기름, 꿀, 간장, 된장, 포, 식혜가 1백35수레, 벼가 1백50수레"라
했다. 거의 오늘날의 생필품과 비슷하다.

이제 왕권을 안정시키고 새 부인을 얻었으니 행복하게 살고 싶은데, 즉
나무는 가만히 있는데 바람이 흔들 듯 옛 백제 땅 금마저(金馬渚)에서 장군
대문(大文) 혹은 실복(悉伏)이 반역(684)으로 참형당하자 고구려 잔당들이 관
리를 살해하고 보덕성(報德城)을 근거로 반란을 일으켜 진압하다 당주 핍실
(逼實)과 김영윤(金令胤)이 전사한다. 핍실과 김영윤은 어떤 사람인가.

핍실은 삼형제 중 막내인데 둘째 형 취도는 중(법명 도옥(道玉))이었으나
태종 때 백제가 조천성(助川城)을 치니 "중이 된 상등 사람은 술업(術業)에 정
통하여 본성을 회복하고, 그다음은 도(道)를 활용하여 남을 이익되게 한다
고 하는데, 나는 모양만 중과 같을 뿐이지 한 가지의 선행도 취할 만한 것이
없었으므로, 종군하여 몸을 죽여 나라의 은혜를 갚는 것만 같지 못하겠다."
라고 하면서 승복을 벗고 군복을 입고 이름을 취도(驟徒)라 한 뒤 창칼을 들
고 적진으로 돌격하여 몇 사람을 죽이고 전사했다. 첫째 형 부과(夫果)는 문
무왕 11년(671)에 웅진 남쪽에서 백제 사람들과 싸우다 전사했는데 일등 공
신이었다. 그리고 막내 핍실은 신문왕 4년(684) 보덕성에서 반란이 일어났을
때 그의 아내에게 "나의 두 형님이 나랏일로 죽어서 이름을 영원히 전하게
되었으니 내가 비록 불초하지만 어찌 죽음을 두려워하여 구차히 살려고 하
겠소? 오늘 그대와 살아 헤어지지만, 결국 이것이 죽어 이별하는 것이 되오.
상심하지 말고 잘 살기를 바라오."라고 말한 뒤 혼자 나아가 적군 수십 명을
베어 죽이고 전사했다. 신문왕이 이 소식을 전해 듣고 눈물을 흘리면서 "취

도는 죽을 곳을 알아 아우들의 마음을 격동시켰고, 부과와 핍실도 나랏일에 용감하여 그 몸을 돌보지 않았으니 장하지 않으랴”라며 탄식했다.

태종 7년(660) 김유신은 백제의 계백(階伯)과 황산벌에서 일전을 벌일 때 계백의 결사대에 밀리고 있었다. 이런 때에는 누군가가 돌파구를 찾아야 한다. 김영윤의 할아버지 흠춘(欽春)은 아들 반굴(盤屈)을 불러 “신하가 되어서는 충성보다 더한 일이 없고 자식이 되어서는 효도보다 더한 일이 없는데, 나라가 위급함을 보고 목숨을 바치는 일은 충성과 효도를 모두 완전하게 하는 것이다.”라고 했고 이 말을 들은 반굴은 “그렇습니다.”라고 즉시 답하고는 적진으로 들어가 힘을 다하여 싸우다 죽었다. 이런 명예와 절개를 중시하는 가문에서 자란 자부심 강한 김영윤은 신문왕 4년(684)에 고구려 잔당 실복이 보덕성을 근거로 반란을 일으킬 때 적진에 달려가 싸우다 죽었다. 신문왕은 이 소식을 듣고 눈물을 흘리면서 “이런 아버지(반굴)가 없으면 이런 아들(영윤)이 없을 것이니 그 의열(義烈)은 칭찬할 만하다.”라며 관직과 상을 후하게 내렸다.

일반적으로 가문의 3대는 직접 영향을 받는다. 손자는 할아버지와 함께 얼굴을 보고 생활하기 때문이다. 4대 증조는 얼굴을 직접 보지 못하기 때문에 증손자가 영향 받기는 힘들다. 그래서 부자가 3대, 적선도 3대라는 말이 나온다. 삼국 통일 시기의 태종무열왕, 문무왕, 신문왕의 3대는 신하들도 연결되어 임전무퇴라는 불굴의 화랑도 정신이 살아 있어 나라가 위급하면 순국했던 것이다.

수도 이전의 실패

신라가 삼국을 통일했다고 해서 곧바로 고구려와 백제가 통일신라에 합류한 것은 아니다. 형식적으로야 통일국가라도 내용적으로는 변방에서 반란이 일어나는 것이다. 통일군주 문무왕이 삼국통일을 완수하고 막강 당나라와 힘겹게 싸워야 했으니 통일국가를 갖추기가 대단히 어려웠을 것이다. 통일군주답게 당나라까지 이 땅에서 몰아내고 아들 신문왕에게 배턴을 넘겨준 것이다. 이제 신문왕에게는 마지막 뒷정리가 주어진 역할이었다. 즉위 원년부터 신라 내부의 반란에다 고구려 및 백제 유민들의 반란을 제압했던 것이다. 즉위 4년까지는 그 모든 반란을 제압하고 5년(685)에는 완산주(전주), 청주(菁州, 진주)를 마지막으로 전국을 9주5소경으로 나눠 실질적인 통일국가의 중앙 집권화를 완성했다.

그러나 신라가 아름다운 것은 막강 당나라를 몰아낸 것뿐만 아니라 로마같이 정복 국가의 사람들을 노예로 만들지 않았고 함께 하나의 국가를 만들어갔다는 점이다. 그래서 오늘날 대한민국이 한민족 한 국가가 되는 데 결정적 역할을 한 것이다.

삼국이 정립하여 각축을 벌일 때 고구려는 졸본에서 집안(集安), 다시 평양으로 백제는 위례성(경기도 광주)에서 한성, 공주, 부여로 수도를 옮겼지만 신라는 이곳 경주를 그대로 수도로 삼았다. 그러나 삼국을 평정하고 나자 경주는 아무래도 동쪽에 치우쳐 통일국가의 수도로는 지리적 입지가 좋지 않았다. 고구려, 백제, 신라가 각축을 벌였던 지금의 서울인 한산주가 삼국의 중심지로 좋은 위치지만 경주에서 너무 멀고 고구려 세력의 영향권이라 꺼렸을 것이고, 오늘날 대전도 삼국시대는 인구와 교통의 중심지가 아니었으므로 차라리 서원경(청주)이 알맞을 수 있지만 백제 세력과 수도 경주에서 너무 멀었을 것이다. 그래서 신문왕 9년(689)은 달구벌(達句伐, 대구)로 수도를 이전하려 했다. 그때나 지금이나 왕조나 국가가 뒤집히지 않는 한 수도를 옮기기는 어렵다. 오늘날 행정수도(세종시)를 옮기는 과정을 똑똑히 보지 않았는가. 지금의 서울 사람들이 어떠한가. 그리고 이명박 전 대통령이 서울

달구벌(대구)로의 수도 이전에 실패한 신문왕의 능

시장을 할 때 뭐라고 하였던가. 군대를 동원해서라도 수도 이전을 막고 싶다고 하지 않았나. 나는 그때 이 신문왕의 고뇌와 신라 기득권층들의 아집을 오늘날의 현실과 비교해보았다. 결국 신라 기득권층에 밀려 수도 이전은 백지화된다.

신문왕의 큰 정치적 실험이 실패로 끝난 것은 왕권에도 심각한 영향을 주었을 것이다. 이후로 그는 큰 정치력을 발휘하지 못하고 3년 뒤(692) 세상을 떠났다. 이후 시호를 신문(神文)이라 하고 낭산 동쪽에 장사 지냈다(葬狼山東).『삼국사기』의 장지 기록대로라면 이 왕릉은 신문왕릉이 아니라는 것이다. 낭산은 여기서 저 만큼 떨어진 북쪽의 선덕여왕이 누워 있는 산이다.

이 왕릉은 위치도 좋은 데다 왕릉 자체도 힘이 있고 아름답지만 찾아오는 사람은 거의 없다. 치명적인 단점은 앞에서 말한 대로 산업도로 옆이라 소음이 심하다는 것이다. 주차장과 담을 치고 삼문을 단 것은 박정희 대통령이 불국사에 갔다가 여기 왕릉 앞에서 점심을 먹으면서 "임자, 왕릉이 이게 뭐야."라고 했고 이 한마디에 알아서 담을 치고 주차장을 만들어 이렇게 꾸몄기 때문이라 한다.

신라의   외교와   오늘날의   외교

신문왕 때 당나라는 4대 중종(中宗, 683~684, 705~710)이 왕이었는데 그는 두 번 황제를 한 불행한 인물이다. 황제 1년 하다 어머니 무측천에게 쫓겨나고 다시 황제에 올랐으나 아내(위황후)와 딸(안락공주)에게 독살당한 비극의 황제다. 신문왕이 수도 이전에 실패하고 3년(692) 뒤 죽는 해에 그 중종이 사신을 보내 "우리 태종 문 황제는 신묘한 공과 거룩한 덕이 천고에 뛰어났으므로 세상을 떠나던 날 묘호(廟號)를 태종이라 했는데, 너희 나라의 전 임금

김춘추도 묘호가 같으니 이는 매우 분수에 넘친다. 급히 칭호를 고쳐야 한다."라는 유지(諭旨)를 보내왔다. 이에 신문왕은 여러 신화와 의논하여 "소국의 전 임금 춘추의 시호가 우연히 성조(聖祖, 당 태종)의 묘호를 범하게 된 것이온데, 칙령으로 이를 고치라 하시니 신이 감히 명령을 쫓지 않겠습니까? 그러하오나 생각건대 전 임금 춘추는 자못 어진 덕이 있었고 더구나 생전에는 훌륭한 신하 김유신을 얻어서 한마음으로 정치를 하여 삼한을 통일했으니 과업이 크다고 하지 않을 수는 없습니다. 세상을 떠날 때 온 나라의 신하와 백성들이 슬퍼하고 사모하는 마음을 견디지 못해 추존(追尊)한 호가 성조의 묘호를 범함을 깨닫지 못했던 것이온데, 이제 교칙을 들으니 두려움을 견디지 못하겠습니다. 삼가 사신이 대궐의 뜰에 복명하여 이로써 황제께 들리기를 바랍니다."라고 전했다. 이처럼 우연히 그리되었지만 명령대로 따라야겠지요. 그러나 "선왕(김춘추)은 어진 덕과 훌륭한 신하(김유신)를 두고 한 마음으로 삼국을 통일했고 백성들도 슬퍼하고 사모하였다. 그러니 너희 당 태종보다 못할 게 없다."라는 자부심이 강하게 배어 있다. "약소국이니까 어쩌겠느냐, 당신들 알아서 하시오."라는 명문장에다 조금도 비굴하지 않은 당당함이 묻어난다.

우리나라는 강대국 중국과 붙어 있는 지정학적 위치 때문에 역사 이래로 불가원의 관계를 잘 유지해야 했다. 신라는 당을 잘 활용하여 삼국을 통일하고 당의 침략도 물리쳤다. 당에 형식으로는 따르되 내용은 통일국가를 형성하여 우리 고유의 찬란한 문화를 꽃피웠다. 민족은 영원하지만 국가는 영원할 수 없다.

통일신라도 문무왕, 신문왕, 효소왕, 성덕왕으로 이어지면서 경덕왕 때 세계에 자랑할 수 있는 찬란한 통일신라의 문화(불국사, 석굴암, 성덕대왕신종 등등)를 이룩했다. 경덕왕 이후부터는 긴장감도 사라지고 서서히 내리막길을 걷다가 각지에서 일어난 농민반란과 결합한 지방호족 세력이 후고구려와 후

백제를 세워 후삼국이 각축을 벌이다 고려로 통일된다.

고려는 송(960~1279)나라와 긴밀한 관계를 유지하다 중국을 삼킨 이민족인 몽고의 말발굽 아래에서 90년 넘게 원(몽고)의 부마국으로 시달림을 받아야 했다.

원, 명 교체기를 잘 이용한 새로운 신흥세력이 이룩한 조선은 오직 명나라의 종이 되어 사대주의를 표방하며 망해가는 명나라를 끝까지 섬기다가 만주족의 청나라에 남한산성에서 항복하는 모진 수모를 당하면서 형님, 동생 나라로 지탱한다. 그래도 썩어빠진 명분 때문에 순수 한족(당, 송, 명)만 숭상하고 몽고족(원)과 만주족(청)에 비굴하게 하면서도, 서원의 현판이나 신도비를 쓸 때 청나라인데도 명나라 마지막 신종의 연호인 숭정(1628) 몇 년 후나 유명조선(有明朝鮮, 명나라에 속한 조선) 따위로 써넣었다.

역사적으로 기득권층인 수구 꼴통들이 권력을 쥐고 있으면 백성은 고달파진다. 고려 때는 친원파들이 수구 기득권이었고, 조선에서는 역성혁명(쿠데타)의 공신들이 새로운 권력층(훈구파)이 되어 중기의 선조 때부터 동인, 서인이 되어 싸우다 서인이 강(노론), 온(소론)으로 나뉘어 조선 천지가 노론 세상이었다. 선량하고 양심 있고 아름다운 사람들은 언제나 소외되고, 악랄하고 피도 눈물도 없는 인간들이 집권층이 된다. 이것은 어제오늘 일이 아니고 오래전 역사가 증명한다. 그러다보니 우리나라는 역사적으로 명분과 실리 싸움에서 명분이 언제나 이겼다. 민족과 국가를 진정으로 생각한 사람들은 실리론자들이었는데, 기득권을 유지하고 있는 사람들이 명분론자들이라 이들은 나라가 망해도 자신들의 배만 채우면 되었다.

조선 말기도 마찬가지였다. 권력과 기득권을 가진 사람들이 예리하게 현실을 파악하여 나라 팔아먹는 친일이 되어 자신들만 잘 먹고 잘살았다. 그리고 해방이 되어서는 점령군 미군이 들어오니 미국에 붙어 자신의 영화를 챙긴다. 초대 대통령 이승만은 처음에 독립운동한 것은 높이 존경해야 하지만 하와이에서 노동자로 이민 간 불쌍한 동포들의 독립자금을 추잡하게 챙기고 조국에 와서 평생 독립운동한 사람들은 제거하고 친일파를 등용하여 나라의 정기를 말살시켰다. 6.25전쟁 때에는 북한 인민군이 서울에 오기도 전에 대전, 부산까지 몰래 도망간 뒤에 국군이 북진하여 인민군을 격퇴하고 있다는 거짓 방송에다 자신도 불안하여 한강철교를 폭파하여 수많은 피난민들을 죽게 하고 온갖 편법으로 자신의 권력을 유지하다 국민들에게 쫓겨났다. 임진왜란 때 선조가 백성을 버리고 도망간 것과 다르지 않다.

오늘날 한국은 어떠한가. 국가를 사유화하여 사리사욕을 채우며 국정농단한 대통령을 피 한 방울 흘리지 않고 탄핵해 구속시키는 위대한 국민이다. 만약 탄핵하지 않았다면 이원집정부제의 개헌으로 박근혜는 왕조시대처럼 상왕으로 영원히 이어지는 아찔한 악몽이 현실이 될 뻔했다. 이와는 반대로 3대 세습에 무시무시한 철권정치의 북한은 지구상에서 그 유래를 찾기 어렵지만, 북한이라고 가만히 있었던 것은 아니고 김일성 독주를 막으려고 몸부림치다 실패하였던 것이 안타까울 뿐이다. 1956년 김일성 탄핵을 시도했던 '8월 종파사건'이 있었지만 실패하여 오늘날 같은 비극의 정권이 되었다. 북한 정권은 "수령의 권위를 절대화하고, 수령은 무오류하고 완전하며 유일한 존재"라고 하는 짐승 수준의 정권이다. 현재 우리나라는 다원화된 국제사회에서 제3세계도 중요하고 주변의 강국, 특히 중국도 중요한데 오직 미국에만 붙어 있다가 엄청난 중국의 보복이 이어지고 있다.

특히 북한과는 어떤 일이 있어도 긴장 국면으로 가면 안 된다. 비록 북한이 일당독재에 악랄한 인권 탄압과 주민을 굶기는 정치를 비롯해 경제, 군사적으로는 지탄받아 마땅하지만 미워도 품어서 민족공동체로 함께 나아가야 한다. 북한의 엄청난 지하자원은 조선 말 제국주의 열강의 침략과 이권에 많이 약탈당했지만 아직도 보고이다. 남북 대결 국면으로 우리는 손도 못 쓰고 중국에 빼앗기고 있다. 중국이 탈북자들을 북한으로 되돌려 보내도 중국과의 껄끄러운 관계 때문에 지난 MB정부는 아무런 논평도 하지 못했다. 기껏 보수의원이 단식하면 대통령이 격려 전화나 해주고 야당과 진보 시민단체에 탈북자 인권은 왜 나서지 않느냐고 다그쳤다. 이것은 정부가 중국과 외교적으로 해결해야 할 문제인데 미국과 너무 가까이 지내니 어찌할 수도 없는 한심한 정부였다.

이러는 사이에 일본은 미국과 동맹관계를 강화하여 자위대 해외 파견을 언제든지 할 수 있는 법을 통과시켰다. 여기에 우리의 바다를 지키는 수장인 해군참모총장은 "대북 억제 차원에서 키리졸브 훈련에 일본도 참여해 연합 훈련을 하는 것이 필요하다."라는 개망나니 같은 소리를 했다. 유사시에 일본이 한반도에 상륙하는 것이나 다름없는 이와 같은 소리를 총리와 여당의원들이 아무렇지도 않게 해대니 어쩌면 이리도 구한말에 나라 팔아먹던 매국노들과 다르지 않은가.

우리나라는 역사 이래로 세계 최강의 나라에 휩싸이는 운명이다. 이 운명을 잘 개척하는 것이 우리의 생존 방식이다. 어느 강대국 하나에만 너무 티 나게 매달려서는 안 된다. 중국, 미국, 러시아, 일본과는 적당히 관계를 맺고 제 3세계를 주목해야 이 험난한 국제 파고를 슬기롭게 헤쳐나갈 수 있다.

2012년 우리나라에서 열렸던 '핵 안보 정상회의'도 대단히 웃긴다. 강대국들은 자기들은 핵을 무기 삼아 꽉 쥐고 있으면서 다른 나라는 안 된다는 이상한 논리를 내세운다. 아무래도 정상이 아닌 모양이다. 차라리 '핵 안보 비정상회의'가 맞지 않은가? 정말 위대한 강대국은 핵무기를 스스로 파기하고 신라같이 덕으로 나라를 다스려 세계 평화에 일조할 텐데……. 여기에 우리 스스로 한 술 더하여 우리의 자존심을 여지없이 깔아뭉개는 외국 정상 부인들을 위한 만찬 장소로 국립중앙박물관을 택했다. 일명 '영부인들의 파티'인데 어느 누구의 발상인지 모르지만, 우리나라 문화의 자존심인 국립중

193

제3장 통일의 기운은 싹트고

앙박물관에서 만찬을 하겠다는, 또 했다는 자체가 분노를 터뜨리게 하고 자존심을 상하게 한다. 자신은 먹을 것이 없어도 손님을 잘 대접하고, 귀한 손님은 더욱 극진히 대접하는 것은 우리의 아름다운 풍습이다. 그래도 자신의 긍지와 자존심을 팽개쳐가면서 손님 접대를 해서는 안 되지 않은가. 왜 갑자기 조선시대 성균관에서 기생 파티를 했던 연산군이 겹쳐질까? 더 심각한 것은 박물관 직원 어느 누구도 눈물을 흘리면서 막지 않았다는 것이다. 문제가 생기자 국립중앙박물관은 기껏 "역사와 전통문화를 알리는 홍보마당이었다."라고 해명한다. 병인양요(1866) 때 프랑스 군대가 강화도에서 약탈해 간 고문서 문화재 중 외규장각 의계1본(휘경원 원소도감)을 1993년 미테랑 대통령이 고속전철 협상용으로 갖고 올 때 자리를 내던지고 눈물을 흘리면서 맞선 프랑스의 사서(史書) 같은 박물관 직원은 없는가. 문화를 모르는 쥐가 시키는 대로 충실한 개가 멍멍 한번 짖어보지도 못하고 알아서 장소를 마련해준 것 같아 보인다. 그때 해임되어야 할 국립중앙박물관장이 곧바로 문화재청장, 문화관광부 장관까지 맡는 한숨 나오는 나라다.

박근혜정부도 '통일대박론' 같은 뜬구름 잡는 구호는 외치면서 내용은 MB정부의 대북 대립 긴장 관계에서 한 발자국도 나아가지 못했다. 그나마 숨통이었던 개성공단을 폐쇄하고 남북 관계를 극도의 긴장으로 만들어놓고 바른말하면 종북으로 몰아 '블랙리스트'나 만들어 옥죄고, 북한이 미사일을 발사하자 미국의 의도대로 우리에게 별 도움이 안 되는 사드(고고도미사일방어체계)나 배치하니 중국은 보복하고, 국정은 뒤죽박죽 농단해놓고도 책임지는 지도자는 한 사람도 없다.

얼마 후면 새로운 대통령을 뽑는다. 이 뒤틀리고 뒤죽박죽인 대한민국을 바로잡을 후보를 잘 골라야 할 텐데 뒤죽박죽 후보가 대통령될까 걱정스럽다.

어둠이 우리나라의 현실같이 육중한 신문왕릉을 물들이고 있다. 그러나 우리 민족이 어떤 민족인가. 남을 해치지 않고 평화롭게 살면서 높은 문화를 창조하는 아름다운 민족이지 않은가. 우리나라는 예전이나 지금이나 기득권을 가진 소수의 사람들만 변하면, 사계절이 뚜렷하고 정이 흐르는 아름다운 지상낙원을 가꿀 수 있는 나라다. 신문왕이 했던 당과의 외교 전략을 우리 대통령은 배워야 한다.

"소련에 속지 말고/ 미국사람 믿지 마라/ 일본 놈 일어서니/ 조선사람 조심해라."라는 노랫말은 해방기에 불렀던 '일본 놈 일어서니'의 민요다. 여기서 소련에 중국도 포함시키면 오늘날에도 유효한 것이 우리나라의 운명이다.

사모하는
마음은
하늘을 울리고

⑥길 신문왕릉에서 괘릉

•나무 그림자가 드리워져 있는 비극의 신무왕.

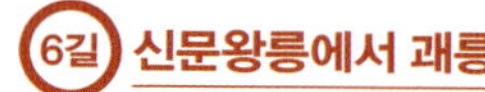

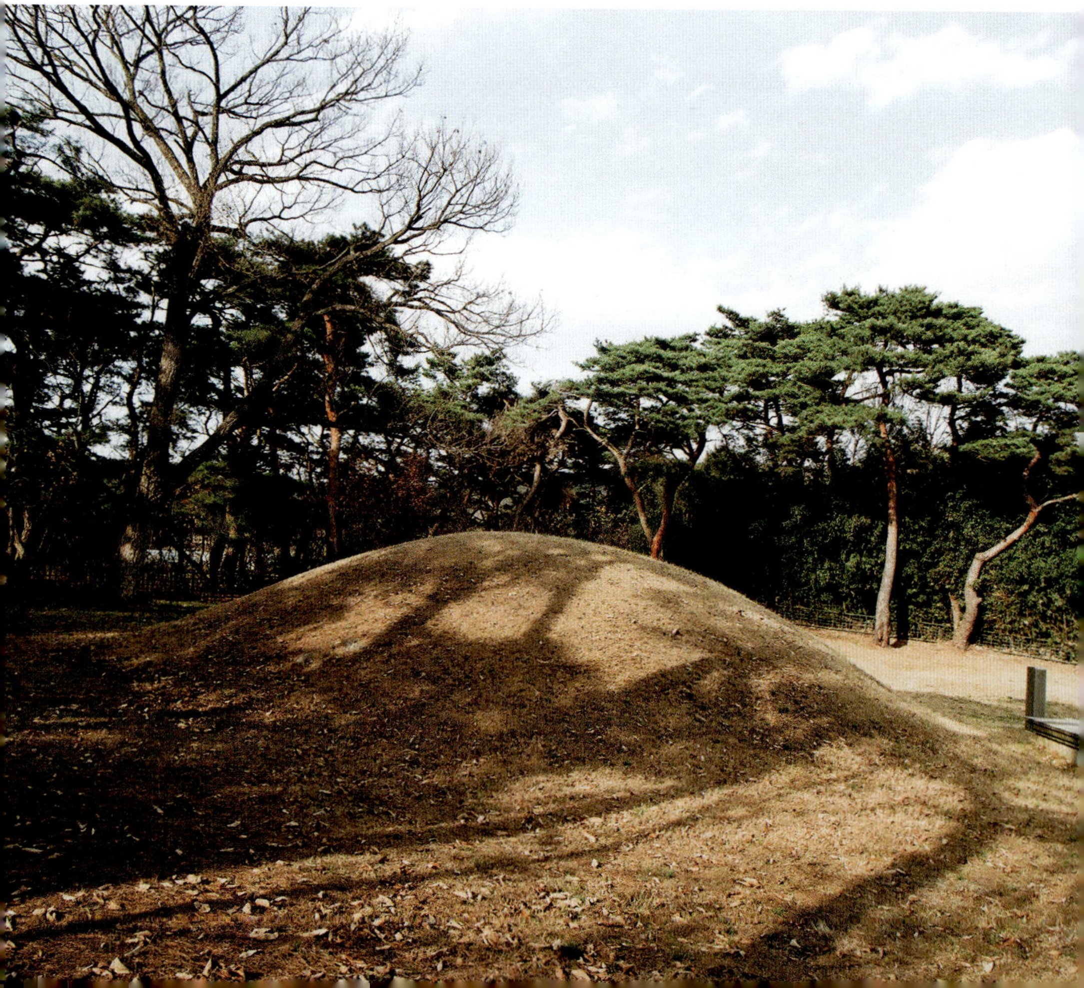

신문왕릉에서 남쪽으로 이어진 왕릉들은 일제강점기 때 일본이 왕릉의 기(氣)를 없앤다고 왕릉 사이로 철길을 만들어 동서로 분리해놓았다. 시내의 수많은 왕릉과 고분들은 차치하고 봐도 여기 철길의 동쪽에는 선덕여왕과 진평왕릉, 효공왕릉, 신무왕릉, 효소왕릉, 성덕왕릉, 괘릉(원성왕릉)이 있고 서쪽에는 신문왕릉, 헌강왕릉, 정강왕릉 등이 있다. 이 길은 온 신라를 불국토로 만들겠다는 신라 문화의 모든 핵심이 녹아 있는, 불국사로 향하는 길이다. 그리고 신라의 뱃길 관문 울산항으로 진리를 찾아 떠나는 신라의 구법승, 선진 학문을 넓게 배우고 익히기 위해 떠났던 유학생, 약소국 신라의 대당외교를 위해 사신들의 분주한 발자국이 어려 있는 길이다. 지금은 산업의 물동량을 부지런히 실어 나르는 국도 7호선이라 걷기에는 운치없는 길이다. 그래서 가능한 한 국도변을 피하고 마을길을 택해 왕의 길을 찾아 가야 한다.

아버지 복수의 쿠데타로 왕이 된 신무왕

신문왕릉에서 남쪽 신무왕릉으로 걸었다. 차가 쌩쌩 지나다니는 국도를 따라 걷기에는 발길이 허락하지 않았다. 능마을에서 철길 건너 장재마을로 오르는 길에 예쁜 타박소나무 한 그루가 20년간 변함없이 내 마음에 향기를 주었는데 얼마 전 도로를 넓힌다고 없애버려 아쉽다. 마을은 큰 변화가 없어도 시대를 반영하듯 전원주택과 펜션 몇 개가 들어서 있다. 마을은 구릉 지형을 따라 여기저기 흩어져 있다.

　지금의 경주역 광장 앞에 서 있는 3층 석탑은 일제강점기 때 이 일대에 있던 사자사지에서 갖고 간 것이다. 우리 집 옆의 효공왕릉도 여기 "사자사 북쪽에 장사 지냈다."라는 『삼국사기』의 기록으로 정해진 것이다. 그 사자사지가 이 부근인데 흔적이 보이지 않는다. 이웃 동네에 사는지라 간간히 서로 내왕하던 무용가 최정임(전 정동극장장) 님은 조용하다고 이곳에 이층집을 지어 살았는데, 바로 뒤에 거대한 펜션이 들어서자 시끄럽다고 떠났다. 커피집도 불에 타 시커먼 잔재만 남아 흉측했는데 말끔히 단장하여 다행이다. 큰 길가로 가려니 소음이 삭막하여 차라리 철길 옆으로 걸었다. 얼마 가지 않아 신무왕릉으로 가는 마을 길이 나왔다.

아주 작은 마을이 오순도순 해맑게 웃음 짓고 있다. 살구꽃이 필락 말락 하는 정겨운 집을 보니 말 못할 정이 묻어난다. 그 집과 연결된 대나무밭 옆에 신무왕이 쓸쓸히 누워 있다. 낮은 담에 아주 작은 철 조각문이 왕릉의 권위를 표하고 있다. 아무도 없는 초라한 신무왕릉에 들어섰다. 별 권위가 없는 왕릉이지만 늘어선 소나무가 왕릉의 기품을 살려주고 있다. 어쩌면 이리도 이 신무왕(839)의 신세를 아는지 해도 구름 속으로 사라져 쓸쓸한 생을 반추하는 것 같다. 머릿속에서 왕위 쟁탈전, 김우징, 청해진, 장보고, 짧은 왕 노릇, 복수의 쿠데타 등이 맴돈다.

이 신무왕(김우징)은 어떻게 왕위에 올랐는가. 42대 흥덕왕이 죽자 격심한 왕위 쟁탈전이 벌어진다. 흥덕왕의 사촌 아우 균정과 다른 사촌 아우의 아들 제륭이 모두 임금이 되고자 싸움을 벌인다. 결국 균정은 살해되고 균정의 아들 우징은 청해진 대사 궁복(장보고)에게 의지하며 사태의 추이를 관망하고 있었다. 결국 제륭(희강왕)이 왕이 되지만 자신을 도왔던 김명과 이홍 등이 난을 일으켜 희강왕은 궁중에서 목을 매 죽는다.

김명(민애왕)이 왕위를 빼앗았다는 말을 듣고 김우징이 청해진 대사 궁복에게 "김명은 임금을 죽인 뒤 스스로 왕위에 올랐고 이홍도 임금을 억울하게 죽였으니, 하늘 아래 함께 살 수 없는 원수입니다. 장군의 군사에 의지하여 임금의 원수를 갚고 싶습니다."라고 말했더니 궁복의 답은 "옛사람은 의로움을 보고도 실행하지 않는 것은 용기가 없는 것이라고 했습니다. 비록

용렬하지만 명령대로 따르겠습니다."라고 답했다. 그러고는 친구 정년(鄭年)에게 군사 5천을 주어 왕(민애왕)을 죽이고 김우징이 왕(신무왕)이 되었으나 명이 짧아 반년도 채 못하고 4개월(4월~7월) 만에 죽는다. 그리고 여기에 쓸쓸히 누워 있는 것이다.

위의 내용은 『삼국사기』의 내용이고 『삼국유사』는 쿠데타를 지원해주고 궁파(장보고)의 딸을 왕비로 삼겠다는 밀약의 내용을 전한다. 김우징(신무왕)이 궁파(장보고)에게 "나에게는 같은 하늘 밑에서 살 수 없는 원수가 있소. 그대가 나를 위해 그를 제거해주면 왕위를 차지한 후 그대의 딸을 왕비로 삼겠소."라고 했다. 궁파(장보고)는 군사를 일으켜 쿠데타를 성공시킨다. 김우징이 왕위를 찬탈하고 장보고의 딸을 왕비 삼으려 하자 신하들이 "궁파는 비천하니 왕께서 그의 딸을 왕비로 삼아서는 아니 됩니다."라면서 벌 떼같이 일어나 반대하여 왕도 어쩔 수 없었다.

중앙권력층은 비록 쿠데타를 결정적으로 도와주었더라도 지방권력이 함부로 서울에 진입할 수 없게 한다. 더구나 왕비의 간택인데 감히 신분이 낮은 지방 바닷가 사람에게 주겠는가. 즉 중앙권력과 지방권력의 기 싸움이다.

그러나 힘으로 왕이 되는 권력은 권위를 상실한다. 왕(신무왕)이 약속을 어기자 청해진의 궁파가 반란을 획책하는데 신라 정부는 막을 힘도 없어 안절부절못한다. 이때 장군 염장(閻長)이 왕에게 자신이 궁파를 제거하겠다고 한다. 염장은 청해진으로 달려가 왕에게 미움을 받아 도망 왔다고 거짓으로 항복한다. 장군들은 결단력과 용기가 있는 한편 단순한 면도 있어 몇 번의 심문으로 의심을 풀고 술자리를 마련한다. 분위기가 무르익고 거나해지자 염장은 차고 있던 칼을 빼 들어 궁파의 목을 친다. 이로서 삼각(당, 일본, 신라)의 중계무역과 해적을 소탕하면서 해상왕국을 건설했던 청해진의 화려한 시절이 막을 내린다.

원래 막강한 힘을 가진 장수나 권력자가 죽으면 그동안 쌓은 권력이 급속히 무너진다. 장보고를 잃은 청해진은 노 없는 돛단배였다. 청해진(지금의 완도군 장도)은 철저히 파괴되고, 바다를 훤히 꿰고 있는 군사들을 농사지으라고 김제로 강제 이주시킨다. 장보고가 왕위 쟁탈전에 끼어든 것도 아쉽지만, 바다에 익숙한 사람을 육지에 농사지으라고 보내버려 해양을 제패할 수 있는 기회를 잃어버린 것도 못내 아쉽다.

성덕대왕 가는 길에 홍도는 간 곳 없고

봄이 오고 있었지만 마음은 무거웠다. 정겹던 시골 마을과 풍경이 어지러운 택지 개발로 삭막해졌다. 신무왕릉 건너편에 오래전에 지은 5층짜리 현대 호텔 직원숙소가 마을과 어울리지 않는 고층이었는데, 이제는 15층 고층 아파트가 대낮의 도깨비같이 우뚝 서 있다. 경주 남산을 조망한다는 이런 고층 아파트를 건축심의하고 허가해주는 사람들은 어떤 자들일까? 그래도 택지 조성의 싱싱한 마늘밭에 부드러운 아낙의 손길이 정겨워 보이는데, 요란한 선거 구호 소리와 순식간에 외딴집으로 들이닥치는 봉고 한 대, 모자 쓰고 붉은 옷에 띠를 두른 채 우루루 내리는 젊은 아줌마들이 집에 들어가 사람을 불러댄다. 저 아줌마들의 삶의 향기와 가치관은 무엇이고 정치 수준은 어떨까? 보아하니 아무 생각 없이 일당 받고 그냥 재미로 돌아다니는 것 같다. 마오쩌둥(毛澤東, 1893~1976)이 동쪽을 붉게 물들인다고 안동(安東)을 단동(丹東)이라 했듯이, 선거 때마다 남동풍이 불어 동쪽이 붉게 물들어 나라가 걱정된다.

　“사랑을 팔고 사는 꽃바람 속에 …… 홍도야 우지마라 오빠가 있다.”라는 가사의 ‘홍도야 우지마라’ 노래는 신파극 ‘사랑에 속고 돈에 울고’의 후속편 주제곡이었는데 김해 출신 김영춘이 호소하는 듯한 목소리로 불러 악극과 함께 공전의 히트를 쳤다. 더구나 열여덟 살의 서울(한성) 기생이 이 극을 보고 자신의 처지를 비관하여 한강에 투신하여 죽었고, 기구한 사연과 암울한 일제강점기라는 시기가 맞물려 ‘홍도’는 일약 고유명사에 가깝게 되어버렸다. ‘홍도’라는 이름은 나이 지긋한 사람들에게는 한 시대를 풍미했다는 가슴 찡한 추억이 어린 단어다. 일제강점기(1936)에 오빠 학비를 벌기 위해 기생이 된 홍도의 눈물 나는 스토리는 악극과 영화, 노래에서 뭇사람들의 순정을 울렸다.

　노래 외에도 홍도 하면 전남의 아름다운 섬 홍도가 있고 조선시대 어린 단종이 사약을 받고 죽었을 때 시체를 업고 몰래 묻어주었던 영월 호장 엄홍도, 조선 후기 풍속화의 대가 단원 김홍도가 있다. 지금 시대의 홍도들은 어떠한가? 돈이 최고인 시대가 되어서인지 예수님 팔아 착한 신도들의 돈을 일 년에 수백억씩 헌금으로 걷어 세금 한 푼 안 내고 부자 세습, 형제 세습하는 시대, ‘대형교회가 망해야 한국교회가 산다’라는 이계선 목사님의 책 제목은 우리나라 대형교회의 일그러져 혼탁해진 목사들을 향한 맑은 영혼의 한줄기 빛 같다. 신앙은 전하기보다 삶으로 증거하는 것인데, 금란교회 김홍도 목사는 구속되어 나와도 반성할 줄 모르고 서울시장 선거 때 "7천여 명의 신도들 앞에서 박원순 후보를 두고 '사탄, 마귀를 찍지 마라'라고 했던 인간도 있고, 남원『홍도전』의 홍도는 정유재란(1597) 때 남원에 살던 홍도가 일본으로 끌려가 포르투갈 상인에게 단돈 2원에 노예로 팔렸다가 천신만고 끝에 탈출하여 남편을 만난다는 이야기인데, 지금 내가 서 있는 이곳의 홍도에게는 무슨 사연이 있을까?

조선의 3대 기생 하면 황진이, 매창, 홍랑을 떠올리지만, 여기 홍도도 한 시대를 풍미했다. 홍도의 본래 이름은 최계옥(崔桂玉, 1778~1822)이고 아버지는 가선대부 최명동(촌장, 지역 유지)이지만 어머니가 세습 기생이라 계옥도 때어날 때부터 천민의 운명이었다. 모든 게 남존여비의 조선시대에서 아이의 출생 신분 하나만은 여자의 신분을 따랐다. 그래서 남자가 제아무리 3정승 6판서의 고관대작이라도 아이를 낳으면 그 아이는 엄마의 신분을 넘어서지 못했다.

계옥은 어릴 때부터 영특했고 열 살 때 시(詩), 서(書)에, 열네 살에는 예능에도 능통하였으며 스무 살에는 노래와 춤으로 명성이 온 나라에 자자했다. 당시 경주부윤(정2품 지방장관) 유한모(俞漢謨, 훗날 형조판서)가 그해(1797) 천거하여 궁중에 들어가 여악(女樂)이 된다. 이미 노래 잘하고 춤 잘 추는 데다 얼굴도 예쁘고 한 문장 하니 궁중연회에서 단연 두각을 나타낸다.

정조(재위 1776~1800)는 계옥이 춤과 노래로 전국적으로 유명해지자 그를 아껴 홍도(紅桃)라는 별호를 하사했다. 이후에 정조의 장인 박준원(朴準源, 1739~1807)이 궁중연회석에서 홍도에 푹 빠져버린 뒤 임금인 사위에게 소실로 허락해줄 것을 간청한다. 정조는 장인이 10년 전에 상처도 했고 장인을 위로도 해줄 겸 소실로 삼도록 허락해준다. 시들어가는 쉰아홉 살의 박준원과 막 피어나는 스무 살의 홍도, 39년의 나이 차이가 박준원이야 꿈인가 싶었겠지만 홍도에게는 현실이었다. 신분만 천민인 기생이었지 홍도는 단순이

웃음 팔아 살아가는 자아 없는 기생이 아니었다. 홍도는 구중궁궐도 싫고 남의 첩도 싫었을 것이다. 즉 돈도 명예도 싫고 노래하고 춤추고 시를 읊는 자유가 행복이었을 것이다. 그래서 몸과 얼굴은 수척해지고 시름에 잠긴다. 박준원이 연유를 묻자 자신의 신세를 새장에 갇힌 앵무새에 비유하여 다음과 같이 화답하였다.

푸르고 붉은 옷 입은 새가
밤마다 하늘을 보고 울고 있구나.
새장 속에 깊이 갇혀 있으니
어찌 여위지 않겠어요.

남녀가 살을 섞고 같이 살아도 깊숙한 마음까지 공유할 수는 없듯이,

한 남자에게 선택되어 있는 홍도야말로 허공의 자유를 갈망하며 고향 경주를 얼마나 그리워했을까? 박준원도 홍도보다 서른아홉 살이나 많았지만 그 역시 한 풍류 하는 이였으므로 다음과 같이 화답했다.

> 나는 평생 동안 음악을 즐겼다.
> 성남(城南)에 병들어 누워 산화(三夏)의 여름을 보냈네.
> 집이 가난한 궁촌(窮村)에 악기가 없고
> 다만 구름이 아침저녁으로 창문에 스며들고…….

이 정도면 격 높은 풍류객이다. 박준원이 중풍이 들어 68세에 죽자 착한 홍도는 삼년상을 치른 후 서른두 살에 그리운 고향 경주로 돌아온다. 경주에서 홍도는 악부(樂府)의 종사(宗師)가 되어 소리꾼, 악공, 기생(당시 경주부 관기는 40여 명) 등의 후진 양성에 정열을 바치다 마흔다섯 살(1822), 인생 완숙기의 중년에 죽는다. 죽음에 임박해서는 붓을 들어 모든 재산을 친척들에게 골고루 나누어준다는 내용의 유서를 남기는 대범한 일을 실천한다.

죽은 지 30년 만에 홍도를 그리워하는 팬들인 풍류 협객, 악공, 기생들이 돈을 모아 묘가 있던 여기(코아루 아파트 서쪽 경비실 옆)에 '동도명기홍도지묘(東都名技紅桃之墓)'를 세우고 그의 출생과 행적을 적었다. 한동안 잊힌 홍도 무덤은 1990년 부산 남포동의 어느 작은 술집에서 발단이 되었다. 분위기가 무르익자 젓가락 장단에 '홍도야 우지마라'를 열창하는 분위기에서 기생 홍도의 실제 인물의 묘가 경주 어디엔가 있다는 것을 들은 부산 매일신문 사진부 박모 부장이 경주 주재 김백 기자에게 한 건 해보라며 던져준 것이 발단이 되어 김백 기자가 찾아 헤매다 1백50여 일 만인 1990년 8월 15일에 무덤과 두 동강 난 비석을 찾아낸 것이다.

그러다가 2005년, 여기에 고층 아파트가 들어설 자리가 아닌데 못된 지방토호세력과 결탁한 몰지각한 건축위원들과 공무원들이 합작해 허가를 내주어 대낮에 도깨비 같은 아파트를 짓는다고 무연고 공고를 내고 홍도 무덤을 없애 화장하여 건천의 납골당에 안치해놓았다. 예서체로 3백88자 홍도의 일대기를 적어놓은 두 동강 난 비석은 흔적도 없이 사라졌다. 짐작컨대 아파트 업자의 지시로 포클레인 기사가 땅속 깊이 묻었을 것이다. 경주시 공무원과 업자들의 몰지각 때문에 처참한 일이 벌어졌지만 2015년 무연고 안치 기간이 끝나기 전에 유골이라도 찾아와 어느 좋은 장소를 찾아 무덤은 만들지 말고 예술의 향기를 느낄 수 있도록 기념비라도 세우고 그 옆에 유골을 뿌렸으면 좋겠다고 생각했는데 다행히 경주의 뜻 있는 예술인들이 온 경주가 훤히 보이는 형산강 절벽 위의 금장대 아래에 비석을 세워놓아 고맙다. 이러지 않았다면 우리 집 뒷동산 솔밭에 행복한 마음으로 내가 할까 했기 때문이다.

나는 이미 30대에 내가 죽으면 화장하여 우리 집 뒷동산 솔밭에 뿌리고(묻고) 일체의 흔적은 남기지 말라 했다. 2004년 우리나라에서 최초로 수목장한 김장수 전 고려대학교 농과대학장에게 언론에서 찬사를 보낼 때 나는 분노했다. 무덤을 만들지 않고 수목장을 한 것은 칭찬받아 마땅하지만 나무에다 '김장수 할아버지 나무'라는 팻말을 했기 때문이다. 아름다운 새가 자신의 흔적을 남기던가. 우리 인간은 새만도 못하다. 지금이야 수목장이 법률로 통과되었지만 저렇게 하면 분명히 나무 팔아먹는 업자가 나올 것이라는 우려 때문이었다. 그냥 산이나 들판의 나무나 꽃밭에 땅을 파서 뿌리고 묻으면 된다. 살면서 먹고, 자고, 입고, 싼다고 얼마나 많이 자연을 파괴하고 동식물을 못살게 했던가. 양심이 있다면 죽어서 꽃과 나무에 최소한 거름이라도 되어야 되지 않겠는가?

백호 임제(1549~1587)가 평양도사로 부임하다가 황진이 묘에서 "청초 우거진 곳에 자난다 누웠는가./ 홍안은 어디 두고 백골만 묻혔는가./ 잔 잡아

권할 이 없으니 그를 슬퍼하노라.”라는 시 한 수 짓고 파직당했다지만 나는
파직당할 관직도 없으니 얼마나 행복한가.

홍도의 비문대로라면 동방의 으뜸 미인에다 귀여운 얼굴, 예술에 능했
던 당대 명기에게 같은 예술인으로 최소한의 예를 표해야 하지 않겠는가. 더
구나 시공을 초월하여 같은 뒷동산에서 당대 절세의 미인 홍도를 살아서는
곁에 두고 죽어서는 함께 노는 것도 얼마나 즐거운 일인가.

청와대에   쓸쓸히   앉아   있는   이거사지   불상

쓸쓸히 발길을 돌려 국도변 길은 삭막하여 피하고 길이 없으면 철길로 가면
서 도지마을의 산기슭 이거사지로 갔다. 온갖 만물이 봄의 서곡을 알리듯
꽃피고 새 울고 잎이 나와 나를 반긴다. 무너진 석탑이 인간의 무지를 나무
라는 듯하다. 옛 사람들이 자리 잡은 절터들은 어쩌면 그리 전망 좋고 편안
한지 여기 이거사지도 기다란 형제산의 줄기 아래인데도 여기서 내려다보니
조양벌판이 풍족하게 누워 있고, 남산이 서쪽에서 손짓하며 동쪽의 토함산
줄기가 꿈틀거리며 누워 있다. 서산에 해는 기울고 쓰러져 있는 석탑과 수
탈당한 불상의 애잔한 향기가 가슴에 스며들고 있다. 여기를 전이거사지(傳
移車寺址)라 하는데 신라 태대각간 최유덕이 자기 집을 희사하여 절을 세우
고 자기 이름대로 유덕사(有德寺)라 했다는 『삼국유사』의 기록이 있다. 언제
이 절터가 없어졌는지는 알 수 없지만 일제강점기에 불상이, 해방 후에는 석
탑이 수난을 당한다. 우리나라가 일제에 점령당한 뒤 초대 총독 데라우치가
1913년 경주에 왔을 때 경주금융조합 이사인 오히라(小平)의 집에서 신라시
대의 불상(석조석가여래좌상)을 보고는 군침을 흘렸다. 데라우치가 서울 관저
에 도착하니 자신이 탐냈던 그 불상이 먼저 와 있었다. 권력자가 탐을 내면

온몸으로 아부하는 눈치 빠른 사람들은 목숨 걸고 속전속결로 해결한다. 오늘날같이 비행기도, KTX도 없는 그 당시에 기차로 하룻밤 사이에 불상을 서울 남산의 데라우치 총독 관저에 옮겨놓은 것이다. 그리고 1927년 지금의 청와대 자리에 총독 관저를 짓자 그대로 옮겼다가 일본이 패망하고 떠난 뒤에도 불상은 경주로 돌아올 줄 모르니 아직도 청와대 관저 위 침류각(枕流閣) 뒤편 샘터 위에서 경주를 그리워하고 있다.

1993년 YS문민정부는 안기부를 통하여 경주 시민들이 원하면 불상을 돌려주겠다고 했고 경주의 문화인들 50여 명의 여론은 "청와대 수호신으로 각인된 불상을 하루아침에 가져오는 것도 이치가 아니다."라고 하여 그대로 두었다. 문민정부 초기에 하나회 숙청, 금융실명제 등의 눈부신 개혁에 박수갈채를 보냈는데, 보수의 길로 접어들어 삼풍백화점, 성수대교가 무너지고, 비행기 추락, 기차 탈선 등으로 민심이 뒤숭숭하자 불상을 옮기려 했기 때문이라는 둥, 기독교 장로 대통령이 불상을 치웠다는 둥 유언비어가 돌았다. 이후에도 숭례문 화재, 용산 참사, 화왕산 억새 태우기 참사 등 각종 사고 때마다 이 불상이 구설수에 오른다.

2008년 MB정부 초기에 '대통령을 위한 기도시민연대(PUP)'는 "청와대 관저 뒤 1백 미터 지점에 있는 불상은 특정 종교의 상징물"이라며 "이는 불교 편향적 산물로 이 불상의 원래 위치인 경주로 보내야 한다. 만약 불상의 유지를 원한다면 종교 평등 차원에서 천주교의 성모상이나 개신교의 십자가, 예수상도 함께 들어와야 한다."라고 해 물의를 빚었다. 문화의 문자도 모르는 한심하고 무지한 종교인들이다. 이 불상을 흔히 '미남불상'으로 부르는데 당당하고 힘찬 헌헌장부의 호남형으로 석굴암 본존불을 닮은 우수한 불상이다. 잘난 것이 죄가 되어 기생 홍도도 미인이라 궁궐에 불려갔고, 이 불상도 잘생겨 1천2백여 년 만에 신라 수도 경주에서 현재의 수도 서울로 진상품으로 갔던 것이다. 이상하게도 홍도와 불상은 같은 산줄기 지척에 있었다.

그리고 둘 다 돌아올 줄 모른다.

　　절 이름인 이거사(移車寺)대로 수레 타고 어딘가 이동해야 할 운명인가. 석탑의 수난도 한 수 한다. 1963년 불국사가 한창 국민관광 1번지일 때 불국사역은 역 앞의 시장을 철거하고 서양식 광장을 만들었다. 그때 여기 허물어져 있는 탑재들과 남산 염불사지의 무너진 석탑 잔재들을 모아 탑을 세웠다. 여기 세웠던 탑은 동남산의 염불사지 석탑을 복원할 때 해체하여 원위치했는데 여기 것은 돌아오지 못하고 염불사지로 옮겨졌다.

　　남산으로 해는 기울어 그리움이 깊어만 가고, 생기 품은 초목들은 점점 자신의 색을 드러내며 봄밤을 준비하고 있었다.

비실비실　가버린　효소왕

허물어진 이거사지에서 쓸쓸한 마음으로 발길을 돌렸다. 동네 집집마다 한두 그루의 꽃들이 서로 봄의 서곡을 알리고 있다. 마을을 얼마 지나지 않아 아무런 장식 없이 무덤덤하게 누워 있는 효소왕릉이 모습을 드러낸다. 이 왕릉의 모습만큼이나 효소왕은 아무런 치적도 없이 10년간 왕을 하다 젊은 나이에 죽는다.

　　원년부터 7년까지는 성을 쌓았다든가 누구를 상대등 삼고 누구는 늙어서 퇴직했다는 정도 말고는 별 중요한 일이 없다가 8년(699)부터 특이한 일이 많이 일어난다. "2월에 흰 기운이 하늘에 뻗치고 살별이 동쪽에 나타났다."로 시작하여 그때도 적조가 있었는지 7월에 동해의 물이 핏빛으로 변했다가 닷새 만에 원래대로 회복되었다. 9월에는 동해에서 물싸움이 일어나서 그 소리가 서울까지 들렸고, 병기 창고 속의 북과 나팔이 저절로 소리를 내었다 한다. 황금은 어디서 어떻게 나온 건지 신촌(新村) 사람 미힐(美肹)이 무게가 1백 푼이나 되는 황금 한 개를 바치니 효소왕이 남쪽 변경에서 제일가는 벼슬을 주고 벼 1백 섬을 주었다는 기록을 보면 그때나 지금이나 황금의 가치는 불변인 모양이다. 9년(700) 5월에 이찬 경영(慶永)이 반역을 모의하다가 참형을 당하고, 중시 순원도 연좌되어 파면당한다. 삼국통일 때의 긴장이 사라지고 새로운 권력 다툼이 시작된 것이다.

10년(701) 5월에는 영암군(靈岩郡) 태수 일길찬 제일(諸逸)이 공익을 저버리고 사익을 챙기자 곤장 1백 대를 치고 섬으로 돌려보냈다. 일종의 공직 기강이랄 수도 있는데 공무원은 글자 그대로 국민의 공복으로 국민의 복리를 위해서 복무하는 것이고 공(公)과 사(私)가 엄격해야 한다. 권력과 특권을 지도자에게 준 것은 국민 위에 군림하라고 준 것이 아니라 나라 전체를 위해 큰 심부름 역할을 하라는 건데 군림하고 이익을 탐하면 백성들이 고달프다. 이와 같이 뚜렷한 치적도 없고 반역으로 참형한 것도 왕의 뜻보다 내부의 권력 다툼이었을 것이다. 공직 기강도 마찬가지였을 것이다.

그리고 다음 해(702년)에 병으로 죽었는지, 더 똑똑하고 권력 의지가 있는 동생(성덕왕)을 옹립하기 위해 제거당했는지 기록에는 "7월에 왕이 세상을 떠나니 시호를 효소(孝昭)라 하고 망덕사 동쪽에 장사 지냈다."라고 나와 있다. 기록대로 망덕사 동쪽이라면 여기보다 지금의 신문왕릉이 효소왕릉이 된다. 실질적으로 실권을 쥐고 있던 당의 측천무후(690~705)는 효소왕이 세상을 떠났다는 소식을 듣고 크게 슬퍼하여 이틀간이나 조회를 폐하고, 사신을 보내 조상하고 위문했다는데 그 이유는 무엇일까? 단지 사신을 보내고 토산품을 바쳤기 때문은 아닐 것이다.

이 왕릉도 일제강점기(1929년 4월)와 문화에 관심이 없던 1969년 11월 8일에 도굴당해 유물이 없다. 무엇보다 도굴이 나쁜 이유는 유물이 없으니 누구의 무덤인지 영원히 알 수 없어서다. 봄인데도 휑하니 정감이 없고 붉은 진달래꽃마저 쓸쓸한 슬픔을 달래주는 듯하여 발길이 무겁다.

아름다움을 흘리고 있는 성덕왕릉

효소왕릉과 지척의 거리인데 성덕왕릉에 이르자 갑자기 생기가 돈다. 왜일까? 아름답기 때문이다. 효소왕릉이 아무런 장식도 없이 균형미가 없다면 이 성덕왕릉은 균형 잡힌 석물들과 무덤을 에워싸고 있는 소나무들이 아름다움을 내뿜는다. 즉 효소왕릉이 못난 것은 아닌데 매력 없는 사람 같다면, 성덕왕릉은 잘나고 매력도 있는데다 향기까지 풍기는 미인 같다고나 할까? 더구나 봄의 기운을 알리는 전령사인 진달래가 여기저기서 수줍음을 흘리고 있다. 이 왕과 진달래는 깊은 사연이 있다. 성덕왕 때 강릉태수로 부임한 순정공(純貞公)의 부인인 수로(水路)는 대단한 미인에다 감성이 풍부한 낭만의 여인이었던 모양이다. 수로부인이 어느 날 바닷가 거대한 바위 옆에서 점심을 먹었다. 그 바위 끝에는 지금같이 진달래가 흐드러지게 피어 있었다. 수로부인이 "누가 나에게 저 꽃을 꺾어 바치겠소?"라고 말하자 일행들이 일제히 "사람이 오를 수 없는 곳입니다."라고 했다. 그렇다. 편안하거나 부귀영화와 관련된 일에는 앞 다투어 나서지만 위험하고 모험적인 것은 꽁무니를 빼는 것이 보통사람들이다. 다들 절대 못하겠다고 하는데 때마침 암소를 끌고 지나가던 어느 할아버지가 수로부인 말을 듣고 꽃을 꺾어왔다. 그리고 그는 매력적인 미인 수로부인에게 바치는 우리가 잘 알고 있는 '헌화가(獻花歌)'를 부른다.

자줏빛 바위가에
암소 잡은 손 놓게 하시고
나를 부끄럽게 아니하시면
꽃을 꺾어 바치겠나이다.

살며시 미소를 머금은 수로부인이 사뿐사뿐 걸어 나타날 것만 같다.

성덕대왕릉의 목 잘린 십이지신상은 진달래같이 붉은 슬픔이다.

처음부터 이렇게 배치했는지 알 수는 없지만 보통 왕릉 입구에 문인석 (보통 무인석이라 하는데 나는 문인석이라 생각한다.)을 두고 사자를 왕릉 주위에 배치하는데 여기서는 반대로 사자가 먼저고 문인석, 무인석을 뒤에 배치해 놓았다. 입구에서 왼쪽(서쪽)에 있는 사자는 엉덩이를 쭉 빼고 잔뜩 웅크리고 앉아 있다. 머리는 당시의 국제적인 유행인지 보글보글 핑클파마로 멋을 냈고, 앞다리에 얼마나 힘을 주었는지 가슴이 뽈록 튀어나오고 꼬리가 등 위에 힘차게 붙어 있다. 뒤에 있는 석상은 형체를 알아보기 힘들 정도로 처참하게 파괴되어 있다. 오른쪽 목이 삐딱하고 왼쪽 어깨를 비롯해 몸통이 통째로 잘리는 바람에 흉상의 토로소가 되어버려 얼굴은 알아볼 수가 없다. 동쪽의 오른쪽 사자는 잔뜩 웅크린 자세로 입을 헤 벌리고 있어 웃음이 절로 나온다. 바보사자 같은데 정감이 느껴지는 것은 왜일까?

겨우 온전하게 남아 있는 문인석은 입을 굳게 다물고 수염을 날리는 매우 이지적인 모습이다. 목과 S자로 잘린 허리는 시멘트로 때웠고 팔은 합장한 모양새며 신발은 코가 뭉텅 솟아올라 있다.

능 주위를 천천히 돌았다. 아버지 신문왕과 같이 받침돌을 세웠는데 여기는 스몰사이즈라 적은 받침돌들을 받쳐놓았다. 33개의 난간석(欄杆石)을 세운 것은 불교의 33천을 상징했는지 신라 33대왕이라서 그랬는지 알수 없다. 이 난간석과 둘레돌(호신석) 사이에 십이지신상을 세웠는데 입체감이 묻어나는 환조로 해놓았다. 그런데 누군가가 의도적으로 무자비하게 훼손하여 목이 댕강 날아가 버렸고 양상(未像)은 완전히 잘려 밑에만 조금 남았고 오직 닭상(酉像) 하나만 외롭게 지키고 있다. 죽은 자는 말이 없는데 산자는 슬픔을 감내해야 하니 오히려 더 외로워 보인다. 여기에 없는 원숭이상은 국립경주박물관에 보관되어 있다.

성덕왕(701~735)은 36년 동안 통치하면서 통일기의 7세기를 접고 새로운 통일국가를 지향하는 8세기의 시작을 알렸다. 이를 바탕으로 아들 경덕왕은 불국사, 석굴암을 위시한 신라 최고 절정의 문화를 만들어낸다. 그리고 이 성덕대왕의 명복을 빌기 위해 두 아들(효성왕과 경덕왕), 손자(혜공왕)가 24년 걸려 불후의 명작 성덕대왕신종(국립경주박물관 소재)을 만든다.

성덕왕의 처음 이름은 융기(隆基)였으나 당 현종(玄宗, 712~756)의 이름과 같다 하여 고쳤고, 사신을 거의 매년 보내 친당(親唐) 정책을 강화한다. 일본과 말갈의 침략에다 나라가 가물고 지진까지 난 상황에서 기근이 심하고 유랑민이 생기자 세금을 감면해주고 구휼해주는 보편적 복지를 실행한다.

717년(재위 16)에는 의학박사(醫博士)와 이학박사(算博士)를 두고, 이듬해에는 물시계를 담당하는 누각전(漏刻典)을 설치해 박사 6명, 사 1명을 두었다. 원래 박사 제도는 중국 진(秦)나라 때 박사를 두어 고금(古今)의 학문을 맡게 한 것이 시초다. 그러면서 항상 외적의 침입에 대비하여 721년에 장정 2천 명을 징발하여 북쪽 변경에 긴 성을 쌓았고, 722년에는 모벌군성(毛伐郡城, 울산과 경주의 경계, 경주시 외동읍 입실)을 쌓아 일본의 도적질을 막았다.

이것이 『삼국유사』에서 비운의 왕 효성왕(737~742) 때의 내용이라 나와 있는데 이는 잘못된 기록이다. 그래도 722년이라는 연대는 일치한다. 즉 "임술년(722) 10월에 모화군(毛火郡)에 관문을 쌓았다. 지금의 모화촌(毛火村)으로 경주 동남쪽 경계에 속하며, 바로 일본을 막기 위한 요새다. 그 둘레는 6천7백92보 5척이고 역사에 참가한 사람은 3만 9천2백62명이며 총감독은 각간 원진(元眞)이었다."라고 기록해놓았다. 이 성은 '관문성'이라고도 하는데 아직도 일부는 남아 있고 진평왕 때 쌓은 '남산신성'과 같이 동원된 고을별 책임 구간을 성벽에 명문(銘文)을 새겨놓아 실명제를 했음을 알 수 있다.

진평왕 때 미인을 보냈듯이 722년 3월에 포정(抱貞)과 정원(貞菀) 두 미녀를 당나라에 바치자 당 현종은 "이 여인들은 모두 왕의 고종자매로 친족과 이별하고 본국을 떠나왔으므로 나는 차마 이들을 머물러두지 못하겠다."라며 물품을 후히 주어 돌려보낸다. 아마 당 현종(재위 712~756)도 이때는 정치도 훌륭히 잘했고 양귀비(719~756)도 네 살의 어린애라 사랑하기도 전이고 여자도 몰랐을 것이다.

이후에는 당과의 밀착 외교로 신라에서는 금과 바다표범, 머리카락 등을 주었고 당에서는 비단과 명주 등이 왔다. 성덕왕은 36년 동안 통일 후의 새로운 통합 국가를 다지는 데 기틀을 잡고 죽는다. 그후 이거사 남쪽에 장사 지냈다. 그의 아들 효성왕은 일찍 죽고 효성왕의 동생 경덕왕이 신라 최고의 걸작들을 남긴다.

진달래꽃이 어스름 바람에 흔들린다. 왕릉 앞 저만큼 떨어진 커다란 돌 거북에게로 걸음을 옮겼다. 목도 잘리고 비신도, 이수도 없고 몸통만 처연하게 엎드려 있다. 해는 이미 서산에 넘어가 버렸다.

완벽한 신라의 괘릉

일요일 아침, 이 날은 혼자가 아니고 '경주 길(왕의 길)' 회원들과 우리 집 수오

재에서 1박 2일 동안 모임을 한 현대중공업 74년 입사 동기들도 같이 걷기로
했다.

신문왕에서 괘릉(원성왕릉)까지는 국도 7호선의 산업도로라 많은 차량
이 오가는데 특히 대형화물차가 많이 다녀 국도 옆으로 걸으면 오히려 스트
레스를 받는다. 그래도 성덕왕릉까지는 마을 길을 이리저리 걸어왔다만 성
덕왕릉에서 괘릉까지가 난감했다. 혼자라면 길은 멀어도 국도변은 최대한
피하고 마을 여기저기를 구경하면서 걸어보겠지만 일행들이 많고 모두 차를
갖고 와 편법을 썼다. 성덕왕릉에서는 국도가 아니고는 길이 없어 구정동 방
형분까지는 차를 타고 갔다.

초라한 불국사역, 한때는 역을 중심으로 번창했지만 지금은 서울과 대
도시 일부만 그럴 뿐 대부분 지방 도시의 역 주위는 옛 영광의 자취만 흐를
뿐이다. 전에는 역 앞이 시장이었는데 불국사 관광 붐일 때 시장을 아래로
옮기고 여기를 광장으로 만들었다. 그때 이거사지와 남산 염불사지에 있던
석탑을 갖고 와 여기에 세웠다가 2007년에 헐었고, 지금은 88올림픽 성화
봉송비와 신라의 달밤 노래비가 있다. 이 노래비는 500원을 넣으면 '신라의
달밤' 노래가 흘러나왔는데 얼마 안 가 고장이 난 걸 아직까지 수리하지 않
고 있다.

광장의 북쪽에는 누구의 묘인지 알 수 없는 네모진 방형의 석실무덤이
있다. 동네 사람들은 불국사를 창건한 김대성의 묘라 하지만, 방형분은 고
구려 형식이다. 고구려 어느 고위관리인지, 장수인지 모르겠다. 울산 웅촌
은현리에도 석총식 고구려 고분 한 기가 있다. 여기 방형분은 석실분인데 도
굴당하여 구제발굴한 것으로, 밖의 사방에는 십이지신상이 있고 안은 석실
분으로 아치 모양의 천장이다. 안에 들어가서 삶과 죽음을 한번쯤 생각해보
는 것도 괜찮다.

골목길을 걸어 불국사 시장으로 갔다. 장날(4. 9일)이 아니라 아쉽지

만 그래도 점포와 식당들은 상시적이다. 유명하다는 칼국수 집에 갔다. 칼국수만 하는데도 사람들이 줄지어 들어온다. 속 뜨끈하게 맛있게 먹고 나와 아사달 아사녀의 슬픈 사연이 어려 있는 영지 못과 불상을 보고 괘릉으로 갔다.

괘릉으로 들어가는 솔밭 길은 언제 와도 참 좋다. 적당히 휘어진 길과 어우러진 소나무 밭은 마음을 숙연하게 한다. 괘릉도 예전의 모습과 많이 변했다. 남쪽과 서쪽은 높은 담으로 둘러져 있고 서쪽 입구는 입장료를 받기도 했는데 지금은 담도 허물고 입장료도 없다. 제일 먼저 반기는 것은 주먹을 불끈 쥔 서역상이다. 그리고 소나무가 꿈틀거리며 휘어져 있어 살아 있는 명작을 보는 듯하다. 이렇게 입구에는 눈을 부릅뜬 서역인의 형상을 한 무인상이 좌우를 지키고 다음은 후덕하지만 매서운 문인석이 좌우에, 그리고 사자 네 마리가 동서남북 자신의 방위로 머리 돌려 왕릉을 지키고 있다. 왕릉 봉분 주위에는 돌난간을 두르고 십이지신상을 새겨 왕릉을 완벽하게 보호하고 있다. 소나무들은 이 모든 것을 아름답게 감싸고 있다. 일행들과 전체를 조망하면서 부분을 보고 왕릉 뒷산에 올라 반대로 바라보면서 특강을 시작했다.

이 능을 『동경잡기』(1669)에는 "왕릉이 조성되기 전부터 작은 연못이 있어 못을 메우고 왕릉을 마련했는데 물이 고여 관을 놓지 못하고 허공에 걸어놓았다."라고 해서 괘릉이라 한다고 나와 있지만 누구의 능인지는 모르고 추정만 할 뿐이었다.

『삼국사기』에는 봉덕사(奉德寺) 남쪽에서 태웠다고만 하고 어디에 묻었다는 기록은 없다. 『삼국유사』에는 왕의 능은 토함산 서쪽 동곡사(洞鵠寺, 지금의 숭복사)에 있는데 최치원이 지은 비문이 있다고 기록해놓았다. 최치원의 유명한 사산비명 중 대숭복사비에는 "원성왕의 능을 조성하면서 곡사(鵠寺) 터를 왕릉 자리로 정하니 절을 비켜주고, 현 숭복사로 옮겨 지었다."라고 기록돼 있다.

이처럼 『삼국유사』만 참고해도 원성왕릉을 알 수 있는데 경주 김씨 문중에서는 조선 말기부터 1973년까지 이 괘릉을 문무왕릉으로 제사 지냈다. 부모로부터 물려받은 것은 머리카락 하나라도(守指髮毛) 고이 간직해야 한다는 유교사회에서, 그것도 자랑스러운 통일군주가 화장한 것도 원통한데 유

왕의 길을 걷는 즐거움

골을 바다에 뿌렸다는 것을 받아들이기 힘들었을 것이다. 그래서 물이 있어 관을 허공에 매달았다는 괘릉을 억지로 끼워 맞추어 문무왕릉으로 만든 것이다.

원성왕은 어떻게 왕이 되었는가

기록상으로 유추해보면 원성왕은 왕이 될 군번이 아니었고, 대권을 꿈꾸는 잠룡(潛龍)이었다. 그것을 『삼국사기』에서는 '북천의 물'을 핑계대고 『삼국유사』에서는 '북천의 물'에다가 꿈 이야기가 추가되지만 선거하지 않는 당시에는 내부적으로 치열한 권력 다툼이 있었다.

신라 사회는 35대 경덕왕까지 약간의 권력 다툼이 있었지만 화백제도의 민주적 절차에 따라 순리에 의해 왕위를 계승했다. 그러나 36대 혜공왕부터 마지막 1백70년(765~935) 동안 21명의 왕들은 힘센 놈이 죽이고 죽이는 쿠데타 왕들이었다.

당시는 죽을 때까지 왕을 하던 시대라 8백22년(BC57~765) 동안 35명의 왕들과 비교해보면 권력 다툼이 얼마나 심했는지 알 수 있다. 이것을 역사에서는 신라하대라 한다. 경덕왕의 아들 혜공왕은 여덟 살에 왕이 되어 16년 동안 왕위에 있다가 2월 "장년이 되자 노래와 여색에 빠져 각지로 돌아다니며 노는 것이 절도가 없고, 법강과 기율이 문란해서 천재(天災)와 지이(地異)가 여러 차례 나타나므로 인심은 배반하고 나라는 편안하지 않았다."라는 명분으로 이찬 김지정(金志貞)이 배반하여 무리를 모아 궁궐을 포위했다. 그리고 4월에는 상대등 김양상이 이찬 김경신과 함께 군사를 일으켜 지정 등을 죽였는데 왕과 왕비는 난병들에게 살해되었다. 김지정 등이 2개월 동안 왕을 죽이지 않고 실권을 쥐고 있다가 김양상에게 역 쿠데타를 당한 것이다. 그 김양상이 37대 선덕왕이 되고 6년 동안 왕 노릇을 하다가 죽는다.

선덕왕이 아들 없이 죽자 신하들이 의논해 왕의 친족 조카뻘되는 김주원(金周元)을 왕으로 세우려 했다. 그러나 쿠데타에 핵심 인물로 가담한 김경신은 물러설 수 없었다. 서둘러 친위 세력을 거느리고 재빨리 등극해 김주원을 엮금했을 것이다. 기록에는 큰 비가 내려 알천(閼川, 북천)을 건너오지 못해 경신이 등극했다고 하지만, 선덕왕이 죽을 때가 정월 13일이다. 양력 2, 3월인데 아무리 기상 이변이라 해도 겨울에 북천을 건너지 못할 정도로 비가 내리진 않았을 것이다. 이렇게 권력에 밀린 김주원은 자의 반 타의 반으로 망명 아닌 망명을 떠나 명주(溟州, 강릉)에서 여생을 보낸다.

당시 김경신이 복두(幞頭)를 벗고 흰 삿갓을 쓰고는 12현의 가야금을 들고 천관사(天官寺) 우물 속으로 들어간 꿈을 꾼 후에 해몽가에게 풀이하게 했다. "복두를 벗은 것은 직책을 잃을 조짐이고, 가야금을 든 것은 칼집을 쓸 조짐이며, 우물에 들어간 것은 옥에 갇힐 조짐입니다." 흉몽 중의 흉몽이었다. 이런 소리를 듣고 마음 편할 사람이 어디 있겠는가. 김경신(원성왕)도 매우 근심하여 문을 닫아 걸고는 집 밖에 나가지 않았다. 그때 아찬 여삼(餘三)이 만나자 해도 김경신이 병을 핑계로 거절하자 재차 청하여 만나서는 꿈을 듣고서는 만약 왕위에 올랐을 때 자신을 버리지 않는다는 조건을 달고 꿈 해몽을 한다.

"복두를 벗은 것은 그 위에는 사람이 없는 것이고, 흰 삿갓을 쓴 것은 면류관을 쓸 징조입니다. 또한 12현의 가야금을 지닌 것은 12손(孫, 내물왕의 12세손)이 왕위를 전해 받을 징조이고, 천관사 우물에 들어간 것은 궁궐로 들어갈 좋은 징조입니다." 김경신은 "일순위 김주원이 있는데 내가 어떻게 왕위에 오른단 말인가?"라고 물었고 여삼은 "북천신(北天神)에게 몰래 제사를 지내십시오."라고 알려주었다.

얼마 후 선덕왕이 죽자 나라 사람들은 김주원을 왕으로 삼고 궁궐로

●괘릉 서울대 동서문화연구소 정수일 소장·연구원들과 중동국제교류단. ●●일제강점기 때 괘릉.

맞아들이려 했으나 그의 집이 북천 북쪽에 있어 갑자기 시냇물이 불어 건널 수가 없었다. 그래서 김경신이 먼저 들어가 즉위해버렸다.

이렇게 꿈 해몽으로 등극하지만 아마도 여삼은 지략가로 선덕왕이 죽자마자 속전속결로 등극하는 방법을 훈수하였을 것이다. 이미 쿠데타에 가담하여 선덕왕을 등극시켜보았기에 왕이 되는 방법을 알았다. 이럴 때는 아부꾼이 있어야 여론몰이를 할 수 있다. 어느 사람이 "인군(人君)이 대위(大位)에 오르는 것은 진실로 사람의 꾀로 되는 것이 아닙니다. 오늘 갑자기 비가 많이 쏟아지니 하늘이 혹시 주원을 왕으로 세우고자 하지 않는 것이 아닐까요? 지금 상대등 경신은 전왕의 아우로 평소에 덕망이 높고, 임금의 체모가 있습니다."라고 했을 것이 분명하다.

현대는 언론이 여론몰이의 가장 큰 역할을 하는데 지금 우리나라 일부 언론들은 정부를 감시하고 국민에게는 왜곡 없는 정론으로 언론의 사명을 다해야 함에도 불구하고 꼭 일부 기득권층이나 극 보수당의 대변지 같다. 위의 아부꾼은 그래도 점잖은 편이다. 80년대 국보위 위원장을 하던 전두환

소장을 '구국의 태양'이라고 찬양하던 경향신문 이진희 사장은 결국 문화공보부 장관 자리에 앉았지만 아부꾼 간신의 전형적인 모습을 보여주었다. 하기야 무능의 극치 박근혜 대통령을 "역대 가장 청렴한 대통령"이라면서 태극기 물결 앞에서 눈물 난다고 열변을 토하며 대권을 꿈꾸었던 한심하고 불쌍한 김문수 전 경기도지사도 있지 않은가. 그 외 뻔뻔한 간신들이 청와대와 국회에 얼마나 많았는지.

원성왕은 어떤 정치를 했는가

14년의 길지 않은 기간이었지만 특이할 만한 사항 두 가지가 눈에 띈다. 이른바 낙하산 인사와 당나라에 미인을 바친 것이다.

5년째 되는 해(789)에 자옥(子玉)을 양근현(陽根縣, 지금의 경기도 양평) 소수(小守)로 임명하니 집사성의 사(史) 모초(毛肖)는 "자옥은 서적을 읽어 관직에 등용되지 않았으니 지방행정의 직책을 맡을 수 없습니다."라며 반발한다. 시중은 "책을 읽어서 관직에 등용되지 않았다 하더라도 일찍이 당나라에 가서 학생이 되었으니 어찌 쓰지 못하겠습니까?"라고 했다. 왕도 이 말에 따랐다. 즉 학위 없고 실력 없어도 당나라 유학생이지 않느냐는 것이다. 예전에 일본 유학생, 오늘날 미국 유학생에게 혜택을 주는 것과 똑같다. 아마도 자신이 왕이 될 때 도와준 공신일 수도 있고, 공신의 자녀일 수도 있다. 예나 지금이나 측근과 도와준 사람 챙기는 낙하산 인사가 문제다.

김부식은 "오직 학문을 한 후에야 도를 들어서 알게 되고, 도를 들어 알고 난 후에야 일의 본말(本末)을 밝게 알게 되는 것이다. 그러므로 학문을 한 후에 벼슬하는 이는, 일을 하는 데 근본이 되는 것을 먼저 하게 되므로 말단은 저절로 바르게 되는 것이다. 그러나 학문을 하지 않은 사람은 이와 반대로 일의 선후와 본말의 차례가 있음을 모르고, 다만 자질구레하게 지엽적인 것에만 정신을 기울이거나 혹은 백성들의 재물을 거둠으로써 이익을 삼고, 혹은 너무 까다롭게 살핌으로써 서로 존중하니, 비록 나라를 이익되게 하고 백성들을 편안하게 하려 해도 도리어 이를 해치는 것이다.”라고 논평한다. 『서경(書經)』에도 “배우지 못하면 담을 대하듯 아무런 소견이 없으므로 일에 임하면 오직 답답할 뿐이다”라 했으니 집사성 모초의 한마디 말은 능히 만세의 모범이 될 수 있다 하겠다. 그러나 배우되 잘 배워야지 지금 나라를 망치는 사람들 중 못 배운 이가 있던가. 아니 시험 잘 친 우수한 성적인데 잘못 배워 개인의 영달과 치부하는 데 머리를 굴린 것이지.

8년(792)에 사신을 당나라에 보낼 때 미녀 김정란을 바친다. 나라에서 제일가는 미인으로, 몸에서 향기가 난다(遺使入唐 獻美女金井蘭 其女國色身香)고 했다. 향기 나는 미인은 어떤 미인일까? 김정란이란 이름은 또 얼마나 세련되었는가?

오늘날 가장 신라적인 분위기

10월의 마지막도 좋지만 나는 5월의 마지막도 좋다. 10월은 한해의 알찬 성숙을 기대했다가 언제나 미성수의 아쉬움에 한해를 마무리해야 하는 촉박감이 있지만, 5월은 계속 성숙할 수 있는 시간이 남아 있어 여유로운 계절이다.

꽃이 피고 지는 4월이 지나면 잎이 소리 없이 나온다. 5월은 그 잎들이 온 산천을 신록으로 물들이고 무엇보다도 풋풋한 풀 향기가 가슴을 벅차게 한다. 봄에 개나리꽃, 진달래꽃, 벚꽃, 앵두꽃, 배꽃, 사과꽃, 살구꽃 등등 온갖 꽃들이 다투어 필 때 침묵으로 기다리고 있던 산목련, 감나무, 해당화, 찔레, 인동초의 매혹적이고 성숙한 꽃들이 줄지어 피는 시기가 5월이다.

그리고 5월은 온갖 식물들까지 꽃의 향연을 펼치고 있지 않은가. 사계절이 뚜렷한 우리나라에서 어느 계절이고 아름답지 않은 계절이 없지만, 바람이 하늘거리고 풀 내음이 짙은 5월은 분명 계절의 여왕이다. 5월은 춥지도 않고 덥지도 않아 우리의 성숙을 쌓아가기에 참으로 좋은 계절이다. 글자 그대로 녹음방초성화시(綠陰芳草盛花時)로 온통 녹음뿐이다.

오늘날 가장 신라적인 분위기는 어디일까? 효공왕릉에서 사천왕사지,

황복사지 석탑에서 바라본 진평왕릉이 있는 보문 벌판.

선덕여왕릉, 황복사지, 진평왕릉 그리고 보문 벌판의 당간지주, 석조, 금당 터 등이 있는 이곳이 아닐까.

　　보문 벌판에 서서 사방을 둘러보면 동남산과 선도산, 토함산이 저만큼 에서 솟아 있고, 그 앞에 선덕여왕이 누워 있는 낭산, 북으로는 소금강산, 동으로는 형제산 그리고 효공왕릉을 감싸는 보갓산이 병풍처럼 둘러 있어 차 소음 하나 없는 가장 신라적인 분위기를 느낄 수 있다. 즉 보문 벌판을 가 운데에 두고 이 산들이 병풍처럼 감싸고 있는, 지극히 풋풋한 낭만이 흐르 는 곳이다. 이 코스는 순환이라 어디에서 출발해도 상관없다. 그리고 왼쪽, 오른쪽 어디로 돌아도 괜찮다.

슬픈　효공왕릉을　곁에　두고

집을 막 나서려는데 수많은 새들의 지저귐 속에 앞산에 뻐꾸기가 맑게 울어 순간 발길을 멈추었다. 뻐꾸기는 왜 혼자서 울까? 앞산에서 곱게 울던 뻐꾸 기가 울음을 멈추자 뒷산의 뻐꾸기가 운다. 그렇게 울음을 서로 주고받느라 새들의 거대한 오케스트라가 된 대지의 향연을 들으면서 나의 발걸음은 슬 픈 효공왕과 매혹적인 선덕여왕을 찾아 나섰다.

　　밤에 집에서 나설 때는 왼쪽으로 하여 벌판을 끼고 돌지만 대낮에는 숲이 있는 오른쪽으로 발길이 간다. 지척에 효공왕릉이 빙그레 반긴다. 벌써 풀(잔디)이 웃자라 발목을 잠기게 한다. 이름 있는 왕릉이나 입장료를 받는 유명 관광지는 풀이 이 정도로 자라기 전에 잘라준다. 여기처럼 별 볼일 없 는 왕릉들은 순서가 뒤로 밀려 이와 같이 되는 것이다. 원래 인간은 평등하 다. 그러나 아무리 평등을 부르짖어도 인간은 절대 평등할 수가 없다. 단 하 나, 죽음만큼은 평등하다. 천하를 주름잡고 호령했던 영웅호걸, 제왕이거나 걸인, 흉악범이라도 누구나 죽게 되어 있다. 그러나 죽어서 대우받는 것은 하늘과 땅 차이다. 효공왕은 살아서나 죽어서나 슬픈 왕이다. 아버지 헌강왕이 죽었을 때는 서자에다 아직 돌도 되지 않아 삼촌(정강왕)이 즉위했으나 채 1년도 못하고, 고모(진성여왕)가 신라의 마지막 여왕으로 등극한다.

진성여왕 즉위 2년(888)의 기록은 "평소부터 삼촌인 각간 위홍과 간통해오다 대궐에 들어와서는 권세를 마음대로 부렸다. 위홍이 죽자 젊은 미남자 두세 명을 몰래 끌어들여 음탕하고 난잡하게 굴고는 그들에게 중요한 관직을 주어 나라의 정사를 맡겼다. 이로 말미암아 아첨하여 사랑받는 자들이 뜻을 펴게 되어, 뇌물은 공공연하게 행해지고 상벌은 공평하지 못해 기강이 허물어졌다."라고 나온다. 그리고 3년(889)에는 주, 군에서 세금을 바치지 않아 창고가 텅 비어 나라 재정이 궁핍하여 사자를 보내 독촉했지만 오히려 도적들이 벌 떼처럼 일어났다고 한다.

8년에는 당나라에서 이름을 떨치고 헌강왕 때 귀국한 최치원이 시급히 해야 할 시무 10조를 올리자 그것을 받아들이고 최치원을 아찬으로 임명하여 기울어가는 신라를 세워보려 하지만 중과부적이었다. 그리고 다음 해에 이 효공왕을 태자로 삼는데, 효공왕은 한 풍류 하는 헌강왕이 사냥하다가 길가에서 아름다운 여인을 보고 사랑하는 마음이 생겨 뒷수레에 태워 행재소에서 정을 통해 낳은 아이다.

자랄수록 체모가 뛰어나 진성여왕이 대궐로 불러들여 "나의 형제자매는 뼈대가 남들과 다른데 이 아이의 등에는 두 개의 뼈가 불룩하게 솟아 있으니 진실로 헌강왕의 아들이다."라고 했다. 이와 같이 진성여왕도 후계자로 정해놓았지만 도적들이 서울 인근 건천의 모량까지 와서 민가의 재물을 빼앗자 한계에 달한 진성여왕이 "백성들이 곤궁하여 도둑이 벌 떼처럼 일어났는데, 이것은 내가 덕이 없는 까닭이다. 자리를 비켜 어진 이에게 왕위를 물려주기로 했다."라고 한다. 이렇게 하여 친정조카 요(효공)가 왕위를 물려받는다.

역사는 기록한 것으로 기억되는 데다 승자의 기록이라 행간을 잘 읽어
야 한다. 삼촌과의 간통으로 부정적인 이미지가 있지만, 윤리는 시대마다 변
하는 것이다. 고대사회는 다 근친혼이다. 물론 아첨하는 자가 잘되고 뇌물이
공공연하고 상벌이 공평치 못해 국가 기강이 허물어진 것은 비판받아 마땅
하다. 그래도 진성여왕은 신라 56명의 왕 중에서 살아서 왕위를 물려준 유일
한 왕이다.

나라가 어수선한 상황에 왕위를 물려받은 열두 살(『삼국사기』에는 열다섯
살)의 어린 효공왕은 집안 좋은 외가의 보호막도 없는 슬픈 운명으로 출발
했다. 16년간 왕위에 있으면서 자신의 의지와 뜻대로 된 것이 하나도 없었다.

즉위 다음 해(898)에 지금의 경기도 서해와 서울 근교 30여 성을 빼앗은 궁예가 송악군(松岳郡)에 도읍을 정하는 황당한 일이 벌어진다. 계속해서 견훤과 궁예가 서로 싸우고, 신라는 땅을 빼앗기는 기록만 나온다. 9년(905)에는 궁예가 여러 고을을 빼앗고 죽령에 이르자 효공왕은 걱정하긴 했으나 힘으로 막을 수 없었으므로 여러 성주들에게 영을 내려 "결코 나가서 싸우지 말고 성벽을 굳건히 하여 지키라."라고 할 수밖에 없었다. 계속해서 신라의 신하들인 견훤과 궁예가 신라 땅을 가지고 서로 영역을 확보하며 땅따먹기를 하고 있었다. 효공왕은 나라가 점점 기울어 이러지도 저러지도 못하는 형국에서 여인을 탐한다. 시절이 좋으면 사랑은 로맨스가 되지만 시절이 하수상

제3장 통일의 기운은 싹트고

효공왕릉에서 수오재를 자주 찾는 이영훈(국립중앙박물관장)·김연수(국립고궁박물관장) 부부와 딸.

하면 사랑은 독침과 같다. 15년(911)에 왕이 천한 신분의 첩에게 빠져서 정사를 돌보지 않으니 대신 은영(殷影)이 간해도 듣지 않으므로 은영은 그 첩을 잡아 죽여버린다. 아무리 그래도 왕의 첩을 죽인다는 것은 갈 때까지 가보자는 선전포고다. 그리고 다음 해 왕은 죽는다. 나라가 기울어가는데도 권력 다툼은 치열하다. 장인 예겸은 의성왕후(이복누나)의 시아버지이고, 매형 박경휘(53대 신덕왕)의 아버지다. 자신의 애첩을 죽인 은영은 예겸의 조카이고 자신의 사촌처남이다. 효공왕의 죽음으로 김씨의 왕이 끝나고 박씨(53대 신덕왕, 54대 경명왕, 55대 경애왕)가 마지막 신라를 이어가다 경애왕이 포석정에서 견훤에게 치욕의 죽음을 당하고 패전 처리용 경순왕(김부)이 고려 왕건에게 나라를 이양하면서 천년 사직의 신라는 막을 내린다.

이처럼 52대가 말해주듯 운명을 다한 신라 말 혼란기에 왕이라는 존재감이 얼마나 참담했을까. 후백제 견훤 그리고 궁예에게 이리저리 땅을 빼앗기고, 오늘날 경상도 일대의 땅만 겨우 유지하는 초라한 왕이었다. 화려한

왕의 길을 걷는 즐거움

아버지 헌강왕과 풍운의 여걸 진성여왕을 고모로 둔 나약한 효공왕은 운명의 굴레를 짊어지고, 지금처럼 산천을 물들인 신록의 봄에 쓸쓸히 죽어갔을 것이다. 그리고 1천 년의 세월을 넘어 당신의 쓸쓸한 여운이 주는 잔잔한 울림에 유혹당한 어느 나그네가 지척에다 어리석은 나를 지킨다는 수오재 둥지를 만들어 살면서 이렇게 당신을 생각하면서 지내고 있소이다.

인적 없는 선덕여왕릉

효공왕릉을 빠져나와 농로를 걸었다. 논에는 어린 모가 물에 잠겨 출렁이고 하얀 백로가 혼자서 외롭게 훠이훠이 날아가고 있었다. 혼자라서 더 아름다운 저 새는 어떤 근원적인 고독을 안고 있을까? 사람도 고독해야 성숙해져 무언가를 이룰 수 있는데, 우리 시대는 고독할 틈이 없다. 군중 속의 빈곤은 또 하나의 소외된 고독을 잉태한다. 저만큼 동남산이 꿈틀거리며 누워 있고 선덕여왕이 잠들어 있는 낭산(狼山)은 이리가 엎드려 있는 모양 같다고 붙인 이름에 걸맞다.

농로를 얼마 걷지 않아 만나는 사천왕사지는 지금까지 3차 발굴을 끝내고 현장을 흙으로 다시 덮어놓았다. 목 잘린 거북이는 아는지 모르는지 그대로 앉아 있다. 가을 같으면 월명스님의 '제망매가'라도 중얼거리겠는데, 계절도 아니니 그저 서성이다 돌아나왔다.

'선덕여왕'이 MBC 드라마로 한창 인기일 때 하도 사람들이 많이 오니까 경주시에서 사천왕사지 옆에다가 임시 주차장을 만들었다. 주말이면 차들로 빼곡했고 커피와 오뎅 등의 간단한 음료를 파는 곳도 있었는데 지금은 차 한 대, 사람 하나 없다. 낭산을 천천히 올랐다. 옛 흙길이 좋았고 험난한 산길도 아닌데 드라마 때문에 데크를 설치하여 세금만 축냈다.

이 낭산은 신라 18대 실성왕 12년(413) 8월 가을에 구름이 낭산에서 일어나 바라보니 흡사 누각과 같았고 향기가 강하게 풍겨 오랫동안 사라지지 않아 왕은 "이는 반드시 신선이 내려와 노니는 것이니, 이곳은 복지일 것이다."라 했다고 전한다. 이후로 사람들이 나무를 베는 것을 금했다. 이처럼 낭산은 신유림(神遊林)이라 하여 신라 때부터 매우 중시했다.

이리저리 서 있는 소나무가 선덕여왕을 감싸듯이 호위하고 있었다. 나그네가 된 심정으로 천천히 올랐다. 중간쯤 올라 오른쪽에 늘 눈여겨보았던 제법 큰 신라고분 2기에 갔다. 고분 위에는 소나무들이 도깨비 뿔 모양으로 자라 있고 풀이 무성하다. 신라 석축과 석물들이 보여 선덕여왕과 관련해 온갖 상상이 떠올랐다. 선덕여왕을 지켜주던 근위병들인가? 정염을 불태

우던 애인들인가? 선덕여왕을 사모한 신하였나, 지귀였나? 여기는 정비하여 길만 내도 선덕여왕릉으로 오르는 길이 더욱 풍성하다고 생각해오던 차에 마침 기회가 왔다. 최양식 경주시장, 김남일 부시장, 국장 간부들과 시청 출입 기자단 약 35명이 신문왕릉에서 지금 가고 있는 이 길로 하여 진평왕릉까지 나의 특강 안내를 받은 적이 있다. 그때 이 현장을 보여주고 위에 말한 대로 설명하니 즉석에서 그렇게 하기로 결정이 났다. 또 하나의 방치된 문화가 생기를 얻어 고맙고 행복하다. 이 낭산은 높은 산은 아니라 땀은 나지 않았지만 더위를 느껴 겉옷을 벗었다. 옷을 벗기는 것은 햇볕이라 사랑하기에는 겨울보다 여름이 좋다. 속 깊은 사랑은 벗어야 하듯이 우리 모두 욕망의 옷, 가식의 옷, 권위의 옷을 벗고 사랑할 수는 없을까?

이제야 사람 하나 없던 원래의 선덕여왕릉으로 되돌아왔다. 드라마가 한창 인기일 때 여기는 사람으로 꽉 찼다. 그러나 사진 한 장 찍고 아무 생각 없이 곧바로 내려가 버리는 경박한 문화 수준이 안타까웠다. 너와 나를 탓할 것이 아니라 우리 교육이 그렇게 만들었다. 그 많던 사람들은 다 어디 갔을까. 6개월의 시효가 끝났기 때문이다. 우리나라 사람들은 신명 나면 확 해버리는 열정적인 사람들이다. 그러나 이 냄비 근성은 언제 그랬냐는 듯 순식간에 식어버리기 일쑤다. 인기 드라마나 영화가 아무리 시청률 40퍼센트대니 관객 1천만 명이니 해도 6개월을 못 넘긴다. 이제 드라마 영향으로 이곳을 찾는 사람은 없다.

그래서 나는 좋다. 전처럼 설레는 마음을 안고 혼자 와서 침묵의 울림을 얻는 행복을 누릴 수 있다. 그런데 나는 이 인기 있었던 드라마 〈선덕여왕〉을 한 번도 보지 않았다. 지금이야 TV는 거의 보지 않고 드라마와 사극은 아예 보지 않지만 전에는 사극을 즐겨보았다. 삼국의 각축을 그리는 사극으로 5천의 결사대를 데리고 신라 김유신의 5만과 황산벌에서 싸우는 계백장군이 내 나름대로 각인되어 있는데, 탤런트 서인석이 계백 역을 맡아서 그 뒤부터 내

가 그렸던 계백은 사라지고 '계백=서인석'만 떠올랐다. 결정적으로는 왕건 드라마에 후삼국의 각축을 벌이다 고려로 통일한 왕건상이 있는데 '왕건=탤런트 최수종'으로 연상되어 그 후부터는 보지 않는다. 그래서 〈선덕여왕〉이 아무리 인기가 있어도 보고 싶은 마음이 없었고, 그보다도 역사적인 사실만 보더라도 드라마보다 더 드라마틱하기에 보고 싶은 마음이 들지 않는다.

내가 선덕여왕(632~647)을 애인같이 좋아했던 것은 여왕이고 권력을 가졌기 때문이 아니다. 잘났으면서도 자신을 사모했던 초라한 신분의 지귀에게도 아낌없이 자신이 끼고 있던 반지를 벗어줄 수 있는 인간적 매력을 지녔기 때문이다. 그리고 자신을 여자라고 무시하는 당나라의 노골적인 내정 간섭에 약소국의 서러움을 극복하면서 당대의 명신, 명장들인 김춘추, 김유신의 지혜와 역량을 최대로 끌어올려 아버지 진평에 이어 통일의 기반을 구축했기 때문이다. 아울러 영묘사, 감실부처, 첨성대, 분황사, 황룡사 목탑 등을 세워 신

라 문화의 위상과 격을 올렸다. 그렇다면 이러한 선덕여왕을 역사에서 어떻게 그려놓았는가.

매혹적인 선덕여왕

"덕만(선덕여왕)은 성품이 너그럽고 어질고 총명하며 민첩했으므로 왕(진평왕)이 세상을 떠나고 아들이 없자 나라 사람들이 덕만을 왕으로 세우고……." 이와 같이 진평왕이 아들 없이 죽자 선덕여왕이 왕이 되었다는 것인데 너그럽고 어질며 총명했다고 한다. 즉 왕의 자질이 있었다는 것이다. 이렇게 하여 선덕여왕은 우리나라 최초의 여왕이 되었다. 취임 첫해부터 자신은 외치에 주력하고 내치는 을제(乙祭)에게 맡기는 이원집정제를 시행한다. 그리고 당시 세계 최강의 당나라에 자존심 구기는 모욕을 당해도 나라를 위해 실리를 챙기는 지혜로운 여왕이었다.

당나라가 왕의 책봉을 해주지 않자 매년 사신을 보내 황제의 마음을 움직여 4년 만에 받는다. 그러면서도 나라 안의 늙은 홀아비, 홀어미와 부모 없는 어린이, 자식 없는 늙은이라 혼자서 살 수 없는 사람들을 위문하고 구제했다. 나라의 인재들을 키우기 위해 당 태종(627~649)에게 태학(최고학부) 입학을 부탁한다. 삼국의 각축은 지금의 대한민국보다 더 심각했다. 그리고 주변국들과의 실리 외교는 김춘추가, 외적의 침입은 김유신이 맡아 두 사람이 환상의 콤비가 되어 바람 앞의 등불 같은 신라를 대들보처럼 떠받들고 지켜나갔다.

재위 12년(643)에 사신을 보내 고구려와 백제가 침입하여 수십 개의 성이 습격당했고 나라가 위태로우니 도와달라고 애걸한다. 황제는 애처롭게 여긴다면서 그대 나라(신라)는 어떤 대안이 있는지 물었는데, 사신은 계책이 없고 오직 대국(당나라)에 의지한다고 한다. 이에 황제는 당나라, 거란, 말갈의 연합군으로 싸울 의사 없이 요동(遼東)으로 이동하여 압박하는 계책과 수천의 붉은 옷과 수천의 붉은 깃발을 줄 테니 고구려, 백제 군사가 오면 당나라 깃발을 세워만 두어도 달아난다는 두 번째 계책을 말한다. 그리고 세 번째 계책은 내정 간섭을 넘어 속국 취급하면서 직접 통치를 하겠다는 것이었다. 즉 백제는 바다의 험난함을 믿고 병기를 수선하지 않고 남녀가 뒤섞여 서로 놀이만 하니 바다로 침입하려는데 너희 나라는 부인(婦人)을 임금으로 삼아 이웃나라에 업신여김을 당하고 편안할 리 없으니 우리 종친을 보내 임금으로 삼고 군사를 보내 보호해주겠단다. 그러고는 어느 계책을 따르겠냐고 다 그치니 멍청한 사신이 "네, 네."라고만 반복하고 대답이 없자 황제는 사신이 용렬해서 군사를 청하고 급함을 알릴 만한 인물이 아닌 것을 탄식한다.

고려의 김부식(1075~1151)도 신라는 여자를 세워서 왕위를 잇게 했으니 나라가 망하지 않은 것이 다행이라 했다. 이런 와중에 고구려와 백제군이 끊임없이 침입하여 신라를 위협했다. 김유신이 자기 집 앞을 지나면서도 들어가지 못하고 곧바로 다음 전쟁터로 나가야 할 정도로 국경은 항상 전쟁이었다. 이런 위기 중에도 첨성대를 쌓고, 영묘사와 분황사, 황룡사 목탑을 완성하는 저력을 발휘한다. 전쟁 중이라도 사랑이 꽃피듯이 문화와 예술도 아무리 가난하고 힘들어도 생활화되어야 된다. 특히 황룡사 목탑은 1층에서 9층(일본, 중화, 오월, 탁라, 응유, 말갈, 거란, 여적, 예맥)까지 신라를 위협하는 주변국들을 억누르고자 하는 염원의 목탑(약 20층 높이)인데 몽고의 3차 침입(1238) 때 완전히 불타고 오늘날까지 다시 복원하지 못하고 있다.

선덕여왕은 당 태종이 붉은색, 자주색, 흰색의 모란꽃 그림과 꽃씨를 보내왔을 때 꽃은 매우 아름답지만 향기가 없을 것이라면서 절세의 미인은 남자가 따르고, 꽃에 향기가 있으면 벌과 나비가 따르는 법이라 했다. 두 번째는 겨울 영묘사 옥문지(玉門池)에서 성난 개구리가 사나흘 동안 울어 알천과 필탄에게 군사 2천을 주어 빨리 서쪽 여근곡(女根谷)에 가서 적병을 죽이라 했다. 이로써 백제장군 우소의 5백 명 군사와 후원병 1천2백여 명을 몰살시킨다.

선덕여왕 살아생전에 신하들이 이 두 가지를 어찌 알았는지 궁금하여 물었다. 그러자 여왕은 "꽃 그림에 나비가 없어 향기가 없는 것을 알았다. 이는 당나라 황제가 배필이 없는 나를 놀린 것이다. 개구리의 성난 모습은 군사의 형상이고, 옥문(玉門)이란 여인의 음부로 여인은 음이며 그 색깔은 흰데, 흰색은 서쪽을 나타내기에 군사가 서쪽에 있음을 알았다. 남근(男根)은 여근(女根)에 들어가면 반드시 죽게 된다. 그래서 쉽게 잡을 수 있음을 안 것이다." 라고 답했다. 여왕의 명쾌하고 성스러운 지혜에 신하들은 감탄했다. 세 가지 꽃을 보낸 것도 세 여왕(선덕, 진덕, 진성)의 탄생을 당 태종의 선견지명으로 해석한다. 이 두 가지는 『삼국사기』와 『삼국유사』에서 비슷하게 언급하지만 『삼국유사』에서는 하나를 더 추가하여 선덕여왕이 미리 안 세 가지 일(善德女王 知幾三事)을 상세하게 기록해놓았다.

선덕여왕이 병이 없을 때 신하들에게 "내가 어느 해 어느 달 어느 날에 죽을 것이니 나를 도리천에 장사 지내라." 라고 말하자 어리둥절한 신하들이 "그곳이 어디입니까?"라고 묻자 여왕이 "낭산의 남쪽이다."라고 답했다. 실제로 여왕은 그 달, 그날에 죽어 여기 낭산 남쪽에다 장사 지냈다. 그 후 10년이 지난 뒤 문무왕이 왕의 무덤 아래에 사천왕사를 지었다는 『삼국유사』의 기록은 오차가 있다. 사천왕사는 671년에 시작하여 679년에 완성했으니 10년 뒤가 아니라 24년에서 33년 뒤 즉 30여 년이 된다. 도리천도 사천왕(지국천, 광목천, 증장천, 다문천) 위에 있으니 선덕여왕이 누워 있는 이곳이 도리천이 된다.

사람이라면 피할 수 없는 것이 죽음이다. 권력자라고, 돈이 많다고, 아름답고 착하다고 죽음이 피해가는 법은 없고 누구든 언젠가는 죽는다. 11월에 이찬 비담을 상대등으로 삼았는데 불과 2개월 만에 비담이 "여왕이 나라를 잘 다스리지 못한다."라는 명분을 걸고 반란을 일으킨다. 수세에 몰린 선덕여왕은 스트레스로 반란 중인 정월 8일에 죽는다. 죽은 지 9일(17일) 만에 김유신의 연을 이용한 계책으로 난은 진압되었다. 당신이 말한 도리천 정상에서 당신이 누워 있는 모습을 내려다보면서 나는 글을 쓰고 있소이다.

진평왕릉 가는 길에 황실의 복을 빌고

선덕여왕릉 뒤의 이리저리 휘어진 솔밭 길을 지나자 인상 좋은 아주머니가 비탈진 밭을 깨끗하게 손질해놓아 보기가 좋아서 "아주머니, 농사를 참 잘 지으셨네요."라고 말을 건네자 "말도 마이소, 오토바이 기름 값도 안 나옵니

다. 하루에도 몇 번씩 오니까. 그래도 곡식 커가는 것 보니까 재미있습니다.” 라고 대꾸한다. 그렇다. 곡식은 농부의 발소리를 듣고 자란다고 했다. 농사는 손 가는 만큼 예뻐지므로 잘 가꾸어놓은 밭을 보면 눈물 날 정도로 살아 있는 아름다운 예술이라는 생각이 든다. 원래 농사는 혀가 빠진다 했다. 혀가 빠질 정도로 힘든 것이 농사다. 지금이야 거의 기계로 하고 취미 삼아 텃밭을 가꾸지만 예전의 농사는 농한기의 한가함도 있지만 농사철에 씨 뿌리고, 가꾸고, 수확하는 타이밍이 있기 때문에 일시에 몰리니 일에 치여 고단하고 힘이 드는 것이다. 그래서 우리는 한때 남자들은 손에 흙 안 묻히고 펜대 굴리고(화이트칼라), 여자들은 손에 구정물 안 묻히는 것(설거지 안 하는 것)을 선망했다. 갑자기 심호택 시인의 ‘똥지게’가 생각난다.

우리 어머니 나를 가르치며

잘못 가르친 것 한 가지
일꾼에게 궂은일 시켜놓고

봐라
공부 안 하면 어떻게 되나

저렇게 된다.
똥지게 진다.

이 시를 생각하면 가슴이 뭉클해진다.

조금 내려오자 왼쪽은 문무왕을 화장했다고 한 능지탑이 10여 미터 남짓한 거리에 있고, 그 방향으로 조금 더 가면 나를 언제나 눈물 짓게 하는 중생사가 쥐 죽은 듯이 숨죽이고 있다. 오른쪽 중강선 마을길로 접어들었다. 이 낭산 동쪽 기슭 아래에 남쪽부터 선녀가 내려왔다는, 이름도 예쁜 하강선 마을이 있고 중강선, 상강선의 마을이 이어지는데 전에는 가난의 때가 졸졸 흘렀을 것 같아 연민의 정이 느껴진다. 길옆의 들꽃 하나하나가 예술이고, 저만큼에서 자전거 타고 오는 농부는 성자 같다.

나는 어느 곳에 가거나 마을 여기저기를 기웃거리며 돌아다닌다. 집과 담 하나에도 정이 묻어나고 온갖 사연이 흘러 마음이 숙연해지고 겸손해지기 때문이다. 황복사지 석탑이 있는 상강선 마을에 이르자 농민들이 다 못한 모내기에 막바지 힘을 쏟고 있었다.

황복사지 3층 석탑이 국보에 걸맞게 힘차고 당당하게 서 있다. 이 황복사지에서 원효, 자장과 함께 3대 스타 스님인 의상 스님(625~702)이 고뇌의 풀(落髮)을 자른다. 이 탑 안에서 나온 많은 유물 중에서 단연 스타는 탑의 조성기를 알 수 있는 조탑명문(造塔銘文)이다. 즉 효소왕 원년(692)에 효소왕이

아버지 신문왕의 명복을 빌기 위해 세웠다는 효성이 어려 있는 석탑이다. 그리고 여래입상(국보 80호)과 여래좌상이다. 두 불상은 692년과 706년의 작품으로 보는데 당시 당나라의 불상과 많이 닮았지만 신라적인 면모가 보인다.

국립경주박물관에서 당대(唐代)의 명품전에 출품된 당나라의 여러 유물 중 불상을 보니 어찌 그리 비슷한지. 당나라의 금동관음보살입상은 호리호리한 허리를 틀고 에스라인 관능미를 풍기며 왼손에는 정병을 들고 오른손은 두려워하지 말라는 시무외인을 하고 있다. 머리 뒤 두광에는 화불이 새겨져 있다.

이에 비해 여기 석탑에서 나온 여래입상은 살은 좀 통통하여 풍만해 보이나 멋 부리기에는 부끄러워 어딘지 순박한 모습으로 단정히 서 있다. 앉아 있는 당나라의 금동불좌상은 하체에 비해 상체가 풍만하고 뒤의 광배는 멋을 잔뜩 부렸다. 오른손은 끝의 두 손가락을 오그리고 어깨 밖에서 젖혀 들었다. 여기의 좌불은 엷은 미소를 띠며 풍만한 모습에 손도 가슴 위에 점잔히 들고, 광배도 정직하게 곧이곧대로 표현해놓았다. 불상에서 알 수 있듯

241

제3장 통일의 기운은 싹트고

이, 당나라는 전 중국을 합쳐 가장 국제적이었다. 신라는 당과의 생존 전략 면에서 밀접한 관계를 유지하여 당의 문화를 받아들였지만 결국 나름의 독특한 문화를 형성했던 것이다.

남쪽에서 북쪽을 바라보는 모습도 괜찮지만 서쪽 언덕에 올라 아래를 내려다보는 부감법의 모습은 장관이다. 진평왕릉을 마주보면서 논 사이로 꼬불꼬불 이어진 농로를 걸으면 환상의 국보급 장면을 접할 수 있다. 지금같이 어린 모가 물속에서 어리광을 부릴 때, 여름 해가 서산에 기울고 무성하게 자란 검푸른 모가 바람에 일렁일 때, 가을이 성숙하게 익어갈 때, 황금의 누런 벼가 자신의 진가를 마음껏 발휘할 때 몸서리치게 아름답다.

석탑에서 동쪽 밭둑으로 몇 미터 가지 않아 깨어진 거북이 두 마리가 적당한 거리를 유지한 채 등에는 왕(王) 자를 업고 흙속에 박혀 있다. 밭 언덕에는 절터의 흔적이 뒹굴고 동쪽으로 얼마 안 가면 왕릉의 잔재로 추정하는 석재들이 논 가운데에 어지럽게 놓여 있다. 신문왕을 낭산 동쪽에 장사 지냈고(葬狼山東), 효소왕은 망덕사 동쪽에 장사 지냈다. 장우망덕사동(葬于望德寺東)은 『삼국사기』와 조탑(造塔) 명문의 기록과 정황으로 보아서는 여기가 신문왕릉이고 지금의 신문왕릉은 효소왕릉일 가능성이 높다고 추정해왔다. 그러나 2017년 2월 성림문화재연구원에서 발굴한 결과를 보면, 고분의 석물 조형 방식이 8세기 초로 추정되므로 효성왕(재

위 737~742)릉으로 만들다 화장하여 동해에 뿌리는 바람에 중단된 가릉(假
陵)이라 했다.

외척에 휘둘린 비운의 효성왕

아버지 성덕대왕이 첫째 성정왕비에서 중경, 수충의 두 아들을 두었으나 출
궁당하는 바람에 둘째 소덕왕비의 첫째아들 승경(효성왕)이 왕이 되었지만,
5년 동안 별 치적도 없고 실권을 쥔 외척 때문에 원하는 사랑도 못해보고
왕릉도 만들다 중단된 비운의 왕이다.

　　즉위 2년(738) 2월에 첫째 왕비 박씨를 당나라에서 책봉했는데, 다음
해(739) 3월에 이찬 김순원의 딸 혜명을 왕비로 삼았고, 그 다음 해(740) 3월
에 당에 사신을 보내 왕비로 책봉받았다. 8월에 후궁 박씨의 아버지 파진찬
영종이 반역을 도모하다가 처형당한다. 효성왕은 영종의 딸인 후궁 박씨를
매우 사랑했는데 질투를 느낀 혜명왕비가 처가 사람들 동원하여 후궁을 죽
여버리자 영종이 반역했던 것이다.

　　새로운 왕비 혜명은 어머니 소덕왕비의 여동생으로 효성왕은 이모와
결혼한 것이다. 장인이자 외할아버지인 김순원은 2대(성덕왕과 효성왕)에 걸쳐
왕비를 배출한 대단한 권력 지향의 실력자로 효성왕의 아버지 성덕왕 때도
첫 왕비 성정왕비를 출궁시키고 자신의 딸 소덕을 왕비로 앉혔듯이 효성왕
때도 이와 똑같이 했으니 왕은 허수아비에 불과했다. 왕비를 배출한 외척들
이라고 죄다 권력을 휘두르는 것은 아니고, 왕비가 폐위되거나 정쟁에 휘말
리면 오히려 죽음을 면치 못하거나 집안이 쑥대밭이 되는 경우도 있다. 역사
는 반복되는지 신라의 김순원과 고려의 이자겸(?~1126), 조선의 한명희는 예
종과 인종, 문종과 성종에게 자기 딸들을 왕비로 삼게 한 것이 어쩌면 그리

도 비슷한지 이자겸의 둘째딸(순덕왕비)은 예종에게, 셋째, 넷째 딸들은 인종의 왕비로 보낸다. 이자겸은 인종의 장인이자 외할아버지가 되고 두 왕비는 친이모인 것이다. 이 이자겸도 고려 왕실의 외척이 되어 막강한 권세와 부를 누렸고 외손자이면서 사위인 인조와 혈투를 벌이다 귀양 가서 죽었다. 원나라 혜종의 기황후(1315~1369)를 등에 업고 오빠인 기철(?~1356) 일파도 고려 조정을 쥐락펴락하고 온갖 횡포를 부리다가 공민왕에게 살해되어 개성의 저잣거리에 버려져 성난 백성들에게 단도질 당했다.

조선 중기의 한명희는 세조를 도와 쿠데타에 성공한 후 두 딸을 예종, 성종의 왕비로 앉혀 권력의 정점에 올랐지만, 연산군의 생모 폐비 윤씨 사건에 휘말려 죽어서도 부관참시를 당했다.

이처럼 외척은 왕권의 방폐막이가 되기도 하지만, 왕권을 무력화시켜 자신들이 권력을 직접 챙기려 한 경우가 많다. 왕이라고 이런 상황을 모를 리 없다. 이럴 때 정신적 안식처가 마음이 통하는 사람과의 사랑인데 효성왕 역시 사랑했던 박씨를 중국에서 왕비로 책봉받기까지 했지만 1년 만에 폐위

*효성왕의 능으로 추정된다. 앞에는 진평왕릉, 뒤에는 황복사지 석탑이 자리하고 있다.
**효성왕의 능으로 추정되는 가릉(假陵)의 기초 복원 모습.

시키고 김순원의 딸 혜명을 새 왕비로 받아들여야 했고, 이런 김순원의 강해진 권력을 견제하고자 파진찬 영종의 딸을 후비로 맞아들여 총애하니 질투를 느낀 혜명왕비가 죽여버리자 효성왕도 분노했을 것이고 왕도 영종을 앞세워 일종의 친위 쿠데타를 일으켰으나 오히려 순원파에 제거당하자 효성왕은 비실비실하다가 즉위 5년 만에 죽는다. 시대를 뛰어넘어 1800년, 정조가 죽고 열한 살의 어린 순종이 즉위하자 안동 김씨, 풍양 조씨의 극에 달한 외척의 시대에 순조도 어찌할 수 없어 아들 효명세자를 내세워 왕권을 세우려 했으나 실패하여 60여 년의 세도정치가 이어졌던 것이다. 지금처럼 국민이 깨어 있지 않거나 봉건왕조 시대였다면 이승만 왕조, 박정희 왕조, 전두환 왕조, 박근혜 왕조가 이어졌을 것이다. 생각만 해도 아찔하다.

여기도 선덕여왕릉 아래의 고분같이 논을 구입하여 발굴, 정비하여 진평왕릉으로 길을 연결하면 환상적인 '왕의 길'이 된다고 필자가 기행 안내 중에 최양식 경주시장과 김남일 부시장에게 제안하였는데, 경주시에서 그렇게 하겠다고 해 발굴하고 가릉으로 밝혀졌다.

진평왕릉을   서성이며

해를 등지고 보문 벌판 논둑길을 걸어 진평왕릉에 닿아 왕릉 주위를 천천히 돌았다. 참 많이도 왔다. 수많은 사연과 아련한 그리움이 내 가슴을 얼마나 울렸던가. 지금처럼 정비되지 않은 자연스런 분위기는 그윽한 매혹이었다. 이 시대는 돈 들여 정비하면 왜 원래보다 못할까? 무엇이 아름다운지를 모르는 조경업자와 공무원들의 무감각이 빚어낸 합작품이다. 그럼에도 불구하고 진평왕릉 앞에서 바라보는 풍경은 일품이다. 앞에는 보문 벌판이 꿈결처럼 일렁이고 좌청룡에 형제산과 토함산이, 우백호에 낭산과 남산이 고요히 꿈틀거리며 누워 있다.

　　대개의 왕들은 일반적인 사람들보다 수명이 짧다. 조선 27명 왕들의 평균수명은 고작 43.5세였다. 그중에 가장 오래 왕위에 머물렀던 영조(1725~1777)는 재임 기간만 53년이었다. 신라는 혜공왕 이후의 하대에는 죽고 죽이는 권력 다툼에 살해된 왕들이 많아 수명의 통계가 의미 없지만 재임 기간이 가장 긴 왕이 박혁거세왕으로 61년(BC57~AD4)이고 다음이 54년인 이 진평왕(579~632)이다.

　　예나 지금이나 군주나 왕, 대통령의 의무는 국방과 외교와 내치다. 국방과 외교는 서로 맞물려 있다. 주변의 약소국과 강대국들과의 관계를 어떻게 설정하느냐에 나라의 운명이 달렸다. 약소국 신라의 진평왕 때는 고구려와 백제의 끊임없는 침입으로 나라의 운명이 바람 앞의 등불이었다. 진평왕은 삼촌인 진지왕이 4년 만에 정치가 어지러워지고 음란하여 사람들이 왕을 폐위시켜 왕이 되었기에 대내외적으로 막중한 책무를 안고 출발했다. 즉 1회부터 9회, 아니 연장전까지라도 완투 아니면 최소한 5회까지는 버텨주어야 했다.

　　막강 고구려는 담력이 있고 말 타기와 활쏘기가 주특기인 평원왕(559~590)과 풍채가 남보다 뛰어났으며 세상을 구제하고 백성을 편안하게 하는 것을 임무로 생각한 영양왕(590~618)이 마운드를 지키고 있었다. 백제는 아버지 성왕이 고립되어 있는 자신을 구하러 오다가 관산성에서 신라 노비 노도에게 죽은 참담한 고통 뒤에 왕이 된 위덕왕(창왕)이 마운드에서 복수의 칼을 갈고 있었다. 그러나 혜왕, 법왕이 1년을 넘기지 못하고 한 타자만 상대하고 죽지만 선화공주와 로맨스 왕이 된 무왕이 백제 마운드를 잘 지키고 있었다.

　　이 진평왕이 등극할 때 중국은 위, 진, 남북조시대로 신라뿐 아니라 고구려, 백제 모두가 사신 외교하고 있었다. 중원의 국제 질서도 요동쳤다. 589년 진나라 수도를 함락한 수나라는 3백70년 간의 대혼란의 중원을 통일하여 천하를 호령하면서 고구려를 압박하고 있었다.

왕의 길을 걷는 즐거움

고구려는 돌궐, 거란, 중앙아시아의 사마르칸트, 유라시아 초원 외교, 포위 외교로 수나라와 맞서고 있었다. 즉 수나라의 고구려 공격에 맞서 초원 세력과 공동 대응하기 위한 외교 전쟁을 하면서 신라를 끊임없이 압박하고 있었다. 결국 수의 문제(514~604)는 598년 6월 30만 대군으로 고구려를 침공했으나 실패하고, 부하 장수를 시켜 아버지 문제를 죽인 아들 양제(569~618)는 612년 1백만이 넘는 대군에 후방 보급군 2백만여 명으로 고구려를 정벌했으나 유명한 을지문덕의 살수대첩으로 실패하고, 결국 수나라의 양현감(楊玄感)의 반란으로 전국이 반란의 물결에 휩싸인다. 3차까지 침입했으나 실패한 후 618년 수의 양제는 약을 먹고 자결하게 해달라는 부탁도 거절당하고 그가 사랑하고 아꼈던 우문술의 아들 우문화급에게 목 졸려 죽는다. 이제 중원의 새로운 주인은 당(唐, 618~907)이었다. 삼국은 또 새로운 파트너 당과의 일대 외교전을 펼친다.

진평왕은 나면서부터 큰 몸에 기이한 용모를 가졌고, 의지는 침착하고 강하며, 지혜가 밝아서 사리에 통달하였다는 기록대로 이런 긴박한 국제 정치를 지혜와 슬기로 극복해내고 군사를 직접 이끌고 전쟁에 참여하는 솔선수범을 보인다. 신하들도 전쟁터에서 한 송이 꽃처럼 몸 바쳐 순국하여 나라의 영광에 초석을 다진다. 한편 그는 아들이 없자 과감하게 딸(선덕여왕)에게 왕위를 잇게 해 신라의 반도 통일의 기틀을 만들어준다.

온몸으로 나라를 사랑한 신라인들

삼촌이 폐위되는 바람에 십 대에 갑자기 왕이 된 진평왕은 처음 몇 년은 자신의 앞가림이 절실했다. 정치는 외교도 중요하지만 백성(국민)들의 마음을 사로잡는 것도 중요하다. 그래서 처음 10년간은 체제 정비에 몰입한다. 정치를 모르고 아무리 어린 나이에 왕이 되었더라도 10년 정도 지나면 감을 잡게 되어 있다. 그 와중에 고승지명(智明), 담육, 원광법사(圓光法師)들은 당시 진나라로 불법을 구하러 간다(589). 신라는 진나라가 수나라에 함락당하자 수나라에 사신 외교로 토산물을 바쳐 관계를 형성해나간다. 대홍수에 큰불이 나고 적들은 침입하니 남산신성을 쌓고 명활산성, 서형산성은 고쳐 쌓는 등 온 나라가 전시 상황이었다. 삼국은 서로 죽고 죽이는 영토 확장의 땅 싸움을 멈추지 않는다. 아무리 적이지만 사람을 죽이는 것은 살생을 금하는 불교의 나라에서는 정신적 딜레마에 빠질 만한 일이다.

신라에서는 유학승 원광법사가 이를 기막히게 해결해준다. 원광법사는 진평왕 11년(589) 3월에 진나라에 불법을 구하러 가서 진평왕 22년(600)에 신라로 돌아온다. 학문과 덕행을 좇는 귀산(貴山)과 추항(箒項)은 유학승으로

존경받고 있던 원광법사의 문하로 들어가 "속세의 인사가 우매하여 아무것
도 아는 것이 없사오니 부디 한 말씀 내리셔서 평생의 훈계로 삼도록 해주십
시오."라고 했고 이에 원광은 "불교의 계율에는 보살계(菩薩戒)가 있어 그 조
항이 열 개가 있으나, 너희는 남의 신하와 자식된 몸이 되었으니 아마 감당하
지 못할 것이다."라고 하면서 속세의 계율 다섯 가지를 잘 지키라 한다.

1. 충성으로 임금을 섬긴다(事君以忠).
2. 효도로 어버이를 섬긴다(事親以孝).
3. 신의로 벗을 사귄다(交友以信).
4. 전쟁에 나가서 물러서지 않는다(臨戰無退).
5. 생물을 죽이되 가려서 죽인다(殺生有擇).

이 문장이 유명한 '화랑의 세속오계'다. 다른 것은 알아듣겠는데 '생물
을 죽이되 가려서 죽인다.'라는 항목은 이해되지 않는다는 귀산 등의 말에
원광은 "여섯 잿날(음력8, 14, 15, 23, 29, 30)과 봄, 여름에 생물을 죽이지 않는
것은 시기를 가림이고, 가축을 죽이지 않는 것은 말, 소, 닭, 개를 이름이며,
잔생물을 죽이지 않음은 곧 고기가 한 점도 되지 못하는 것을 이르고 이는
생물을 가림이다. 이것은 쓸 만큼 죽이고, 많이 죽여서는 안 될 것이다."라고
답하는데, 이것이 세속의 좋은 경계다. 1번을 제외하고는 오늘날 누구나 지
켜야 하는 덕목이다. 지금 시대에는 1번을 "대통령은 국민을 정성으로 섬긴
다."라고 바꾸면 '신세속오계'로 훌륭하겠다.

이런 가르침을 가슴에 품은 화랑들은 전쟁에서 물러서지 않고 용감히
싸우다 장렬히 죽는다. 『삼국사기』 열전에 등장하는 신라인 56명 중 21명이
순국한다. 전쟁에 나가서 물러서지 않는 '임전무퇴'의 정신이 결국 신라가 삼
국을 통일하는 원동력이 된다.

진평왕 24년(602) 8월에 백제군이 아막성(阿莫城, 전북 운봉)을 포위했다. 귀산과 추항도 참가하여 적을 물리치고 추격하다 힘이 달려 돌아오는 중에 동료 무은이 백제의 복병에 걸려 넘어지자 귀산이 "내가 일찍이 원광법사에게 들으니 '용사는 전쟁에 나가서 물러서지 않는다.'라고 했는데 어찌 감히 패전하여 달아나겠는가."라고 외치며 적군 수십 명을 죽이고 자기 말에다 아버지를 태워 보내고는 추항과 함께 창을 휘둘러 힘을 다하여 싸우니 모든 군사들이 이를 보고 기운을 내 싸웠다. 이로써 백제 군사의 시체가 들판에 가득하고, 말 한 필, 수레 한 채도 돌아간 것이 없었다. 그러나 귀산과 추항 등은 창칼에 온몸에 상처를 입고 돌아오는 도중에 죽었다. 진평왕은 많은 신하들과 아나들(阿那野)까지 마중 나가 그들의 시체를 보고 통곡하며 예를 갖추어 장사 지냈다. 그러고는 귀산에게는 내마를, 추항에게는 대사 벼슬을 추증하였다.

1년 뒤(603년 8월)에는 고구려가 북한산성을 침범하여 왕이 군사 1만을 거느리고 가서 그들을 막아낸다. 고구려의 계속되는 침입으로 608년에는 수나라에 도움을 청할 생각으로 수나라 유학승 원광에게 군사를 청하는 글을 지으라 했다.

원광은 "자기가 살기 위해 남을 멸망시키는 것은 불교도가 할 일이 아니오나 저는 대왕의 땅에 살면서 대왕의 물과 풀을 먹고 있사오니 감히 명령을 따르지 않겠습니까?"라며 글을 지어 올린다. 611년 사신을 수나라에 보내 글을 올려 군사를 청하고 수나라도 고구려에 선제 공격당하여 1차 원정은 실패한 뒤 2차를 준비하고 있던 중이라 수의 양제는 허락한다. 그러자 백제는 곧바로 신라의 가잠성을 1백 일(10월~1월)이나 포위하여 함락한다.

이처럼 삼국의 물고 물리는 각축이 이어지고 신라에는 순국자가 양산된다. 특히 가잠성의 현령 찬덕(讚德)은 상주, 하주, 신주의 구원병들이 이기지 못하고 물러나자 "3주의 군대 대장들이 적군의 강한 것을 보고 진격하지 않고 성이 위태함을 보고도 구원하지 않으니, 이는 의리가 없는 것이다. 의리 없이 사는 것보다는 의리 있게 죽는 것이 낫다."라고 하며 있는 힘을 다해 싸우면서 지켰고 양식과 물이 없자 송장을 먹고 오줌을 마시며 힘껏 싸웠다. 10월부터 3개월 넘게 고립되어 있던 병사들도 지쳐 성이 함락되자 찬덕은 하늘을 부르짖으며 "임금께서 나에게 한 성을 맡겼는데, 나는 이를 보전하지 못하고 패전했으니 죽어서 큰 악귀가 되어 백제 사람을 다 잡아먹고 이 성을 수복하게 해주소서."라고 울부짖는다. 그러고는 눈을 부릅뜨고 달려가서 홰나무에 부딪혀 죽었다.

　장렬하게 죽은 찬덕의 아들 해론(奚論)은 이런 아버지의 공으로 스무 살에 대내마가 되었고 618년 진평왕이 해론을 금산당주(金山幢主)로 임명하자 그는 한산주 도독 변품(邊品)과 함께

가잠성을 빼앗았다. 백제의 원군과 싸우던 해론은 "예전에 우리 아버지가 이곳에서 죽었는데, 나도 지금 또한 백제 사람들과 싸우게 되었으니 오늘은 내가 죽을 날이다."라고 외치고는 적진으로 돌진하여 몇 사람을 죽이고 전사했다.

　나라를 위한 아버지와 아들의 숭고한 희생에 소식을 들은 진평왕도 눈물을 흘렸으며, 그 가족에게 후한 상을 내렸다. 이때 사람들이 슬퍼하지 않는 이가 없어 장가(長歌)를 지어 그의 영령을 위로했다.

●수오재에서 출발해 진평왕릉 앞에 도착한 경주지청 정필제 지청장과 검사들. 시보로왔던 정선희, 권혁재는 검사, 판사가 되어 반갑게 수오재에 머물고 간다.

당과의 외교 전쟁과 사냥에 미친 진평왕

해론이 전사한 618년 고구려 3차 원정에 실패한 수나라는 당에게 천하를 물려주어야 했다. 이제 삼국은 당과의 외교전을 시작했다. 고구려는 영양왕(890~618)이 29년간 왕을 하다 죽고 이복동생 영류왕이 마운드에 서게 된다. 그러나 실질적인 권한은 연개소문이었고 영류왕은 허수아비 왕이었다. 수나라와의 3차 전쟁으로 기진맥진한 고구려는 신흥세력인 당나라와의 화친으로 국력을 결집시키고 안정을 취한 뒤에 당에 대항하고자 했으나 대당 화친은 고구려가 망할 수 있다는 연개소문을 죽이려다 먼저 죽는다. 그래도 당에 사신을 보내는 것은 영류왕 2년(619) 2월로 삼국 중 제일 먼저였다. 622년 당 고조는 수나라 말기에 고구려와의 전쟁 중에 많이 잡혀 있는 포로들을 돌려달라는 조서를 내린다. 고구려가 1만여 명의 중국인을 보내주니 고조는 기뻐한다. 그리고 624년에 상주국 요동군공 고구려왕으로 책봉해주고 도사(道士)를 보내 천존상(天尊像, 도교 최고의 신)과 도법(道法)을 갖고 가 『노자』를 강론하여 왕과 백성들이 듣는다. 이것이 도교의 전파인데, 고구려가 망한 것은 도교 때문이라고도 한다. 다음 해(625) 영류왕은 당나라에 사신을 보내 불교와 도교의 교법을 배우기를 청한다. 626년에는 신라와 백제가 사신을 보내 "고구려가 길을 막아 조공하지 못하게 하고, 또 자주 침략합니다."라고 하니 황제는 주자사(朱子奢)를 보내 화친을 권하였고 왕은 글을 올려 사죄하면서 두 나라와 화평해주기를 청했다.

그러나 당은 631년에 장손사(長孫師)를 보내 수나라 전사들의 해골을 묻은 데에서 제사 지내게 하고, 그때 세운 경관(景觀, 전공을 자랑하기 위해 적군의 시체를 높이 쌓은 봉분)을 헐어버렸다. 이때부터 당과 갈등이 생기기 시작한다. 그러면서 고구려는 자신들의 자주국방을 위하여 그해(631) 2월부터 동북쪽의 부여성에서 동남쪽 바다까지 즉 지금의 요동지방(용정, 연길, 도문, 훈

왕의 길을 걷는 즐거움

춘, 화룡)에 1천리 장성(長城)을 무려 16년 만에 완성한다. 이것을 중국은 동북공정의 일환으로 예전의 산해관까지의 만리장성을 고구려의 천리장성까지 포함하는 막무가내 힘을 자랑한다. 더 문제는 중국에게 항의도 못하고 대안도 없는 우리 정부다.

백제는 무왕 22년(621) 10월에 사신을 당나라에 보내 과하마(果下馬)를 바친다. 624년 정월에는 대신을 당나라에 보내 조공하니 당 고조는 정성을 가상히 여겨 사신을 보내 무왕을 '대방군왕 백제왕'으로 책봉한다. 7월에는 사신을 당나라에 보내 조공하면서 10월에 신라의 속함(速含, 경남 함양에 있는 지명), 앵잠, 기잠 등등의 여섯 성을 쳐서 빼앗았다. 이때 신라의 눌최가 종과 함께 장렬히 싸우다 죽는다. 그리고 625년, 626년 계속해서 당나라에 매년 사신을 보내다 627년 7월에는 신라의 두 성을 함락시키고 남녀 3백여 명을 사로잡았다. 이어서 무왕은 신라가 빼앗아간 땅을 회복하려고 군사를 크게 일으켜 웅진으로 나가 주둔했다. 진평왕은 이를 듣고 사신을 당나라에 보내 급한 일을 알리니 무왕은 이 말을 듣고 그만두었다. 8월에 왕의 조카 복신(福信)을 당나라에 보내 조공했다. 당 태종은 백제가 신라와 대대로 원수가 되어 서로 자주 침범한다고 무왕에게 칙서를 내린다.

"바다 모퉁이 멀리 있으면서 세찬 바람과 험한 물결이 가로막았는데도 충성심이 지극하여 직공(職貢)을 시켜 당나라를 찾으니 그 아름다운 생각을 높이 평가하여 매우 기쁘게 여겼소. …… 신라 왕(金眞平)은 나의 번신이요, 왕의 이웃나라인데 매양 군사를 보내어 정벌하기를 쉬지 아니하고 군사를 막아 싸운다는 소식을 들을 때마다 자못 나의 소망에 어긋났소. 나는 이미 왕의 조카 복신과 고구려, 신라 사신들을 대하여 서로 화친할 것을 자세히 타일러 모두 화목할 것을 원하였소. 왕은 반드시 전일의 원한을 잊고 나의 본뜻을 알아서 이웃의 정의를 더욱 두터이 하여 곧 싸움을 그쳐야 할 것이오."

무왕은 곧 사신을 보내 글을 받들어 사과하였는데, 겉으로는 비록 순종한다고 말했으나 속으로는 전일과 같이 서로 원수가 되었다. 이렇게 백제는 백제 식대로 냉엄한 국제 질서를 개척하고 있었다.

신라는 진평왕 43년(621) 7월에 사신을 당나라에 보내 토산물을 조공한다. 답례로 고조가 친히 위문하고 예물과 조서, 그림 병풍, 비단 3백 필을 내린다. 백제와 고구려, 신라의 관계는 물고 물리는 전쟁의 연속이었다. 그렇게 국가의 안위를 보위하던 진평왕도 어느덧 재위 50년(628)을 맞았다. 이 해에도 2월에 백제는 단잠성을 포위하여 물리쳤으나 여름에는 가뭄이 심하여 시장을 옮기고 용을 그려서 비를 빌었다. 가을과 겨울에는 굶주린 백성이 자녀를 파는 참담한 일이 벌어진다.

진평왕 51년(629), 예순 중반을 지나 왕의 기력도 기울고 있을 때 신라를 살리는 구국의 영웅 김유신(595~673)이 화려한 데뷔전을 치른다. 대장군 김용춘, 김서현(김유신의 아버지)과 부장군 김유신이 고구려 낭비성(娘臂城, 충북 청주)을 침범했으나 신라군은 사상자가 많았고 고구려군의 형세가 강하여 사기가 꺾여 다시 싸울 마음이 없어졌다. 이때 김유신이 아버지 앞에 나아가 투구를 벗고 말했다.

"우리 군사는 패전했습니다. 제가 평생 동안 충효를 마음속에 기약했사오니 싸움에 용감하지 않을 수 없습니다. 옷깃을 정돈해야 옷이 바로 되고, 벼리를 쳐들어야 그물이 퍼진다 했는데 제가 옷깃과 벼리가 되겠습니다."

그는 곧바로 말을 타고 칼을 뽑아들고 적진에 세 번이나 들어갔다 나왔는데 들어갈 때마다 장수의 목을 베어오거나 깃발을 빼앗아왔다. 머뭇거리던 신라 군사들도 기세를 몰아 일제히 공격하여 5천여 급(열전에는 1천여 명의 목을 베고 1천여 명을 사로잡았다 했다.)을 베어 죽이니 성안에서 대항하지 못하고 항복한다. 이렇게 솔선수범하며 위기를 반전시키는 김유신의 눈부신 활약과 화려한 등장은 신라 반도 통일의 기적을 이루는 바탕이 된다.

631년 5월에는 칠숙과 석품이 반란을 꾀하여 왕이 먼저 알고 목 베어 구족(九族, 고조의 4대손 되는 자신의 형제 항렬 모두)을 멸하였다. 호된 아픔을 당한 진평왕은 7월에는 당과의 밀착을 위해 아름다운 두 여인을 바치는 미인계를 쓴다. 약소국이지만 이 좋지 못한 일은 주한 미군기지의 창녀촌과 연결되고 우간다 대통령이 왔을 때 당시 인기 여자 탤런트를 호텔 숙소에 보내준 것과 비슷하다. 그래도 위징(魏徵)이라는 아름다운 신하가 여인을 받지 않는 것이 옳다고 건의하자 당 태종도 기뻐하면서 "저 입읍(立邑, 월남에 있던 나라)에서 바친 앵무새도 추위의 괴로움을 말하면서 그 나라에 돌아갈 것을 생각하는데, 하물며 두 여인이 멀리 친척을 이별함에야!"라고 말하고 사자를 시켜 돌려보내긴 했으나 그들은 아름답다는 이유로 지울 수 없는 마음의 상처를 받은 후였다. 그러고는 다음 해 2월에 진평왕은 54년이나 신라를 보듬은 끝에 상처와 영광의 시대를 마감하고 숨을 거둔다.

진평왕이 언제부터 사냥을 했는지 기록은 없지만 충신 후직을 유추해보면 대략 감을 잡을 수 있다. 김후직(金后稷)은 생몰연대를 알 수 없고 지증왕(500~514)의 증손자로 진평왕 2년(580)에 병부령으로 임명된다. 왕이야 상황에 따라 어린나이에도 할 수 있고 하급관리야 이삼십 대지만 고위관직은 아무리 신분제라도 최하 삼사십 대는 되어야 가능하다. 반면에 진평왕은 열세 살 어린나이에 등극하는데 십 대에 사냥에 미치지는 않았을 것이다. 십 대에는 조신하게 국정을 파악하고 이십 대는 되어야 정치의 맛과 왕의 역할을 수행할 수 있다. 아마도 진평왕은 이삼십 대쯤에 사냥에 미쳤을 것이다.

후직은 간(諫)한다. "전하께서는 날마다 미친 사내들과 사냥꾼을 데리고, 매나 개를 놓아 꿩과 토끼를 쫓아 산과 들을 뛰어다니시며 이를 그치시지 않습니다. 노자(老子)는 '말을 달려 사냥을 하면 사람의 마음을 미치게 한다.'라고 했고, 『서경』에도 '안으로 여색에 빠지거나 밖으로 사냥에 빠지거나 이중에서 한 가지라도 하면 망하지 않는 자가 없다.'라고 했습니다." 그러나 한참 빠지거나 몰입하면 그만두기가 어렵다. 대표적인 폭군으로 알려진 연산군도 변방에서는 백성들이 잡혀가고 죽는데 종묘에 제물을 바친다는 이유로 사냥에 몰두하자 홍귀달(1438~1504)이 사냥를 만류하는 상소를 올렸다가 좌천되어 갑자사화 때 참수형을 당했다. 오죽했으면 여자와 사냥을 좋아한 영국의 헨리 8세는 여섯 명의 왕비 중 두 명을 처형시켰으며 웨스트 민스트 사원 늪지대의 물을 빼고 사냥터로 만들어버렸을까.

사람은 무엇에 미쳤을 때 그만두기가 보통 어려운 것이 아니다. 가슴을 후벼 파는 깊은 반성의 느낌을 받거나 쇠망치로 머리를 맞은 정도의 충격을 겪는다면 모를까 쉬운 것이 아니다. 진평왕은 무엇으로 멈추었을까?

후직이 계속 충고해도 그는 사냥을 멈추지 않았다. 후직은 병들어 죽으면서도 세 아들을 불러놓고 나라가 망할까 염려되어 "내가 죽더라도 임금이 반드시 깨닫도록 내 뼈는 꼭 대왕이 다니는 길가에 묻으라."라고 유언하고 죽는다. 훗날 왕이 사냥을 나갔을 때 멀리서 "가지 마시오."하는 듯했다. 왕은 어디서 나는 소리냐 물었더니 시종은 "이찬 후지의 무덤입니다."라고 답했다. 그리고 후직이 죽을 때의 말을 아뢰니 대왕은 눈물을 줄줄 흘리면서 "그분은 죽어서도 충성을 다해서 나를 간해주니 나를 사랑함이 지극하구나. 내가 만약 끝까지 고치지 않는다면 무슨 면목으로 그분의 영령을 대하겠는가?"라고 말하면서 이후로 죽을 때까지 다시는 사냥을 하지 않았다. 그 신하에 그 왕이다.

설총과 꽃 중의 꽃

해는 서산으로 기울었지만 붉은 저녁노을은 더 기다려야 한다. 보문동 남촌마을 속으로 들어가 설총 묘를 보고 나오면 연화문 당간지주에서 붉게 넘어가는 노을을 볼 수 있겠다는 생각으로 마을을 걸었다. 길옆에 이 마을에서 태어나 국어 선생을 했던 남모 선생이 꽃밭을 정리하고 있었다. 인사만 하고 지나가려는데 한사코 들어오란다. 온갖 꽃들을 잘 가꾸어놓았다. 잠시 구경하다 아무래도 저녁노을 때문에 나왔다. 아, 이게 뭐야. 잠시 있었는데 해가 이미 산에 걸려 있었다. 그런데 저렇게 붉게 물들 수가! 선홍빛 잘 익은 홍시가 산을 꼴깍 넘어가고 있었다. 아무리 지는 해가 빠르다지만 이렇게 빠르다니, 정말 눈 깜빡할 사이였다. 설총 묘까지만 보고 보문 벌판의 당간지주들은 저녁노을에 맞추어 다시 와야겠다고 마음먹었다. 마을 속에 있는 설총 묘는 외형상 아름답지 않다. 모든 아름다움은 균형이다. 제법 큰 무덤인데 상석은 크고 바싹 무덤 앞에 놓아 답답하고 숨이 막힌다.

설총은 어떤 사람인가. 신라 불교 역사에서 대스타인 원효와 청상과부 요석공주의 성과 속을 뛰어넘는 운명적인 사랑으로 태어난 아들로 설(薛)씨의 시조가 된다. 설총은 천성이 총명하여 나면서부터 도리를 깨달아 알았고, 경전에 통달하여 후학을 가르쳐 학자로 존경받았다. 글도 잘 지었으나 세상에 전하는 것은 없다. 신문왕이 한여름 누각에서 설총을 보고 "오늘은

장마가 처음으로 개고 바람은 훈훈하고 날씨는 서늘하니, 비록 맛좋은 음식과 감동적인 음악이 있다 하더라도 고상한 이야기와 좋은 농담으로 울적한 마음을 푸는 것만 같지 못할 것 같소. 그대는 특별한 교훈을 알고 있을 텐데 어찌 나에게 말하지 않소?"라고 하니 설총은 이야기를 시작한다.

꽃 중의 꽃인 화왕(花王, 목련) 앞에 온갖 꽃들이 서로 뵈려고 다투다가 붉은 얼굴에 백옥 같은 가인(佳人)이 곱게 단장하고 깨끗한 옷을 입고 아장걸음으로 얌전히 와서 "저는 백설 같은 모래강변을 밟고, 거울처럼 맑은 바다를 대하며, 봄비에 목욕하여 때를 씻고, 맑은 바람을 쐬며 제 신대로 노니는데, 이름은 장미라 합니다. 임금님의 높으신 덕을 듣고 향기로운 침소에서 모실까 찾아왔습니다. 임금께서는 저를 거두어주시겠습니까?"라고 한다.

뒤이어 한 장부가 베옷에 가죽 띠를 매고 백발을 휘날리며 지팡이를 짚고 천천히 걸어 앞에 와서 허리 굽혀 아뢴다. "저는 서울 밖 한 길가에 살고 있습니다. 아래로는 넓고 푸른 들판을 보고, 위로는 드높은 산악을 대하고 있으며, 이름을 할미(白頭翁)라고 합니다. 가만히 생각하옵건대 예로부터 위정자는 좌우의 공급이 충분하여 고량진미로 배를 부르게 하고 차와 술로서 정신을 맑게 한다 하더라도 상자에 저장한 것 중에서 좋은 약으로는 원기를 도와주고 독한 돌 침으로 병독을 제거해야 합니다. 때문에 비록 명주실, 삼실로 만든 신이 있다 하더라도 솔새, 기름으로 새로 만든 신을 버리지 않았으므로 모든 군자가 부족에 대비되지 않는 것이 없었다고 합니다. 혹시 임금님께서도 이런 뜻이 있으십니까?"

화왕이 "장부의 말 또한 도리가 있지만, 가인은 얻기 어려우니 장차 어떻게 처리하겠는가?"라고 묻자 장부가 아뢴다. "저는 임금님께서 총명하셔서 도리를 아실 것이라 생각하고 왔는데 이제 뵈오니 그렇지 않습니다. 무릇 임금 된 분으로 간사하고 아첨한 자를 가까이하고 정직한 이를 멀리하지 않는 분이 드뭅니다. 때문에 맹자(孟子, BC371경~BC289경)는 때를 만나지 못하고 평생을 마쳤으며, 풍당(馮唐)도 낭관으로 파묻혀 늙었습니다. 예로부터 이와 같았으니 전들 어찌하겠습니까?" 화왕이 말한다. "내가 잘못했소. 내가 잘못했소."

설총이 꽃을 비유하여 이와 같이 말하자 신문왕은 수심의 기색으로 "그대의 우화는 실로 깊은 뜻이 있소. 부디 그 말을 글로 써서 임금된 자의 경계로 삼게 하오."라고 하니 이것이 유명한 설총의 '화왕계(花王戒)'다. 이를 계기로 설총은 높은 벼슬을 받는다. 설총의 아들 설판관이 신라 사신으로 일본에 갔을 때 일본의 진인(眞人, 도사의 으뜸 칭호)이 원효의 『금강삼매론』을 보고 저자(원효)를 보지 못한 것을 매우 한탄하다가 설판관이 원효의 손자란 말을 듣고 비록 그 할아버지는 보지 못했으나 손자 만난 것이나마 기뻐하여 시를 지어 보낸다.

고려 현종 13년(1022) 때 나라에서 설총을 홍유후(弘儒侯)로 추증했다. 이 설총 묘도 자손이 꿈을 꾸고 찾아내 비석을 세웠다(因夢子孫修築建碑). 또 이 마을 어느 선비가 설총이 이 무덤 안으로 들어가는 꿈을 꾸고 이를 듣고 설씨 문중에서 정했다고도 한다.

이 남촌마을은 내가 경주에 정착할 때 좌 설총, 우 진평으로 두고 정착 하려 했던 곳이다. 지금은 개발되어 온갖 펜션과 전원주택들이 많이 들어서 있어 여기에 왔다면 큰일날 뻔하였다. 그러나 전망 하나는 경주에서 최고다. 마을 뒤에는 신라 고분들이 많이 있고 명활산성이 있다.

보문 벌판에 석양만 남기고

가버린 석양을 바라보니 왠지 모를 아쉬움에 허전함이 밀려왔다. 꼭 떠나는 애인을 작별도 못하고 보낸 것 같아 가슴이 휑하다. 노을 타이밍을 생각하 고 늦은 오후에 집을 나섰는데 닭 쫓던 개의 심정이라 하루를 그냥 보냈다.

그 다음 날 다시 왔으나 해 기울 때는 보이더니 넘어갈 때는 요술같이 구름 속에 숨어버려 아예 보이지도 않았다.

그 다음 날에 또 왔다. 기울 때 구름 속에서 삼분의 일 정도 보이더니 오늘도 토라졌는지 보여주지도 않고 넘어가버렸다.

오기가 생긴다. 붉은 해를 보여줄 때까지 올 것이다. 우리 집은 근방이니 나에게는 쉬운 싸움이다. 사흘째 왔다. 오늘은 뭔가를 보여줄 모양이지만, 그렇게 선홍빛 잘 익은 해는 아니었다. 그래도 오늘은 B+는 될 듯하다. 보문 벌판의 연화문 당간지주 앞에서 싱그러운 바람을 맞으며 붉게 지는 해를 바라보았다. 이 당간지주는 우리나라에서 키는 제일 작아도 아름다움은 둘째가라면 서럽다. 아담하고 앙증스러워 보는 맛이 상큼하다. 꼭 무늬 넣은 절편(떡) 같다. 동쪽 것은 총 맞은 흔적인지 몇 군데 상처가 나 있지만, 한없이

안아주고 싶은 여인 같다. 원래 당간지주는 높아야 멀리서도 볼 수 있는 내비게이션 역할에 충실한 법인데 다운타운의 평지라서 굳이 알 사람은 다 아니까 높을 필요가 없었을 것이다. 당간지주 위로 스치며 넘어가는 붉은 해는 붉은 입맞춤으로 사라지니 대지를 어둠으로 적시고 있었다.

다시 논길을 걸었다. 벌판 한가운데에 놓여 있는 기다란 석조가 나그네를 반기고 있었다. 비스듬히 누운 모습이 쓸쓸한 미감을 던져준다. 이 석조는 불순물이 많이 섞인 화강암이라 시멘트 비슷한 색이다. 여기서 걸어 나와 근처의 보문사지 금당터에 갔다. 해는 넘어갔고 달은 어둠을 밀어내고 바람은 상큼했다. 개구리 소리, 트랙터의 논 가는 소리가 묘한 하모니를 이루며 어둠의 대지를 울리고 있었다. 사방이 병풍처럼 감싸고 있는 벌판 가운데 봉긋하게 솟아 있는 절터다. 주춧돌과 장대석을 툭툭 다듬어 마치 엿가락

261

제3장 통일의 기운은 싹트고

● 달빛 받은 보문사지 당간지주.

자르듯이 정겨운 손맛에 자연미가 물씬 풍긴다. 이렇게 좋은 곳에, 그것도 정중앙에 어느 고약한 사람이 묘를 써놓았다.

그럼에도 불구하고 어둠이 익어가는 분위기가 마냥 좋아 하염없이 앉아 있었다. 달은 점점 밝아오고 개구리 소리가 거센데도 나는 일어날 줄 모른다. 제 모습을 잃은 석등은 자존심 강하게 서 있고, 좌우의 목탑지는 몸은 잃어버려도 어렴풋이 솟아올라 자신의 존재를 알리고 있다. 이 터에서 보문(普門)이란 기와 명문이 나와 이 일대를 보문사지로 추정한다. 여기 보문 벌판의 유적지는 전부 논 가운데에 외딴 섬같이 고립되어 있다. 몇 년 전에 유적지 인근의 논을 사 넣어 지금같이 들어갈 수 있게 됐다.

천천히 일어나 논길을 걸어 당간지주 앞으로 갔다. 어둠은 짙었는데 달빛 받은 하얀 개망초 꽃들은 여인의 우윳빛 뽀얀 속살 같은 향기를 발산하고 있었다. 이효석의 소설 「메밀꽃 필 무렵」에서 달빛 받은 메밀꽃들을 표현한 "소금을 뿌려놓은 것 같다"는 문구가 연상된다. 달빛 받은 보문사지 당간지주는 늘씬하게 쑥 솟아 허공과 밀어를 속삭이고, 나는 달빛 나그네가 되어 이리저리 휘어진 논길을 걸었다. 집에 다다르자 한옥 고택들이 나를 말없이 반기고 '한결, 한솔(우리 집 개 이름)'이는 앞발 들고 어쩔 줄 몰라 하며 만세를 하고 있었다.

찬란한 신라의 꿈

아무리 힘들고 어렵더라도 희망의 꿈이 있다면 행복한 마음으로 살아갈 수 있다. 찬란한 문화의 꽃을 피웠던 신라는 우리 민족을 한 국가로 통일해 오늘에 이르게 한 위대한 일을 해냈다.

호족연합체의 고려는 몽고의 외침으로 부마국으로 전락하고, 홍건적의 침입으로 임금(공민왕)이 안동까지 피난하여 기우뚱거리다 조선으로 다시 건국되었다. 그러나 나라와 지배자만 바뀌었지 백성이 바뀐 것은 아니다. 조선 중기에 일본의 침입(임진왜란)으로 나라가 송두리째 흔들렸고, 다시 병자호란으로 굴욕을 당해야 했다. 말기에는 외세의 이권 개입에 놀아나고 급기야 일본에 36년 동안 합병되는 모진 수난을 당한다. 나라를 되찾겠다는 선조들의 피눈물 나는 노력으로 해방을 맞았으나 소련과 미국의 분할 통치로 분단된 채로 오늘에 이르고 있다.

신라는 덕의 정치를 실현해 마침내 통일을 이루었고 후손들에게 찬란한 유물을 남겨주었다. 이제 다시 이 시대 통일과 문화의 꽃을 피우고 아름답고 행복하게 살아가는 것만이 꿈이자 희망이다.

금관 품은 고분들의 침묵

일어나 하늘을 보니 잿빛 향기를 품어 걷기에 아주 좋은 날씨다. 태양이 작열하는 여름에는 이른 아침이나 해 질 녘 어스름한 오후가 좋다.

일주일 보따리를 풀어놔봐야 쓸 것 없다고 하더니 벌써 6월 하순이다. 올해도 1년 헐어놓은 것 중 반이 날아가 버렸으니 세월은 어찌 그리 쉬지도 않고 흐르는지.

서울은 30도가 넘는 폭염이고 충청도는 비가 아예 내리지 않아 심각한 가뭄 현상을 겪고 있다. 그러나 경주는 비가 적당히 왔고 기온도 선선하여 신선들이 살 만한 날씨다. 내가 20년 넘게 경주에 살아보니 적당한 기온에다 심각한 자연재해도 없어 그야말로 축복받은 땅이다.

이민족, 다민족, 여러 부족국가로 출발한 신라는 초기와 중기에는 고구려, 백제의 삼각 구도에서 늘 수세의 형국이었다. 더구나 왜까지 침입이 잦아 4국(고구려, 백제, 가야, 왜)의 틈바구니에서 먹고자 하는 사람의 입으로 들어가는 샌드위치 처지였다. 그러나 지금의 반월성(半月城)으로 궁성을 옮기고 새로운 다짐과 몸부림치는 결속으로 도약의 시대를 마련한다. 그 핵심에 반

왕의 길을 걷는 즐거움

소나무와 내물왕릉이 극적인 아름다움을 흘린다.

월성과 수많은 고분군, 찬란한 황금의 시대를 연 경주 김씨 탄생설화가 깃든 계림 숲과 내물왕 그리고 김씨 왕조의 첫 왕이 되는 미추왕릉과 천마총의 대릉원이 있다. 최초의 금관이 나온 금관총, 스웨덴 황태자와 인연이 있는 서봉총과 고구려 유물 호우총이 있는 노서동 고분과 황금 신발이 나온 식니총, 구슬이 나온 금령총에다 거대한 봉황대가 솟아 있는 노동동 고분들이 누워 있다. 여기에 있는 왕릉과 고분에서 찬란한 금관이 나오고 부장품의 양이 많았다.

　　석조 유물이 많은 그리스와 로마에 비해 드러나 있는 유물이 적은 신라는 여기 고분에서 나온 부장품이 신라의 섬세하고 아름다운 유물을 알 수 있는 계기가 되었다. 이 4~5세기가 지나면 불교의 도입으로 인식이 변하여 왕릉들도 외곽으로 나가고 부장품도 검소해진다.

안개 속에서 흐느끼는 반월성

반월성 동쪽 동궁(옛 안압지) 건너편에서 성 왼쪽으로 올랐다. 입구에는 〈선덕여왕〉 촬영지란 입간판과 주연배우 사진을 감동 없이 세워놓았다. 나의 발걸음은 신라의 궁성 중에 흔적이 오롯이 남아 있어 깊은 여운을 주는 동남쪽을 즐겨 찾는다. 그 성 위에 서면 신라의 영욕을 느낄 수 있고, 무심한 세월 속에 묵묵히 서 있는 나무들을 보면 처연함에 젖는다. 서 있는 나무들 하나하나가 예술이다. 이 반월성의 벚꽃들은 노란 유채꽃과 어우러져 전경 그 자체로 일품이고, 남천 물 위로 흐드러지게 피는 벚꽃도 대단하다. 그중에 내가 매년 즐기는 산벚나무가 있다. 나무 자체로는 훨씬 더 예술적 아름다움을 풍기는 나무들이 많지만, 꽃과 어우러진 그 산벚나무는 나에게 한없는 기쁨을 주었다. 이 토종 산벚나무는 때 묻지 않은 맑은 기운에 은은하

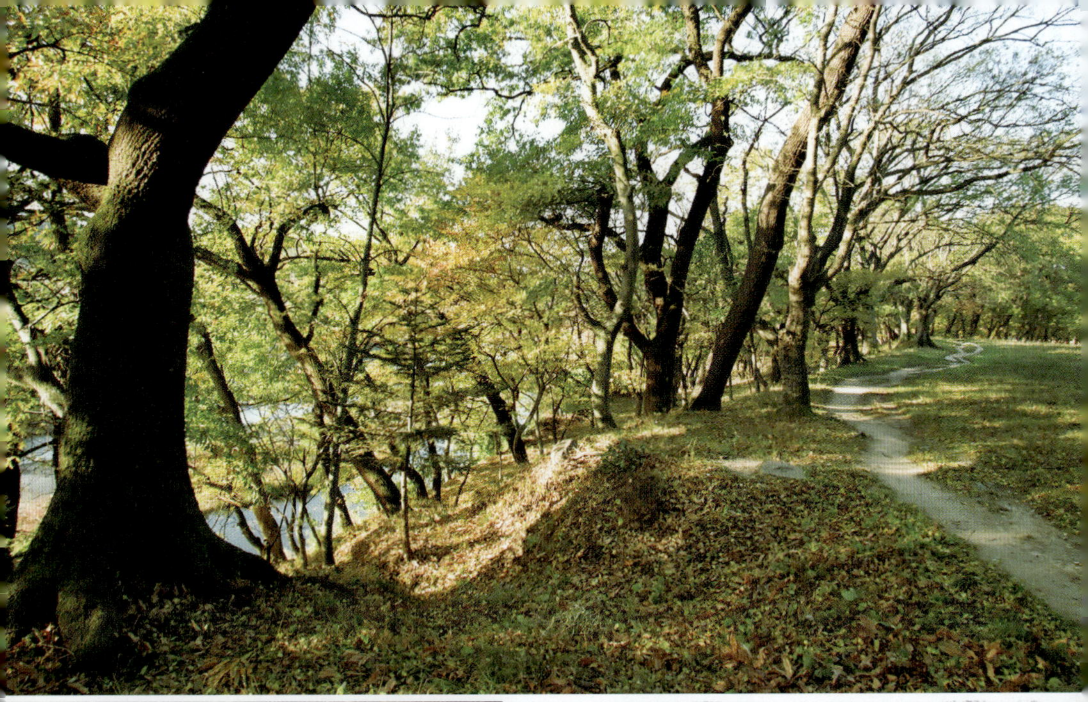

•반월성 아래는 천연 해자인 남천이 흐른다. ••반월성을 지나가는 신라왕비. •••봄이면 나의 가슴을 설레이게 했던 산벗나무는 왜 잘랐는지.

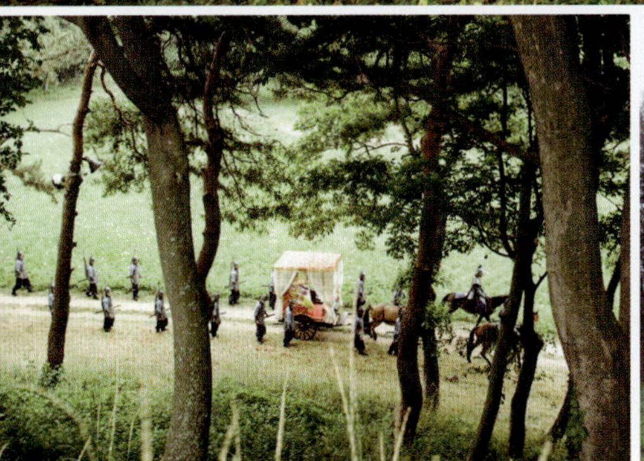

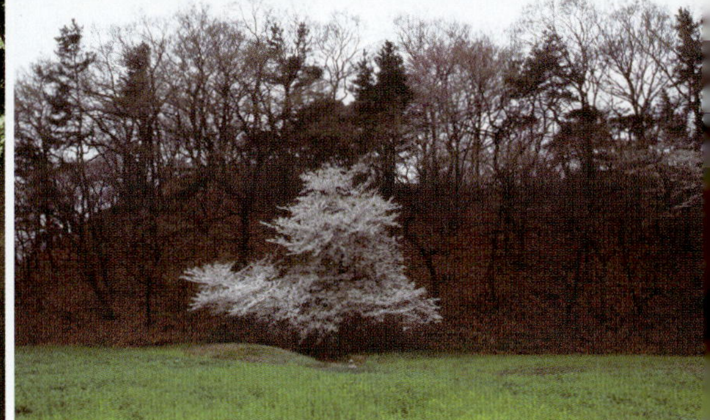

되 야하지 않고, 청초하게 절제된 수수함으로 내 마음을 앗아갔다. 그 꽃들이 필 무렵 나는 가벼운 흥분을 마음으로 삭이고 즐긴다. 1년 만에 숨은 애인을 만나는 심정이랄까? 그래서 봄이 오면 그 산벚꽃을 보는 즐거움이 있었는데 몇 년 전 어느 봄날 그 꽃이 피기도 전에 '반월성 정비 사업'을 한다고

소나무만 남겨놓고 거의 모든 나무를 싹뚝 잘라버렸다. 그 아름다운 산벚나
무는 살려두든지 옮겨 심어야 했다. 반월성 남쪽과 만나는 동쪽 끝, 다른 나
무 속에 오직 한 그루 외롭게 서 있으나 고독하지 않은 그 벚나무가 그립다.

아래로 물이 흐르는 아름다운 길을 걸으며 내내 신라를 생각했다. 그
러다 보면 아름다운 사람들과의 기억들도 떠오른다. 어느 가을날 직접 타종
하던 성덕대왕신종 종소리를 들으려고, 어느 봄날 부산여대 학생들에게 신
라의 깊은 향기를 느끼라고, 벚꽃 만발한 어느 봄날 다정한 내 누님같이 맑
고 세련된 불이회 회원들과, 깊어가는 가을날 서울법대 교수들이 1박 2일 경
주 기행 중에 동해바다에서 진한 술 한 잔하고도 보너스로 이 새벽 반월성
을 보고 싶다고 해 함께했을 때 가을 안개 속에 코스모스가 하늘거렸다. 한
국미술사를 강의할 때 한 달에 한 번은 야외수업 중에 중간고사를 여기서
쳤던 발랄한 동국대학교 학생들, 그리고 신라의 웃음을 머금은 궁녀들이 함
께 아른거린다. 반월성 동, 남, 북 코스를 걸어도 신라를 어렴풋이 느낄 수
있다.

고려, 조선의 시인 묵객들이 반월성을 읊은 시들은 많지만 경주 내남

출신이면서 신라 왕릉을 실증적으로 비판해놓은 화계 유의건(1687~1760)은
시 '월성(月城)'에서 다음과 같이 노래했다.

의연한 성곽은 바뀌지 않았지만(雉堞依然地不移)
저 조각달은 몇 번이나 차고 기울었던가(城頭片月幾盈虧)
화려한 궁궐과 아름다운 여인들 지금 어디에 있는가(金宮粉黛今安在).
방초만이 옛 나라의 슬픔을 머금은 듯하네(芳草猶含故國悲).

나비가 핑크빛 줄딸기꽃에서 나폴거린다. 그 옆에는 '대한노인회 봉사
회'란 글씨가 박힌 옷을 걸치고 라디오를 틀어놓고 열심히 운동하는 노인이
눈에 띈다. 길이 이리저리 갈래가 나 있다. 운동하는 사람들은 평평한 길을
걷는다. 나는 해안가를 걸을 때도 최대한 바닷가에 붙어서 걷고 성(城)도 최
대한 성곽 위의 길을 걷는다. 결국 길은 자신이 선택하는 것이다. 인생도 자
신이 걸어온 과정만큼 달라진다. 남쪽 끝에 오르자 월정교 복원 건물과 교
동 한옥마을 기와가 줄지어 아침의 여명을 기다리고 있다. 멀리 서쪽 선도
산 기슭에 태종무열왕릉이 자신이 살았던 궁성을 바라보면서 평온하게 누
워 있다. 이 서쪽 성벽 아래에서 인골 2구가 나란히 누워 있는 채로 발견되었
다. 무슨 이유로 몸부림친 흔적도 없이 가지런히 누워 있었을까? 166, 159센
티미터 키의 사람 뼈가 가지런히 누워 있었던 것이다. 성을 쌓을 때 무너지지
않게 제례의식으로 사용한 것으로 보인다. 여기에 같이 나온 여러 동물 뼈
와 목간, 머리에 터번을 쓴 서역인 토우 등이 나왔다. 목간에 병오년(丙午年)
표기는 빠르면 법흥왕 13년(526) 또는 진평왕 8년(586)이고 성의 기초에 묻은
것은 일종의 순장과 흡사한데 신라는 "국왕이 세상을 떠나갈 때 남녀 각 5
명을 순장해오다 지증왕 3년(502)에 이를 금지한다." 그러나 법으로 금지해
도 풍속은 그대로 이어진 것으로 보이고, 아니면 높은 사람 옆에 묻었던 순

장은 아니며 성이 무너지지 않게 제례의식은 예외로 두었을 수도 있다.

운동복을 입은 아주머니가 혼자서 열심히 걸어오면서 핸드폰에다 연신 '00평수 아파트 갖고 싶다'는 말을 내뱉으니 속세구나 느꼈는데 새들은 극락이란다. 그래 속세와 극락이 무슨 차이가 있는가. 마음먹기에 따라 속세와 극락이 하루에도 몇 번씩 반복되는데.

내물왕의 정치적 실험

계림 숲이 기다리고 있었다. 김씨 시조 김알지(金閼智)가 금궤에서 나왔다는 곳이다. 원래는 시림(始林)인데 흰 닭이 울고 있었다고 계림(鷄林)이 되었다. 물오른 숲에는 생기가 흐르고 바람이 일렁이자 잎새가 깨어난다. 천천히 걸어 향가 비를 거쳐 내물왕릉으로 갔다. 짙어가는 초록의 왕릉들이 여기저기 솟아 있다. 언제 보아도 참 좋다. 지금처럼 사람 하나 없는 그윽한 분위기는 촉촉한 이슬방울이 스며들 듯 가슴을 적신다.

김씨의 탄생을 알리는 계림 옆에 누워 있는 17대 내물왕릉은 박, 석, 김으로 번갈아 왕을 하다가 이 왕부터 김씨왕(53, 54, 55대 제외) 굳히기에 들어간다. 시조 박씨가 농경을 다룬 선각자였다면 석씨는 해양의 배와 철을 다룰 줄 알았고, 김씨들은 북방의 기마민족으로 금을 다룰 수 있는 사람들이었다. 오늘날 찬란한 신라의 금관과 황금 유물들은 초기 김씨 왕 때의 작품이다. 이처럼 김씨들이 세습할 수 있었던 것은 내물왕부터인데 이때는 이미 김씨들의 세력이 제일 강했다는 것을 알 수 있다. 그때부터는 김씨들끼리의 파워게임으로 왕이 되는 것이었지만, 주변의 고구려, 백제, 왜보다 열세라서 왕자들을 볼모로 보내야 했다.

내물왕 37년(392) 정월에 고구려 사신이 왔는데 고구려가 강성하여 이

찬 대서지(大西知)의 아들 실성(實聖)을 볼모로 보낸다. 10년이나 볼모로 가 있던 실성이 401년 7월에 돌아온다. 그리고 내물왕은 다음 해 2월에 죽는다. 내물왕의 아들이 어려 실성을 옹립한다. 왕이 된 실성은 402년에 등극한 다음 달인 3월에 왜국과 우의를 맺어 내물왕의 아들 미사흔(未斯欣)을 볼모로 보내고, 11년(412)에는 내물왕의 아들 복호(卜好)를 고구려에 볼모로 보내는 복수를 한다. 게다가 내물왕의 또 다른 아들 눌지(訥祗)를 죽이려고, 실성이 고구려에 있을 때 알고 지냈던 사람에게 눌지를 보거든 죽이라는 살인 청부를 부탁한다. 그리고 눌지를 고구려에 가게 해 중도에서 마주치게 했다. 고구려 사람은 눌지의 모습이 시원스럽고 우아하여 군자의 풍채가 있음을 보고는 "그대 나라 임금이 나로 하여금 그대를 죽이라 했으나 이제 그대를 보니 차마 해치지 못하겠다."라고 실토한다. 돌아온 눌지는 이를 원망하여 실성왕을 죽이고 스스로 왕이 된다.

『삼국유사』에는 이러한 정황이 잘 그려져 있다. 실성왕은 내물왕의 태자인 눌지가 덕망이 있음을 못마땅하게 여겨 그를 해치려고 고구려 군사를 청해 거짓으로 눌지를 맞이했다. 그러나 고구려 사람들은 눌지에게 어진 행실이 있음을 보고는 창을 거꾸로 하여 실성왕을 죽이고 눌지를 왕으로 세워놓고 떠났다. 이렇듯 신라 왕을 고구려에서 좌지우지할 정도였다.

눌지는 왕이 되어도 마음이 편치 않았다. 자신의 형제 복호와 미사흔이 고구려와 왜에 볼모로 가 있기 때문이었다. 여기서 만고 충신 박제상이 등장한다. 이처럼 복수가 복수를 낳고 복수 앞에는 피도 눈물도 나라도 없고 백성도 없다. 실성왕 이후의 왕들은 내물왕 후손이다.

이런저런 생각에 잠겨 글을 쓰고 있는데 넓은 동부사적지 잔디밭에 사람들이 몰려온다. 제례복을 걸친 어른 뒤로 학생들이 우르르 따라오고 있다. 전국에서 경주 김씨 후손 대학생들을 선발해 조상 왕릉에 참배하러 온 모양이었다. 능참봉 어른이 빨간 확성기를 잡고 내물왕과 관련해 적어온 글을 감동 없이 읽고 참배시킨다. 각종 행사에서 축사나 주례사, 격려사를 할 때 제발 좀 적어 와서 호주머니에서 꺼내 읽지 않았으면 좋겠다. 국가의 중요 정책이나 쟁점 등은 자구 하나 틀리면 안 되지만, 그 외의 것은 감동을 주고받는 것인데 종이를 꺼내는 순간 아무리 좋은 문구라 해도 감동이 날아가 버린다. 감동과 집중은 눈을 마주쳐야 하는데 종이에 집중하니 듣는 사람도 제 할 일만 한다. 끝나면 박수는 요란하게 친다. 뭔지 모르지만 일단 끝내주어 고맙다고.

참배를 마친 학생들의 기념 촬영이 이어진다. 문중어른은 김씨 문중 최고 엘리트답게 포즈를 취해 달란다. 왕족이었던 잘난 조상을 둔 자긍심은 필요하지만 행여나 우월의식은 갖지 않기를, 그리고 아무나 대학 가는 요즘에는 대학생이라고 전부 엘리트는 아니다. 옳고 그름, 선과 악을 구별해내고, 불의에 항거하고 정의에 목말라 하면서 끝없는 탐구와 자신보다 남을 더 배려하고 자연과 환경, 문화의 가치를 실현해나가야 진정한 엘리트인 것이다. 오늘날 한갓 시험으로 직위를 얻어 권력의 단맛을 보면서, 국가와 국민에 봉사하는 것이 아니라 국민을 개돼지 취급하면서 자신의 배만 채우는 엘리트들을 똑똑히 보지 않았던가.

김씨 후손들이 밀물처럼 밀려왔다가 썰물처럼 빠져나가고 또다시 혼자 남아 생각에 잠겼다. 박씨의 흘해왕(310~356)이 47년간 왕을 하다 죽자 아들이 없어 내물왕이 이어받는다. 내물왕의 아버지는 미추왕의 동생 말구(末仇)이고 왕비는 미추왕의 딸이다. 4촌 간의 결혼이다. 이것을『삼국사기』에는 "아내를 얼을 때 같은 성을 얻지 않는 것은 인륜의 분별을 두터이 하기 때문이다. …… 신라에서는 같은 성에 장가드는 데서 그칠 뿐만 아니라 형제의 자식이나 고종, 이종 누이에게까지 모두 장가들어 아내로 삼았으니, 비록 외국으로서 각각 풍속이 다를지라도 중국의 예속으로써 이를 따진다면 큰 잘

못이라 하겠다. 흉노(匈奴)가 그 어머니와 상관하고 자식과 상관함과 같은 것은, 이보다 더 심한 것이라 하겠다."라고 했다. 김부식의 이런 관점은 유교적 입장에서 윤리관을 펼친 것이다. 윤리란 시대마다 차이가 나기에 옳고 그르다는 절대적 기준은 없다. 신라뿐 아니라 고대사회는 다 근친혼이었으니까.

내물왕의 위민정치

신라의 왕들은 초기부터 보편적 복지를 시행해왔다. 내물왕도 등극 후 제일 먼저 사자를 보내 늙은 홀아비와 홀어미 그리고 어버이를 여읜 어린이와 자식 없는 늙은이를 위문하고 각각 곡식을 내려주고, 효성과 우애로 특이한

행실이 있는 사람은 관직을 한 등급씩 올려주었다.

왜병이 크게 쳐들어왔을 때 풀로 만든 허수아비 수천을 만들어 옷을 입히고 병기를 들려서 세우고 용사들을 숨겨놓은 위장전술로 거의 다 죽였다. 17년(372) 봄과 여름에는 크게 가물고 흉년이 들어 백성들이 굶주려 유랑민이 많이 발생하자 사자를 보내 창고를 열고 그들을 구제한다. 18년(37)에는 신라의 일관된 '덕의 정치'가 위력을 발휘한다. 백제의 독산성(禿山城) 성주가 3백 명의 사람을 거느리고 와서 항복하므로 왕이 이들을 받아들여 6부에 흩어져 살게 했다. 지금으로 하면 '탈백'이다. 그러자 백제 왕이 글을 보내왔다.

"우리 두 나라가 사이좋게 친해서 형제가 되기를 약속했사온데, 대왕께서 우리나라 도망민을 받아들이시니, 이것은 화친하는 뜻에 심히 어긋나기에 대왕에게 바라는 바가 아닙니다. 돌려주기를 청합니다.”

내물왕의 답은 “백성들이란 일정한 마음이 없습니다. 그러므로 생각이 나면 오고, 싫어지면 가버리는 것이 본디 그러합니다. 대왕께서는 백성들이 편안하지 못한 것은 걱정하지 않고 도리어 과인을 책망하심은 어찌 그토록 심하십니까?”라는 내용이었으니 백제왕은 더 이상 할 말이 없었다.

이는 오늘날 북한의 상황과 겹친다. 어떤 이념이나 사상이라도 백성을 굶기는 정치는 죄악이다. 그래도 중국의 등소평(1904~1997)은 고양이 잡는 데 흰쥐, 흑쥐면 어떠냐는 흑묘백묘론(黑猫白猫論)으로 집단농장 해체와 자영농 창출로 중국 인민의 배를 채우지 않았던가? 인류가 지금까지 살아오면서 어떤 사회도 완벽할 수는 없다. 다 같이 평등하게 살자는 이상 사회의 사회주의도 결국 실패로 끝났다. 이윤 극대화에 빈부 격차, 무한 경쟁의 시장 중심 자본주의도 끊임없이 변하지 않으면 폭동이 일어나고 새로운 변화가 이어질 것이다.

신라는 백제와는 대등해지고 있었지만 고구려에는 아직도 절대적 약세라 '실성'을 볼모로 보내야 했고, 강성한 왜는 수도 금성까지 침입한다. 궁성을 닷새 동안 포위하고 풀어주지 않으니 장수와 병사들이 모두 나가 싸우기를 청했을 때 왕은 “적은 배를 버리고 깊이 들어와서 사지(死地)에 놓여 있으니 그 날랜 기세를 감당할 수 없다.”라며 버티다가 결국 물러나는 적을 기병 2백 명으로 막고, 보병 1천 명을 독산(獨山, 포항 신광면)까지 추격하여 좌우협공으로 큰 전과를 올렸다. 395년에는 말갈이 북쪽 변방을 침범했으나 크게 무찔렀다. 397년에는 북쪽 변경 하슬라(何瑟羅)에 가뭄이 극심하고 흉년이 들어 백성이 굶주리므로 죄수를 특사하고, 1년간의 지세와 호세를 면제해주었다. 재위 45년(400) 10월에 대궐 안 외양간에 왕이 타던 말이 무릎을 꿇고 눈물을 흘리면서 슬피 울었다. 불길한 징조다. 다음 해 7월에 자신이 볼모로 보낸 실성이 돌아왔다. 그리고 다음 해(402) 2월에 죽는다. 장지의 기록은 없

다. 이 내물왕(356~402)은 앞의 16대 흘해왕(310~356)과 같이 47년간 왕위
를 누려 박혁거세왕, 진평왕에 이어 세 번째로 오래 왕을 했다.

풀잎은　바람결에,　미추왕릉은　댓잎에　흔들리고

동부사적지를 천천히 걸었다. 여기에서 내물왕릉은 차라리 작은 크기다. 뒤
의 두 고분과 서쪽으로 누워 있는 거대한 고분은 누구 것인지 몰라 동부사
적지로 해놓았다. 엄숙함과 경외심의 상징인 왕릉들도 시대의 추세에 따라
관광 상품화되어 참가자들이 직접 왕릉 잔디를 자르고 왕릉 위를 오를 수
있는 행사인 '제1회 신라임금 이발하는 날'을 2015년 9월 여기에서 하였고,
매년 9월에 전국적인 '신라임금 이발하는 날' 축제가 열린다. 초록의 잔디와
평온하게 솟아 있는 고분들이 상쾌한 아침만큼 아름답다.

*동부사적지에서 '왕릉 이발하기' 기네스북 등재를 위한 행사가 열렸다. **'제1회 신라임금
이발하는 날' 사진 심사를 하고 있는 필자와 경주대 김규호 교수, 소설가 강석경(앉은 이
왼쪽부터).

바람이 분다.

풀잎이 흔들리며 옷깃을 스친다.

배가 고프다.

바람이 허기를 채워준다.

구름은 어디론가 흘러간다.

내 발길도 구름처럼 대릉원으로 향한다.

살며시 눈웃음 짓는다. 첨성대가

이 첨성대는 천문 관측대, 수미산을 상징하는 건축물, 제단, 봉화대, 수학적 상징물 등의 온갖 의견이 분분하지만 『삼국사기』에는 단 한마디도 언급이 없다. "선덕여왕 시대에 돌을 다듬어 첨성대를 쌓았다(是王代 鍊石築瞻星臺)."라는 『삼국유사』의 기록뿐이다.

대릉원에 들어섰다. 줄지어 쭉쭉 늘어선 소나무가 반기지만 해송이라 영 마음에 들지 않는다. 해풍을 막아야 하는 바닷가도 아닌데 적송을 심지 않고 왜 시커먼 소나무를 심었는지 모르겠다. 그래도 단풍나무와 어우러진 신록의 풋풋한 풀 내음이 느껴져 다소나마 위안이 된다. 느티나무 한 그루가 대장같이 우뚝 서 있다. 정비하기 전인 72년까지 고분과 함께 마을이 있었을 때 이 우

람한 느티나무는 마을의 쉼터였을 것이다. 이 대릉원 안에서도 담장을 둘러 특별히 모셔놓은 미추왕릉으로 갔다. 녹음이 우거진 6월이지만 지난 4월이 아른거린다. 세상 모든 과정이 시간 속의 타이밍이듯이 꽃의 절정도 타이밍이 대단히 중요하다. 경주는 4월이 벚꽃 절정이라 사람들도 움직이는 거대한 꽃물결을 이룬다.

여기 누워 있는 미추왕은 김씨의 첫 왕이다. 계림에서 김알지의 등장 (60)으로 금을 다룰 수 있는 김씨들이 화려하게 등장한다. 그러나 곧바로 왕이 되는 것은 아니다. 그 알지를 탈해왕이 궁중에 데려다 길러 대보(大輔, 재상급)로 삼아 세한, 아도, 수류, 욱보, 구도, 미추(262~284)까지 6대 202년 만에 왕이 된다. 그리고 김알지 6대, 7세 손인 13대 미추왕 이후 유례왕, 기림왕, 흘해왕까지는 박씨였다. 17대 내물왕부터 김씨들이 신라의 완전한 실

세가 되어 왕을 이어받는 세습(52대 효공왕까지) 천국이 된다.

이 미추왕릉은 두 번의 이적을 보인다. 14대 유리왕 14년(유례왕 297), 이서국(청도) 사람들이 금성을 공격해왔을 때 신라에서 사력을 다했는데도 오랫동안 막을 수 없었는데 갑자기 귀에 댓잎을 꽂은 죽엽군(竹葉軍)이 도와주어 물리칠 수 있었다. 그러나 도와주었던 죽엽군들은 어디 갔는지 알 수가 없었다. 다만 이 왕릉 앞에 댓잎이 쌓여 있는 것을 보고 선왕의 음덕임을 알고 그의 능을 죽현릉(竹現陵)이라 불렀다.

또 혜공왕 15년(779) 김유신의 무덤에서 갑자기 회오리바람이 일고 무덤 속에서 장군의 위용을 갖추고 준마를 타고 있는 사람이 나타났다. 갑옷 차림에 무기를 든 40여 명이 따라와 여기 죽현릉으로 들어갔다. 그러고는 "환란을 구하는 데 힘을 보태고 통일을 이룩한 공이 있고, 이제는 혼백이 되어서까지 나라를 지키고 재앙을 물리쳐 환란을 구하려는 마음을 한시도 잊은 적이 없습니다. 그런데 지난 경술년(혜공왕 6년 770)에 신의 자손이 죄도 없이 죽임을 당했으니, 그것은 군주나 신하가 저의 공을 염두에 두지 않은 것입니다. 신은 이제 다른 곳으로 멀리 떠나 다시는 나라를 위해 힘써 일하려 하지 않으니, 왕께서는 허락해주십시오."라고 청한다.

혜공왕 6년의 기록은 대아찬 김융(金融)이 모반하다가 참형을 당했는데 이를 두고 김유신계가 반발의 베팅을 날렸다. 미추왕의 대답은 "나와 공이 이 나라를 지키지 않으면 백성들은 어떻게 되겠는가? 공은 다시 예전처럼 힘써 노력해주시오."라는 것이었다.

김유신의 세 번 부탁에 세 번 다 허락하지 않았으므로 회오리바람은 곧 돌아갔다. 혜공왕은 그 말을 듣고는 두려워 대신 김경신(후에 원성왕이 된다.)을 즉시 보내 김유신 공의 능에 가서 사과하고, 공덕보전(功德寶田) 30결을 취선사(鷲仙寺)에 하사하여 명복을 빌게 하였다. 그 절은 김유신이 평양을 토벌한 후에 복을 심기 위해 세운 절이었다. 미추왕의 혼이 아니었다면 김유신의 노여움을 막지 못했을 것이니, 이처럼 나라를 지키는 마음이 크다고 할 수 있다. 그래서 나라 사람들은 그 덕을 기려 삼산과 함께 제사 지내기를 게을리하지 않고, 제사 차례를 오릉(五陵)보다 위에 두고 대묘(大廟)라 했다.

미추왕은 즉위 원년(262)부터 시련이 겹친다. 금성의 서쪽 문에 불이 나인가 3백여 채가 불에 탔다. 3년째부터는 서서히 백성을 위해 민정 시찰을 나간다. 황산(黃山, 충남 논산군 연산)까지 가서 나이 많은 이와 가난해서 생활할 수 없는 이를 위문하고 구제해주었다.

268년에는 봄과 여름에 비가 내리지 않자 여러 신하들을 남당에 모아 친히 정치와 형벌의 잘잘못을 묻고 다섯 신하를 보내 백성의 괴로움을 물었다. 276년에는 신하들이 궁전을 고쳐 짓기를 청했으나 왕은 사람들을 수고시키는 것을 어렵게 여겨 따르지 않았다. 23년(284) 2월에는 끊임없는 백제

대릉원 고분들의 능선이 부드럽고 긴장감 있다. 눈 덮인 석양의 대릉원.

의 침범을 지키는 서쪽의 여러 성들을 순행하고 위로했다. 그리고 10월에 세상을 뜨니 대릉(大陵)에 장사 지냈다. 그래서 지금도 여기를 대릉원이라 하는 것이다.

무덤은 별들의 속삭임처럼 사연을 담고

나는 여기 대릉원 안에 오면 기막힌 뷰 포인트를 보면서 이리저리 지그재그로 걷는다. 더구나 오늘같이 혼자서 걸을 때는 영혼의 자유를 마음껏 즐기면서 온몸에 행복을 담아낸다. 나의 발길은 미추왕릉 옆 두 기의 큰 고분으로 향했다. 참 예쁘게도 팽팽하게 솟았다. 그 예쁜 봉우리 옆에서 거대한 98호분으로 이어지는 고분의 능선이 절묘한 아름다움을 일으킨다. 백일홍은 아직 이르고 진달래와 개나리가 봄을 알리듯이 자귀꽃이 활짝 피어 여름의 시작을 알린다. 아무도 가지 않는 동쪽 길을 걸었다. 홀로 거대하거나 위압적이지 않고, 크고 작은 고분들이 서로 의지하며 공존하는 아름다움을 침묵으로 보여주고 있다.

천마총 앞에 이르러 초등학생들 20여 명이 한 조가 되어 앳된 청년강사들의 지시에 앉았다 일어섰다를 반복하는 모습을 볼 수 있었는데 분위기 잡는 폼이 꼭 군대 신병훈련소 조교와 훈련병 같다. 그렇게 바싹 군기를 잡고는 신라 역사를 주입식으로 복창시키며 말도 안 되게 교육하는 천박한 설명. 수학여행 수준은 왜 점점 퇴보할까? 격무에 시달리며 수학여행 중이라도 좀 쉬고 싶어 저렇게 업체에 맡겨버리고 자신들은 방관자로 따라다니는 교사들의 직무유기가 저런 꼴을 만든다.

온갖 것을 경쟁시키는 삭막한 요즘 시대에 아이들이 전보다 영악해진 것도 어른들 탓이다. 수학여행에서나마 유물과 유적을 호기심 있게 보면서

벅찬 희열을 느끼고 맑은 영혼을 돌려놓아야 되는데 무조건 복종만 배우니 무슨 산교육이 되겠는가. 오직 남는 것은 사진이라고, 따라온 사진사가 나도 처음 들어보는 '아빠다리'를 외치며 일일이 포즈를 고쳐주면서 인증 숏을 찍고 있었다. 대규모 학교에서 전체 학년이 동시에 가는 것이 아니라 담임 재량으로 1년 중 날짜를 선택하여 한 반이나 두 반 정도로 가면 얼마나 좋으랴?

천마총! 수도 없이 들어간 곳이지만 오늘따라 기계 소음이 왜 이리 큰지.

대릉원 뒷문을 나와 노서, 노동 고분군에 갔다. 주위에 집들을 많이 철거하여 한결 여유롭고 평온하다. 오른쪽 노동동 고분군으로 걸었다. 봉분도 없는 무덤이 고요히 숨 쉬고 있었다. 금방울이 나왔다고 금령총(金鈴塚)이라 한다. 아기 금관이 나온 걸 보아 아마도 어린왕자가 슬피 죽어서일까? 이처럼 금관은 왕만 쓴 것이 아니고 최고 지배자들도 사용했다. 그 옆에는 금신발이 나온 식니총(飾履塚)이 타원형 수평으로 솟아 있다. 거대한 봉황대를 느티나무가 세월의 무게처럼 안고 있는 듯하다. 이 봉황대 서쪽에는 종을 매달아 성문을 여닫을 때 종을 쳤는데, 그 종이 바로 지금의 국립경주박물관에 있는 성덕대왕신종이다.

1767년 11월 18일 당주 박종(1735~1793)은 서른세 살 때 여기 봉황대를 둘러보고 밤에 금학헌에 앉아 애간장을 태우는 피리소리를 듣고 "그 소리가 맑고 애달프게 멀리 울려 퍼져 망국의 원한을 하소연하는 듯 하늘은 차고 밤은 고요하고 관가의 촛불은 가물거리는데 들을수록 저 소리 더욱 애절하여 하염없는 회고의 정을 금할 수 없다."라는 심금을 울리는 글을 남긴다.

길을 사이에 두고 노서동 고분군으로 걸었다. 왼쪽에는 자귀꽃이 붉은 마음을 흘리고 그 아래는 노인 두 분이 지난 세월의 굴곡을 지닌 채 앉아 있는데, 젊은 처녀가 부푼 희망을 안고 걸어오고 있었다. 자귀꽃과 노인 그리고 처녀가 묘한 삼각의 인생을 동시에 보여주고 있었다. 노인과 처녀의 인생은 한 번 지나가면 다시는 돌아오지 않지만 그래도 꽃은 다음 해에 어김없이 새로 태어난다. 우리의 인생도 꽃처럼 매년 새롭게 태어나야 하지 않겠는가?

고구려 호우총이 나온 호우총을 지나고 봉황대도 지나 스웨덴 황태자가 발굴에 참가한 서봉총 앞에 섰다. 그 앞에는 전에 없던 여러 팻말을 세우

*대릉원의 옛 모습으로 고분을 동산 삼아 집들이 모여 있다. **노서동 고분군.

고 상세한 설명을 해놓았다. 스웨덴 국왕 칼 구스타프 16세가 1994년 11월 17일 할아버지 구스타프 6세가 발굴에 참가한 여기 서봉총을 방문하고 기념식수한 느티나무 앞에도 같은 내용의 기념비를 두 개나 세워놓았다.

그러나 이 서봉총은 황당한 사연으로 발굴된다. 1925년 경주역 기관차 차고를 짓는 데 매립할 흙이 모자라 여기 고분들의 흙과 자갈을 보내고 유물은 발굴하는 기상천외한 일이 벌어진다. 이미 1921년 주막집을 하던 박씨가 집을 늘리기 위해 언덕을 파다가 금관이 나왔고, 1924년에는 금령총에서 애기금관이 출토되어 일제가 금관에 탐욕을 부리고 있었다. 그리고 이 129호분(서봉총)을 발굴할 때 이미 금관의 존재를 알고 있던 일제는 때마침 일본에 신혼여행을 와 있던 스웨덴의 황태자 구스타프 6세(1882~1973)와 태자비 루이즈 마운트배튼(현 엘리자베스2세 영국여왕의 남편 필립공의 고모)을 금관이 나올 기미가 있는 신라 고분 발굴에 직접 참여하게 권한다. 예정에 없던

일정이지만 고고학에 조예가 깊은 황태자는 1926년 10월 9일 관부연락선을 타고 새벽에 부산에 내려 토함산 일출과 불국사를 보고 성덕대왕신종 소리를 들은 후 오전 10시에 이곳에 와서 찬란한 금관을 발굴한다. 그날 저녁 경주 최 부잣집에서 진수성찬에 술 한잔 걸치고 여러 우여곡절 끝에 서봉총이라는 이름이 정해진다.

씁쓸한 마음을 안고 마지막으로 신라금관이 최초로 나온 금관총으로 갔다. 술 익어 가던 박씨의 주막은 온데간데없고 세월을 머금고 선 느티나무만 그때의 사연을 안고 바람에 흔들리고 있다. 1921년 주막집을 확장하다 찬란한 금관이 발견된 곳인데 고리자루큰칼(환두대두) 몸체에서 이사지왕(尒斯智王) 글자가 새겨졌고 2015년 재발굴에서도 칼끝장식에서 같은 이름이 나와 이 이사지왕이 누구인지 학계에서는 의견이 분분하다. 굵은고리 귀고리

(태환이식) 같은 부장품으로 보아 여성이라는 이희준 경북대 교수, 왕비나 측근 등의 무덤 부장품으로 이사지왕이 자기 칼을 넣었다는 김재홍 국민대 교수와 달리 윤상덕 국립중앙박물관 연구사는 새로운 견해를 내놓았다. 고분의 크기로 보아 왕릉이 아니고, 굵은고리 귀고리가 귀 부분이 아닌 금관 위쪽에 놓여 있어 귀고리로 성별을 가늠할 수 없으며, 왕과 국정을 논의하던 육부의 최고위급 귀족이라 했다.

주막집을 떠올리니 갑자기 배가 고프다. 벌써 10시 30분이 지나고 있다. 밥집이 그립다. 문화의 거리에 있는 '그 밥집'에 들어갔다. 밥 좀 먹을 수 있느냐고 조심스럽게 물었으나 젊은 주인이 퉁명스럽게 안 된단다. 머뭇거리고 있으니 주방아주머니가 들어오시란다. 거절한 사람이 진짜 주인이었고 며느리는 밥을 담고 있었는데, 뭔가 예술가적인 분위기가 풍겨 나를 오라 했던 어머니는 오랫동안 식당을 했던 노하우를 아들과 며느리에게 전수하고 있었다.

정식인데 손맛이 상당하여 칭찬하면서 맛있게 잘 먹었다. 음식은 배고플 때가 제일 맛있다. 벽을 보니 "세상의 모든 맛있는 음식은 이 세상 모든 어머니의 숫자와 동일하다."라는 영화 〈식객〉의 대사와 "뜨끈뜨끈한 김이 피

왕의 길을 걷는 즐거움

•그 밥집. ••지금은 전주식 콩나물국밥집으로 운영 하고 있다.

어오르는"으로 시작하는 안도현의 시 '그 밥집'을 적어 놓았다.

국은 "월요일: 소고기 무국/ 화요일: 주방장 마음대로/ 수요일: 닭개장/ 목요일: 들깨 시락국 또는 오징어국/ 금요일: 육개장/ 토요일: 쇠고기 또는 들깨 미역국"이라고 정보를 제공하고 있었다. 밥집다운 이 정겨운 식당도 지금은 전주식 콩나물국밥집으로 운영 하고 있다.

지진, 언론의 호들갑 그리고 황남동 풍경

2016년 9월 12일 경주 시내에서 남남서쪽으로 10킬로미터 떨어진 내남면 부지리에 우리나라 기상 관측상 가장 큰 규모인 5.8의 지진이 일어나 온 국민들이 놀랐다. 그런데 언론에서 너무 호들갑을 떨어 문제였다. 언론이란 사실 그대로를 보도하고 심층보도를 통해 무엇이 문제였는지를 짚고 넘어가야 하는데 선정적인 보도만 했다. 즉 기와가 마구 떨어지고 담장이 무너져 내렸다는 것은 형식은 맞고 내용은 아니라는 것이다. 집이 무너진 것도 아니고 사

람이 죽은 것도 아니었으며 기와집도 순수 목재로 지은 전통 한옥은 기와 하나 손상되지 않았다. 첫 지진 이후 6개월(2017년 3월까지) 동안 지진이 593회가 일어났다. 이것도 단순히 숫자로만 보면 경주가 난리가 나고 폐허같이 되었으리란 생각이 들 것이다. 이 중에 지진계는 감지할 수 있으나 사람은 느끼지 못하는 3.0 이하가 5백70회나 된다.

오늘 지나온 황남동 일대의 기와집들이 가장 피해가 크다고 도지사, 총리, 대통령이 왔다 갔다. 지붕의 기와가 비교적 많이 이지러지고 떨어진 꽃마을한방병원에 도지사와 총리가 왔는데 뉴스 그림의 얼굴마담용으로는 제

격이었지만 그 병원의 여러 채 한옥 중 순수 목재로 지은 한옥은 손상이 없었고 손상된 것은 콘크리트로 지어 지붕만 기와로 올린 식당건물이었다. 황남동도 마찬가지다. 말이 기와집이지 전통한옥은 손상 없고 시멘트로 짓고 기와만 이은 집들이 피해를 본 것이다. 엄밀히 말하면 한옥이 아니고 지붕만 기와인 퓨전집이다. 순수 목재로 지은 전통 기와의 한옥은 이 정도 지진에도 괜찮으니 오히려 한옥의 장점을 알려야지 한옥 기와집이 지진에 약해 융단폭격을 맞은 것 같다는 보도는 잘못되었다. 길거리에 사람들이 이리저리 쓰러지는 듯한 모습도 실제 소리만 컸지 땅은 꺼지지도 않았고 CCTV 자체가 흔들려서 그런 것이었다.

경주에서 가장 아쉬운 것은 천년 고도다운 골목이나 집들이 없다는 것이다. 즉 신라인들이 살았던 집들이나 흔적, 고려와 조선의 예스러운 풍경이나 느낌이 없다. 언뜻 보면 기와집들이 많아 보이지만 6, 70년대 국적 불명의 콘크리트 집에 지붕만 기와로 덮은 것이라 세월이 흐를수록 볼품없고 격도 없다. 백 부자, 황 부잣집이 있었다지만 흔적도 없고 교동에 최 부잣집과 그 주위의 고택 몇 집뿐이고 황남동에는 고택다운 집 한 채 없다. 숙소 '사랑채'와 '도솔마을' 음식점의 아주 작은 맞배지붕의 조그마한 고택 한 채와 대릉원 담벼락 앞에 두어 채 뿐이다. 양동 민속마을이야 행정구역만 경주이지 시내와 많이 떨어진 곳이라 경주라 할 수도 없다. 그런 마을이 경주 시내에 있었다면 오늘날 경주의 위상은 달라졌을 것이고 품격 있고 격조 높은 고도 경주가 되었을 것이다. 황남동은 운치 있는 집은 없지만, 아쉬운 대로 경주에서는 가장 중심부에 남으로 황남 남총 고분, 동으로는 천마총이 있는 대릉원, 북으로는 노동, 노서 고분들이 병풍처럼 감싸고 있어 잘만 살린다면 경주에서 가장 아름다운 곳이 될 것이다. 서서히 그런 징조가 보여 여기저기 다양한 한옥들이 들어서고 예쁜 가게들이 하루가 다르게 생기니 마음이 즐겁고 잔잔한 행복이 밀려온다.

원래 국토연구원에서 경주고도보존계획 초안으로 지금의 대릉원 동편을 철거하여 발굴하듯이 여기도 철거할 계획이었다. 이미 철거 소문이 돌아 슬럼화되어 가고 있었다. 필자는 뒤늦게 국토연구원 채미옥 실장과 황병춘연구원들의 자문 요청으로 함께 머리를 맞대고 논의했다. 더 이상 철거해서는 안 되고 경주의 고택 한옥들은 살리고 콘크리트 한옥들은 점차적으로 순수 한옥으로 바꾸는 정책이 필요하다고 했다. 문화란 살아가는 사람들의 모습과 채취, 골목길이 공존할 때 향기가 어린다. 이런 나의 의견이 반영되어 사라질 위기의 황남동이 구사일생으로 살아나 경주시에서도 황남동의

'황'에, 서울 이태원 경리단길의 '리'를 붙여 황리단길을 만들었고, 한옥을 짓는 데 6천만 원을 지원해주는 정책으로 여기저기에 한옥이 들어선 덕분에 시 전체가 날로 아름다워지고 있다. 그러다 보니 서울의 북촌마냥 평당 1백만 원 정도이던 이곳의 땅값이 10배나 올라도 매물이 없고 구하기도 어렵다. 화장한 아가씨가 한복 입고 하염없이 밤 손님을 기다리던 거리에는 한 집 건너 대나무 꽂힌 점집들도 많아 나와 정민자 시인은 이곳을 '신들의 거리'라 불렀다. 이제 밤마다 하얀 유혹의 웃음꽃을 팔던 아가씨들은 떠나고 길 좌우에는 새로운 감각의 젊은이들이 창업한 카페, 빵집, 음식점, 책방들이 들어서서 보기에 좋다. 성공한 전주의 한옥마을은 상업화로 물들어 큰 감동이 없어도 사람들이 모이지만, 여기는 삶과 죽음이 평화롭게 공존하는 크고 작은 다양한 고분들이 품어주는 포근함과 어우러진 경주의 새로운 매력의 명소로 거듭날 것이다. 이제 주말만이라도 차 없는 거리가 되었으면 좋겠다.

통일의 대업이
시작되고

9길 태종무열왕릉에서 민애왕릉

태종무열왕릉.

각축을 벌이던 삼국이 신라에 의해 통일의 대업을 달성한다. 한반도의 단일 국가는 대단한 의미를 부여한다. 그 통일의 주역 태종무열왕이 있는 서악동 고분과 이름 모를 큰 고분군, 초라하지만 왕릉으로 정해진 문성, 헌안, 진지, 진흥왕릉이 선도산 기슭에 있다. 서원이 조선 천지를 뒤흔들 때 태종무열왕과 환상의 콤비로 신라의 통일 주역 김유신과 문장으로 온 중국을 날린 최치원 그리고 이두문의 설총을 모신 서악서원을 만날 수 있다.

비록 왕은 아니지만 조국 신라를 위해 당나라에 볼모로 가서 당과 신라의 틈바구니에서 왕보다 더 큰 외교를 펼친 김인문 그리고 적을 포용할 수 있는 배짱과 아량을 지닌 김양 묘를 지난다. 선도산 남쪽 기슭에 석실이 있는 장산 토우총, 불교를 공인한 선도산 서쪽 기슭에 외롭게 홀로 있는 법흥왕릉, 그리고 비산비야에 숨은 듯이 쓸쓸히 누워 있는 희강왕과 민애왕은 둘 다 슬픈 왕들이다.

전략과 전술의 귀재, 통일의 주역 김춘추

여섯 시가 채 되지 않았는데도 이슬을 머금은 잔디가 영롱한 아침을 수줍게 기다리고 있었다. 봉황대에서 금관총, 서봉총을 지나 서쪽 태종무열왕릉이 있는 선도산으로 걸었다.

큰길보다 골목길이 삶의 애환이 묻어나 골목길로 접어들었다. 30년을 한결같은 이름으로 정감이 살아 있던 '살짝 한잔' 선술집은 흔적도 없다. 토담 길 자그마한 공간에 탁자 세 개, 겨울이면 연탄불 노가리에 막걸리 한잔 하던 낭만이 사라졌다.

터미널 근처를 지나니 식당들이 많아 밥 냄새가 하루의 시작을 알린다. 형산강의 서천 다리 위를 지나 서악동 고분으로 향했다. 도로변에 자전거 전

●사라지고 없는 정겨운 '살짝 한잔' 선술집.

용선이 있어 편안하게 걸었는데 철길 위를 지나는 지점부터는 그냥 도로변을 걸어야 한다. 이것은 걷는 즐거움이 아니라 목숨 걸고 걸어야 하는 불안한 길이다. 나는 대부분 국도는 피하지만 어쩔 수 없이 걸을 때는 등 뒤에서 오는 차는 보이지 않아 불안하여 좌측통행으로 오는 차를 바라보면서 걷는다.

서악동 고분 입구에 들어서자 무열왕릉 귀부가 반긴다. 힘 있고 아름답다. 이 힘으로 신라가 어려운 여건에서도 삼국을 통일했구나 싶다. 힘차고 미끈한 몸매에 목을 쭉 빼고 있는 모습이 마치 살아서 꿈틀거리는 듯하다. 이 정도는 되어야 통일 주역의 군주를 지키는 격에 맞지 않은가?

정치, 문화 등 세상 모든 이치는 고여 있으면 썩고 움직이지 않으면 나아갈 수 없을 뿐 아니라 퇴보하거나 죽는다. 정중동(正中動), 이 거북이도 가만히 있는 것이 아니다. 팽팽한 긴장을 위해서 끊임없이 움직이며 앞으로 나아가고 있다. 앞발가락은 다섯 개, 뒷발가락은 앞으로 힘차게 나가기 위해 엄지발가락을 잔뜩 밀어 넣어 우리 눈에는 네 발가락만 보인다. 얼마나 힘을 주었으면 목에 붉은 핏대가 서 있겠는가? 비신은 없고 귀부에 새겨진 '태종무열대왕지비'란 명문으로 여기 맨 앞에 있는 것을 김춘추 즉 태종무열왕릉으로 삼은 것이다. 태종무열왕보다는 김춘추가 더 익숙하다.

그는 하루에 쌀 여섯 말, 술 여섯 말, 꿩 열 마리를 먹는 대단한 대식가였으며 기골이 장대하고 배포가 큰 담력에다 지혜까지 갖춘 대단한 장부였다. 선덕, 진덕 두 여왕을 보필하면서 처남 김유신과 환상의 콤비를 이루어 반란(비담의 난)을 제압하고 고구려, 백제와 각축을 벌였으며 뛰어난 외교전을 바탕으로 누란의 위기에 처한 신라를 구해내고 마침내 백제를 평정하는 통일군주가 된다.

사라예보의 총성 한 방이 도화선이 되어 1차 세계대전이 발발했듯이 신라의 삼국통일은 김춘추의 개인적인 분노가 결정적이다. 642년(선덕여왕 11년) 7월에 백제 의자왕이 서쪽 40여 성을 빼앗았고, 고구려와 연합하여 신라가 당나라로 가는 길목인 당항성을 끊으려 했다. 결정적으로는 백제 장군

*일제강점기 때 태종무열왕릉의 귀부와 비. **태종무열왕릉 비의 뒷면. ***머리를 치켜든 태종무열왕릉비 정면.

제4장 찬란한 신라의 꿈

윤충이 대야성(합천)을 함락시키면서 대야성 성주였던 품석과 아내(김춘추의
사위와 딸)와 함께 나와 항복했으나 모두 죽여 그 머리를 베어 서울(사비)로 보
내고, 남녀 1만여 명을 사로잡았다. 이 비보를 들은 김춘추는 종일토록 기둥
에 기대서서 눈도 깜박하지 않았고, 사람이나 물건이 앞을 지나쳐도 알지 못
했다. 그러고는 "아! 대장부가 어찌 백제를 삼키지 못하랴!"라고 하면서 이때
부터 가슴에 칼을 갈면서 고구려와 일본에 달려갔으나 실패하고 당나라와
연합전을 펼쳐 마침내 백제를 평정한다.

흔히 천하를 호령한 영웅이나 뛰어난 군주와 위대한 학자도 사랑이 없
으면 인간적인 매력이 없다. 근엄한 퇴계 이황(1501~1570)도 단양군수를 할
때 기생 두향과의 애틋한 사랑이 없었다면 얼마나 매력 없는 학자였겠는가?

인간 김춘추는 어떠했는가? 피 끓는 젊은 시절 김유신과 축국(蹴鞠, 오
늘날 축구와 비슷)을 하다 옷고름이 찢어져 김유신 동생 문희가 바늘로 기워
주고 사랑의 불꽃이 튀어 혼전 임신을 한다. 이 문희는 "엷은 화장과 산뜻한
복장을 한 그 예쁜 자태는 사람의 눈을 부시게 했다."라고 했으니 반하지 않
는 것이 이상한 것이다. 여기서 태어난 아들이 아버지 김춘추에 이어 고구려

●서악동 고본군. ●●거대한 크기로 나란히 누워 있는 서악동 고분에 슬픈 침묵이 흐른다.

를 평정한 통일군주 문무왕이다. 둘째 아들은 약소국 신라의 외교전에 볼모로 보내져 당나라에 살면서 당나라 조정과 막후에서 큰 역할을 한 김인문이다. 사랑도 세월도 흐르는 물같이 흘러갈 뿐이지만, 그 사랑과 시간은 역사를 남기고 흘러가는 것이다. 오늘날 우리는 그 당시 시대 상황을 반추하면서 오늘의 교훈으로 삼는 지혜가 필요하다.

김춘추 아니 태종무열왕이 누워 있는 왕릉을 천천히 걸었다. 서 있는 소나무들이 신라의 신하같이 군무를 추면서 왕릉을 호위하는 듯하다. 아직 이른 아침이라 사람 하나 없었다. 낮은 언덕을 오르면 태종무열왕릉보다 더 큰 고분 네 기가 연이어 있다. 누구 것인지 알지 못해 서악동 고분군이라 칭하지만 보는 위치에 따라 세 개가 보였다가 네 개가 연이어 보여 숨바꼭질하듯 묘한 아름다움이 일렁인다.

신라 고분들의 슬픈 수난사

이 거대한 고분을 등지고 앞을 내려다보면 경주 시내가 손에 잡힐 듯 고요히 숨죽이고 소금강산, 토함산, 형제산, 남산 등이 누워서 파노라마처럼 경주를 에워싸고 있다. 온 벌판과 산들을 물들여놓은 초록의 여름 아침은 부드러우면서 고요한 정적으로 꿈틀대고 있다. 이렇게 고요하고 평화로운 정경이지만, 1909년 12월 12일 일본제국주의 야쓰이 세이치(1880~1959)라는 스물아홉 살의 젊은 사학도는 여기에 앉아서 자신이 가슴에 담았던 야망을 불태웠다. 같은 사물이나 자연을 보더라도 각자 처한 상황에 다라 전혀 다른 각도에서 보이듯 야쓰이는 교토제국대학교에서 스승 이마니시 류(今西龍, 1875~1932)에게서 배웠던 3세기 진구왕후의 신라 정벌 이야기에 홀딱 반하여 그 맹목적인 확신으로 신라 고분들에서 흔적을 찾고자 했던 것이다.

야쓰이가 한국에 오게 된 것은 일본 건축사학계의 실력자 세키노 다다시 교토제국대학교 교수의 조수로 발탁되었기 때문인데 1909년 9월 20일에 서울(경성)에 와서 경복궁, 숭례문, 평양 대동문, 조선의 고건축 조사를 하고 충청도, 대구를 거쳐 경주향교 등을 실측한 뒤 여기 오른쪽 서악동 장산 고분군을 보고 발굴하고 싶은 욕망이 꿈틀거렸던 것이다. 세키노 교수가 다른 사업 때문에 일본으로 가버리자 혼자 남은 야쓰이가 주도하여 우리나라 최초의 발굴을 했던 곳이 석침(돌베개)총이다. 그리고 정면으로 강 건너 황남동 남총을 굴착 조사한 것이다. 이 석침총은 숲속에 그대로 방치되어 있고 황남 남총은 발굴하다 돌무더기가 무너져 중단된 곳인데 시내다보니 주변은 잘 정리되어 있다. 이렇게 발굴이 시작된 신라 고분들은 나라가 병합되기 전 구한 말까지는 주민들의 반발을 의식해 서악리, 보문리 등의 외곽에 조선인들을 동원하여 파헤쳐지다 합병 뒤에는 총독부 관리들의 비호 아래 도심의 유적들까지 마구 파헤쳐지는 수난을 당한다. 특히 야쓰이는 1919년 여기 발아래 태종무열왕릉 주변을 모두 파헤쳐 난장판으로 만들어버리고 나서 다음 해 일본으로 돌아갔고 그 뒤 그의 제자들인 하마다, 우메하라 등이 배턴을 이었다. 이후에 야쓰이는 한국에 오지 않았지만 마구 파헤친 유물들을 귀속시키지 않고 반출해간 수백억대의 조선미술품과 신라의 토기 등을 2015년 후손들이 팔아먹었다. 그 선조에 그 후손이다.

이렇게 일당을 주고 한국인을 앞세워 여기저기 고분들을 들쑤시다가 1921년 주막집(지금의 금관총자리)을 하던 박씨가 주막 확장을 하다 금관을 최초로 발견하자 일제는 고분 발굴에 더욱더 박차를 가한다. 야쓰이와 같은 교토제국대학교 공학부 건축학교실 조수였던 노세 우시조(能勢丑三略, 1889~1954)는 1926년 서봉총 발굴 현장을 찾은 스웨덴 황태자 구스타프 아돌프의 수행단 일원으로 경주에 처음 와서 10여 차례 경주를 방문하여 헌덕왕릉과 구정동방형분, 원원사지, 황복사지 주변 등을 발굴한다. 이 노세 우시조는 지배당한 민족의 문화에 대한 측은한 애상미인지 일본인 특유의 생활화된 지나친 감탄사 아니면 국경을 초월한 자신의 보편적 미의 관점인지 모르겠지만 신라 문화재만 보면 감격을 해서 애칭이 '감격선생'이었다는데 2016년에 그가 남긴 3천7백 장의 문화재 사진 중 경주와 한국 관련의 사진 7백여 장을 경주학연구원에서 노력 끝에 얻을 수 있었고, 신라 고분을 처음 발굴했던 야쓰이 비망록과 세키노 자료도 정인성 영남대 교수가 집념 어린 노력으로 입수할 수 있었으니 정말 다행이다.

고분과 사료 왜곡해 식민사관 만든 일본

그 민족의 흔적을 지우기에는 말과 글, 얼과 혼이다. 그리고 종교다. 일제는 우리의 우수한 한글을 못 쓰게 하는 것은 물론 창씨개명으로 이름도 바꾸게 하고 민족의 얼과 혼을 없애기 위해 역사적 사실을 왜곡 날조하여 퍼뜨렸으며 대종교 등 민족종교를 탄압했다. 조선총독부에서 총괄하면서 분야별로 차례차례 한민족을 지워나갔다. 가장 중요한 증거가 사료와 유물이라 고분 발굴에 그토록 열을 올렸던 것이다.

이마니시 류는 1906년 경주를 방문하고 경성(서울), 개성 등지에서 조선, 고려의 자료를 수집해 모든 방면의 연구를 하면서 1925년 조선사편수회 위원이 되어 식민사관의 토대를 만들었다. 이마니시 류는『신라사 연구』라는 글에서 "한국인은 가르쳐야 할 사람들이고 이끌어야 할 사람들이다."라고 하면서 "경주여, 경주여, 십자군 병사가 예루살렘을 바라본 심정이 바로 지금 내 마음일 것이다. 나의 로마는 눈앞에 있다. 내 심장이 고동을 치기 시작했다."라고 하면서 식민사관의 서곡을 알린다.

사람은 누구에게 배우느냐가 중요하듯이 특히 학자들은 스승의 영향을

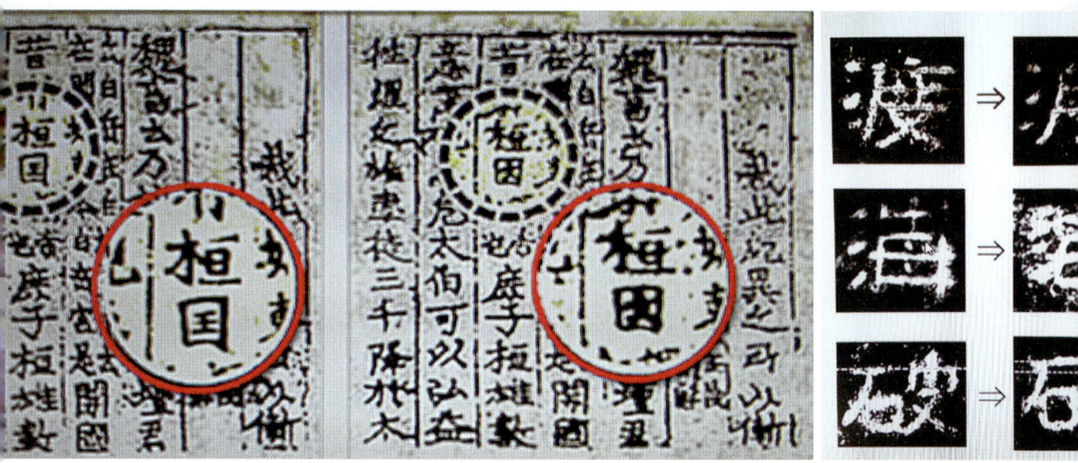

직접 받아들인다. 이마니시 류의 스승 쓰보이 구메조(坪井九馬二, 1858~1936)는 유럽에서 실증주의 사관과 문헌고증의 방법으로 사학을 공부하고 도쿄 대학교 교수가 되어 "한국사가 고구려사에서 일어났다는 주장을 펴는 사람도 있는 것 같지만 우리는 그렇게 생각하지 않는다. 고구려사는 별도의 계통을 이루어 발해, 금, 청, 만주의 역사에 연결된다고 여겨진다."라고 했다. '고구려사를 조선사에서 배제해야 한다.'라고 교육받은 이마니시 류는 급기야 고조선 역사를 신화로 둔갑시키기 위해 발표한 논문에서 단군고(檀君考)의 박달나무 단(檀) 자를 제단 단(壇)으로 바꾸었고 석유환국(昔有桓國)의 나라 국(國) 자를 이을 인(囚)으로 바꾸어버린다. 이들이 자료를 얻을 수 있었던 것은 일연의 『삼국유사』를 원본은 없고 경주부사 이계복이 중종 7년(1511년)에 간행한 「정덕본(正德本)」을 임진왜란 때 훔쳐가 메이지 37년(1904)에 「정덕본(神國本)」을 간행하면서 고쳐야 할 부분이 많다고 쓰보이 구메조가 교정본 것을 참고하였기 때문이고, 한민족사를 식민사관의 관점에서 왜곡 정리한 하야시 다이스케

(林泰輔, 1854~1922)의 조선사를 범본으로 삼았기 때문이다.

이마니시 류는 "단군은 제석천 환인의 아들 환웅과 곰 사이에서 태어난 신인(神人)으로 자손에 왕통을 잇지 않았다. 지방은 북조선을 중심으로 한다."라고 했다. 이어서 "주의해야 할 것은 단군은 본래 부여, 고구려, 만주, 몽고 등을 포괄하는 퉁구스족 가운데 부여의 신인으로서, 금일의 조선 민족의 본체인 한(韓) 종족의 신이 아니라는 것이다. 그 부모 중 하나는 신으로 하고 다른 하나는 수류(獸類)로 한 전설은 불교적 장식과 도교적 영향에 의해 생겨난 것이 아니라 퉁구스족의 조신(祖神)에 특유(特類)하는 것이다."라고 했다.

그의 『신라사 통설』에서는 『삼국사기』 기사를 보면 상대(上代) 부분에는 지리나 기타 내용에서 도저히 믿을 수 없는 범위까지 넓게 다룬 경우가 있다면서 "『삼국사기』는 신라를 세운 사람들이 조선 유민이라고 했다. 조선 유민이라는 것은 기씨 조선과 위씨 조선의 유민을 가리킬 것이다. 이때쯤 신공(진구) 왕후의 대토벌을 당한 것이다. 그 영역은 낙동강 상류 외에 이 강 유역을 제외한 경상도였을 것이다. 신라는 당의 번속국(蕃屬國)이었다.

신라는 일본이 원조한 백제, 고구려를 멸하고 일본과 적대관계로 들어갔다. 그렇지만 일본의 외정 방침의 전환과 신라의 무사안일주의로 양국 사이에는 끝내 어떠한 교전도 일어나지 않았고, 천지천황은 삼한에 대한 뜻을 단념하게 되었다. 신라가 일본을 두려워하는 것은 이미 오래되었고, 일본을 두려워하는 것은 그 국민들에게 유전적으로 인상 지어졌다. 그 나라는 체면이 다소 손상되더라도 일본과의 충돌을 피하려고 하였다."라고 주장했다.

『원광법사전』에서는 백제와 신라, 가야 사이 즉 경상도 서반부에는 일본의 보호 아래 일본에서 말하는 임나제국이 있었다. 고구려는 신라를 보호했고, 일본은 임나의 나라들을 보호하고 백제를 거느렸다. 신라를 거느리는 일본 세력이 한반도에서 서로 대립하는 시대였다. 이처럼 이마니시 류가 한국사의 중심은 신라이고 그 신라는 고대일본의 지배를 받았다고 주장하는 것은 4세기 한반도의 강력한 왕권을 인정하면 임나일본부가 물러설 여지가 없기 때문에『삼국사기』초기 기록 불신론을 주장했던 것이다.

　　아직도 우리나라 사람들의 뇌리에 사실인양 박혀 있는 고려장에 관해서 그의 '경주에서 신라의 분묘 및 그 유물에 대하여'라는 글을 보면 "… 당시 경주와 김해에서는 고분을 '고려장'이라 불렀다. 그 석곽 안에서 토기가 출토되는 점에 대해서는 고려조 때 풍속이 쇠퇴하고 인륜이 무너져 사람이 노년에 이르면 자제 등이 석실을 만들고 노인을 옮겨와 일정한 음식을 공급해두고서 흙과 돌로 그 입구를 막아 죽음에 이르게 한 것이라 들었다."라고 나온다. 이렇게 우리 국민에게 교육했으니 아직까지 사실인양 생각하지 않겠는가. 교육이란 이렇게 무서운 것이다. 고려장은 우리나라 어느 사료에도 없고 일제가 날조한 것이다. 앞의 야쓰이가 3~4세기 일본 야마토 국가가 한반도 남부를 일종의 식민지처럼 통치했다는 임나일본부설과 진구왕후의 신라 정벌설을 신봉하면서 당나라와 결탁한 신라의 배신으로 일본 품에서 떨어져 나갔던 고토를 근대에 다시 찾게 됐다고 생각했던 것이다. 지금도 일본 교과서에 독도를 자기 땅(다케시마)라 하고 경상도 남부에서 전라도 서해안까지를 임나일본부 혹은 가라(가야 연맹체)의 강역으로 표시해놓았다. 진구왕후의 신라 정벌설도『일본서기』에 "파사 이사금이 스스로 몸을 묶고 나와 말과 마구 등을 바치며 항복했다."라고 기록해놓은 것인데 우리의『삼국사기』나『삼국유사』어디에도 없다. 일본 최초의 지폐에도 나오는 진구왕후는 170년에 태어났다고 하지만 다른 사서들과 맞지 않아 4세기경으로 추정하는데 실존 인물인지도 알 수 없다. 일본 국호도 701년, 신화와 설화 중심인『일본서기』도 720년경에 쓴 것이라 4백여 년을 소급하여 기록한 것이라 믿기 어렵다.

　　약소국이었던 독일은 과거 역사에서 독일 민족정신을 찾고자 고대역사를 탐구하면서 과거에 일어난 사건을 있는 그대로 서술하고 철저한 사료 비판으로 출발하여 조상의 무덤과 집터를 파헤쳐 유골과 유물을 과학적으로 검증하면서 문헌에 기록된 역사적 사실을 고증하면서 고증되지 않은 기록 대부분은 불신한다. 이 실증주의는 근대역사학의 아버지 랑케(1795~1886)가 창시해 제자 리스에게 이어지고, 일본은 제국주의 정책을 정당화하기 위해 역사적 기반이 절실했던 하야시 다이스케 등이 독일 유학을 가서 배워와 제국대학을 통해 랑케의 실증주의 역사학을 수용한 것이다. 그러나 랑케의 객관적이고 과학적인 역사학이 일본 제국주의 이념에 맞지 않는다는 것을 알게 된 일제의 역사가들은 랑케의 실증주의 역사학을 제국의 정치적 이념에 부합한 일제식 실증주의 역사학으로 바꾸어버린다. 마치 독재 통치의 수단으로 활용한 유신헌법을 우리식 민주주의라고 우긴 것과 같다.

식민지 지배를 정당화하면서 지속하기 위해서는 역사 왜곡 정책이 필수적이라 1925년부터 10년간에 걸쳐 조선사편수회(사료 수집 3년, 편찬 기고 5년, 초고 정리 2년)를 만들어 조선인 이병도, 신석호 등이 합류하였다. 이병도는 이미니시 류의 수사관보로 우리 고대사 왜곡에 헌신적으로 기여했고, 서울대학교 교수를 하면서 수많은 식민사학자들을 배출했다. 같은 편수관으로 한국사 말살에 참여했던 신석호는 문교부장관과 국사관 초대관장을 겸직하면서 고려대학교 인맥을 양성했다. 그 외 동국대학교는 이기동 인맥이, 서강대학교는 이기백 사단이 배출되어 우리나라 주류 역사학계를 장악하고 있으니 광복 70년이 흘러도 식민사관은 청산되지 않는 비극으로 이어지고 있다.

현재 국정교과서를 주도하고 있는 김정배는 신석호의 제자이고 노태돈은 이병도의 제자다. 조선사편수회 학파가 국사편찬위원회의 요직을 차지하고, 이 사람들이 중국의 동북공정에 대항하는 동북아역사재단의 요직을 차지하고, 결과물도 오히려 동북공정에 기여하고 일본 극우침략사관에 기여하는 참담한 현실이다.

식민사관은 일본 제국주의의 조선 침략과 식민 통치를 합리화하기 위해 왜곡 조작된 역사관인데 도쿄와 교토제국대학교 그리고 경성제국대학교(지금의 서울대학교)를 통해 한국인 역사가들에게 식민사관이 전수되었다. 이 식민사관을 만든 조선사편수회의 역사관은 해방이 되어도 주류가 되어 주요 대학 사학과, 국사관, 국사편찬위원회, 동북아역사재단, 뉴라이트(식민지근대화론, 일제의 정체성론) 등으로 이어져 대한민국의 암적인 존재로 남아 있고 국정교과서까지 만들었다.

어찌 슬프지 않겠는가. 이제 식민사관과 관련 학자들을 탄핵해야 할 때다.

오늘날의 과제

발아래 통일의 주역 태종무열왕이 조용히 누워 있다. 삼국 중 약소국이었던 신라가 누란의 국가 위기에서 비록 당의 힘을 빌려 반두를 평정하여 최초의 통일국가를 이루었지만, 로마같이 정복한 나라를 식민지로, 국민을 노예로 만들지 않고 민족의 구성원으로 받아들인 것은 실로 위대한 통합의 정신이다. 그리고 도와주면서 신라마저 삼키려는 당나라와 7년 전쟁으로 몰아낸 저력은 가슴이 울컥거리는 쾌거다. 그런데 외세에 의해 남과 북으로 분단된 오늘날, 통일을 원하지 않는 수구기득권 극보수들이 미국의 종같이 앞장서서 분단을 고착시키며 남북관계를 대결 국면으로 만드는 통탄할 상황을 어

*일제가 글자를 변조한, 중국 집안(集安)에 있는 광개토대왕비(호태왕비).

찌해야 할까. 뉘우치고 깨닫지 못하면 반복되는 것이 역사의 법칙이다. 열강의 먹이사슬이 되었던 구한말과 오늘날의 현실이 어찌 그리도 같은지 참담하다. 국민적 이해와 합의도 없이 기습적으로 사드를 배치하는 것은 동학혁명 때 일본군을 끌어들인 것과 같은 맥락이다. 결국 청일전쟁과 러일전쟁의 도화선이 되었지만, 그때 조선왕조와 대한제국은 지금의 박근혜정부이고 미국이 그때의 일본 역할이며, 지금의 일본은 손 안 대고 코푸는 러시아같이 즐기고 있다. 청나라(중국)의 보복이 시작되었고 그때나 지금이나 죽어나는 것은 우리 국민이다.

그러나 두려워할 필요 없다. 왕조가 썩고 정부가 단군 이래 가장 무능하고 부패해도 반외세 반부패의 햇불과 이게 나라냐고 촛불을 들어 무혈혁명을 할 줄 아는 세계의 자랑스러운 국민이 있지 않는가.

우리나라는 지리적으로 대륙과 해양이 맞닿아 있는 반도의 지정학적 위치로 어느 한 나라에 치우치지 않고 슬기롭게 잘 헤쳐 나가면 오히려 단단한 국가로 주변 강대국들을 이용하면서 우리의 국익을 극대화시킬 수 있다. 아무리 열강들이 자신들의 이익을 위해서 압박해도 현명하게 처신하면 우리의 자존심을 지키며 아름다운 나라를 만들 수 있는 국민 저력이 있지 않는가.

중국은 동북공정으로 속지주의(屬地主義) 역사관을 가지고 고구려, 발해, 고조선사도 모두 중국 역사이고 한강 이북까지도 중국사의 영역이라고 주장한다. 이것은 일제의 식민사관과 일치하는 것으로 중화패권주의 사관과 시차만 다르지 같은 맥락이다. 둘 다 한국사의 왜곡으로 최종 목표는 한국의 영토를 획득하는 데 있다. 정신 바짝 차리지 않으면 먼 훗날 나라가 북쪽은 중국, 남쪽은 일본이 차지할지도 모른다. 강대국들의 군사적 패권은 드러나 보이지만, 역사의 패권은 소리 없이 이어지기 때문에 더욱 심각하다. 일제의 식민사관은 시간과 공간의 축소로 '단군조선'을 '단군신화'라 하여 그

실체를 부정하여 2천 년의 역사가 축소되었고, 단군조선의 광대한 영역은 모두 삭제되고 한반도 북부 평양 일대로 국한한 소국(小國)이라 한 것은 오늘날 중국이 한강 이북이 중국의 영역이었다고 주장하는 중국동북공정의 논리와 완전히 일치하며 일제의 식민사관을 벤치마킹한 것이다. 그래서 두 사관은 일란성 쌍둥이라 한 김병기 박사의 말이 울림이 크다.

　　더욱 한심한 것은 앞으로 한국을 이어갈 학생들이 배우는 우리의 한국사 교과서로 여기에서 일제 식민사관의 핵심인 한사군(BC108~AD313)은 한반도 북부는 중국 식민지였고, 임나일본부(4C~6C)의 한반도 남부는 일본의 식민지였다고 한다. '식민지는 한민족의 운명'이라는 조선총독부의 식민지 통치 정당화를 그대로 배운다는 것이다. 검인정도 이러한데, 국정교과서는 기가차서 말이 나오지 않는다. 국정교과서를 만든 박근혜정부의 교육부는 조선총독부 탁지부 같고 참여자들은 조선사편수회의 아바타 같다.

아무렇게나　누워　있는　왕릉들

여기서 선도산으로 가는 길은 쇠창살문으로 나가면 된다. 문이 닫혀 있는 듯해도 농사짓는 분들을 배려하여 잠겨 있지 않다. 연못이 나오고 밭에는 도라지꽃이 선명하며 고구마, 옥수수, 참깨꽃이 하얀 아침의 순정을 알리고 있다. 매실, 고추도 무럭무럭 자라고 있다.

　　선도산 입구에 오르자 맨 먼저 고창 오씨 제실이 있고 바위의 성혈이 석가산을 만들어놓은 듯해 마치 선사인들의 예술품을 보는 것 같다. 그 오른편에 단아한 서악동 3층 석탑은 어느 단정한 여인이 말 못할 그리움을 안고 서 있는 모습 같다.

　　석탑에서 선도산 오르는 길목에 제법 봉긋 솟은 무덤들이 있다. 제일 앞의 것은 조선시대 황정 묘이고 그 뒤가 47대 헌안왕릉, 오른쪽 밑에는 46대 문성왕릉 그리고 뒤의 두 무덤을 24대 진흥왕과 25대 진지왕릉이라 추사 김정희도 추정했지만, 아무리 생각해도 아닌 것 같다. 네 개의 왕릉들은 아무런 석물도 없지만 햇살 받은 황정묘 앞 석상의 얼굴은 부드럽고 가슴에 손을 모으고 서 있는 모습이 애절한 수줍음을 간직하고 있는 듯하다.

서악동 3층 석탑.

　46대 문성왕은 아버지 김우징(45대 신무왕)이 청해진 대사 장보고 군사의 도움으로 왕이 되었지만 4개월 만에 죽는다. 세상에 공짜가 없듯이 장보고의 딸을 왕비 삼기로 언약한 아버지의 빚을 아들 문성왕이 둘째왕비로 삼아 갚으려 했으나 조정의 신하들이 벌 떼같이 일어나 반대한다(『삼국유사』에는 신무왕 때로 기록). "궁복(장보고)은 섬사람인데 그 딸을 어찌 왕실의 배우자로 삼겠습니까?" 이런 상황에서 장보고는 자기 딸을 왕비로 맞아들이지 않자 1년 뒤 문성왕 8년(846)에 원망하며 반란을 일으킨다. 이 문성왕은 19년 되던 해에 병이 나 열흘이 지나도 낫지 않자 "나는 미미한 자질로서 숭고한 지위에 처하여 위로는 하늘에 죄를 얻을까 두렵고, 아래로는 인심에 실망을 줄까 염려되어 아침저녁으로 두려워하고 근심함이 마치 깊은 못의 얇은 얼음을 건너는 것 같았다. …… 더구나 나고 죽고 시작하고 끝나는 것은 만물의 큰 기약이요, 수명이 길고 짧은 것은 생명의 일정한 분수이니 죽는 사람이란 이치를 통달하는 것이므로 산 사람이 지나치게 슬퍼할 것이 없다."라고 한다. 이런 철학적인 말을 남기고 죽지만, 병석에 누워 있으면서 이렇게 길고

제4장 찬란한 신라의 꿈

도 장황한 유언을 남긴 것으로 보아 모종의 정치적 함정이 있었을 가능성이 높다. 공작지(孔雀趾)에 장사 지냈다 했는데 여기일까? 아니라면 어디일까?

연이어 47대 헌안왕릉도 따스한 햇살을 받고 누워 있다. 이 헌안왕은 문성왕의 숙부(아버지 신무왕의 이복동생)로 문성왕은 병석에서 "효성과 우애가 있고 총명하고도 민첩하며 너그럽고도 인자하여 오랫동안 재상의 자리에서 임금을 도왔다"라면서 왕위를 맡긴다. 5년간 짧게 왕을 하다 죽었지만, 특이한 일은 왕비에서 두 딸이 있었지만 사위를 구해 왕위를 물려준다. 헌안왕 4년(860) 9월에 임해전(구안압지 동궁, 월지)에서 많은 신하들과 잔치를 베풀면서 왕족인 열다섯 살 응렴(膺廉)도 참석한다. 왕은 응렴에게 별안간 "너는 멀리 다니면서 공부했는데, 착한 사람을 본 일이 있느냐?"라고 묻는다. "저는 세 사람을 보았는데 착한 행실이 있다고 생각했습니다."라고 답하는

이 응렴이 앞서 정강왕 편에 써놓은 대로 꿩(못난 큰공주) 먹고 알(잘난 둘째 공주) 먹는 횡재를 하는 헌안왕의 사위로 임금님 귀는 당나귀의 주인공 48대 경문왕이다.

딸만 둘 있는 헌안왕이 궁녀에게서 한 아들이 탄생하는데 기록에는 5월 5일 외가에서 낳았는데, 지붕 위에 긴 무지개와 같은 흰 광채가 하늘까지 뻗쳐 있어 일관(日官)이 왕에게 아뢴다.

"이 아이는 단오일(端午日)에 낳고, 나면서 이가 있었으며, 이상한 광채가 있어 장래 국가에 이롭지 못할 것입니다. 기르지 말아야 합니다."

왕은 궁중의 사자(使者)를 보내어 아이를 죽이라 한다. 사자는 아이를 포대기 속에서 꺼내 다락 아래로 던져버렸는데 그 젖어미 종이 몰래 받다가 손가락이 아이 눈을 찔러 애꾸눈이 되었다. 그녀는 아이를 안고 도망하여 숨어서 온갖 고생하며 길렀다. 아마도 왕비의 질투와 정치적인 역학관계에서 헌안왕도 죽이지 않으면 안 되는 슬픈 운명이었을 것이다. 이 아이가 훗날 후삼국의 패권을 다투는 궁예(헌안왕의 사위인 경문왕의 아들이라고도 한다.)다.

폐위당하는 진지왕과 정복의 왕 진흥왕

헌안왕에서 저만큼 떨어져 숨은 듯이 누워 있는 것은 왕(진지왕) 노릇 4년(579) 만에 화백회의에서 폐위된 부끄러움 때문인가. 더구나 폐위의 원인이 "정치가 어지럽고 황음(荒淫)하다."라고 해서 더 창피했는가. 형님 동륜이 태자로 책봉되었지만, 동륜이 미모가 뛰어나고 가무에 능한 매혹적인 미실에 빠져 색의 달콤함에 못 헤어나자 아버지 진흥왕과 관계하고 있던 미실은 괴로운 나머지 다른 미인을 소개시켜준다. 권력과 돈, 명예 이것도 사람답게 사는 데 또 하나의 짐이 될 수 있다. 그래서 가진 것이 많으면 유혹도 많은 법이다. 점점 색의 유혹에 빠진 동륜은 진흥왕의 또 다른 색 공녀 보명을 좋아해 밤에 몰래 보명궁의 담을 넘었다가 보명궁을 지키던 개에게 물려죽는다. 오늘날 성추행, 성 접대로 권력과 명예의 옷을 벗는 공직자들의 모습이 연상된다.

이와 같이 진지왕은 왕이 될 확률이 희박했지만, 형님 동륜이 색을 너무 좋아하다 죽어(572년) 왕이 되었고 결국 형님의 전철을 밟아 색으로 폐위되고 죽는다.

그래도 지금의 사람들보다 격이 있었던 것은 사량부 민가의 절세미인 도화녀(桃花娘)를 권력으로 범하려 하니 남편이 있다고 거절한다. 왕은 "너를 죽인다면 어떻게 하겠는가."라고 묻자 협박해도 차라리 죽겠다고 한다.

"남편이 없으면 되겠는가?"

"됩니다."

이 말을 듣고 왕이라도 도화녀를 범하지 않는다. 그해 자신도 폐위되어 죽고, 2년 뒤에 도화녀 남편도 죽었다. 열흘 후 왕은 기다렸다는 듯이 생시의 모습으로 나타나 오매불망 도화녀와 가슴 뜨거운 사랑을 나누고 홀연히 사라진다. 이 진지왕의 아버지(진흥왕)는 바로 위에 누워 있고 손자(태종무열왕)는 저 아래에 누워 있다.

이 위에 쪼글쪼글 쓸쓸하게 누워 있는 무덤이 신라 진흥왕릉이라는데 신라 최대의 정복 왕릉 치고는 너무 초라하다. 그래서 나는 태종무열왕릉 위에 있는 네 개의 고분 중에 하나를 진흥왕릉으로 본다. 일곱 살에 왕이 되어 37년간 영토를 삼국통일의 땅보다 더 넓게 차지했고, 이때 황초령, 마운령, 북한산, 창녕에 진흥왕순수비를 세운다. 37년간 왕을 하다 보니 굵직굵직한 일들이 많기 마련이다. 너무 어린 나이에 등극하여 왕태후가 대리로 정사를 보았지만 즉위 5년(544) 2월에 신라 최초의 절 흥륜사가 완성되고 3월에 출가하여 중이나 여승이 되어 부처를 받드는 것을 허락하였다. 삼국 중에 가장 늦게 불교가 공인(527)되었지만, 이때부터 신앙심이 활활 타올라 온 신라를 불국토로 만드는 일대 변혁을 시작한다.

모든 정치는 왕 혼자 하는 것이 아니라 훌륭한 신하가 받쳐주어야 한다. 우산국(울릉도)을 복속한 이사부(異斯夫)가 "국사(國史)란 임금과 신하들의 착하고 악함을 기록해서 시비 선악의 평정을 만세에 보여야 한다. 국사를 편찬한 것이 없다면 후세에서 무엇을 보겠습니까?"라고 하니 이 건의를 받아들여 545년에는 거칠부 등에게 명하여 선비들을 널리 모아 국사를 편찬하게 한다. 이와 같이 여러 학자들을 모아 시비 선악을 그대로 기록하는 것이 기본인데 자기들 입맛에 맞는 허술한 편집자들을 비밀리에 모아 국사 국정교과서를 만드는 박근혜정부의 역사 기록이 1천5백 년 전보다 못하니 통탄할 따름이다.

즉위 10년(549)에는 양나라에서 사신과 신라 최초의 유학승 각덕(覺德)을 통해서 부처의 사리를 보내와 이제 신라는 명실공히 부처가 상주하게 된다.

약소국 신라가 삼국을 통일할 수 있었던 데는 명산대천에서 심신을 단련하며 유사시에 나라를 위해 몸 바치는 화랑들의 공이 지대했다. 이 화랑의 전신인 원화(源花)를 진흥왕 37년(576)에 뽑았다. 지금도 기업에서 시험과 면접만으로 알 수가 없어 합숙시켜 필요한 사람을 고르듯이 이때도 인재를 알 수가 없어 무리지어 놀게 해 그 행실을 보고 쓰고자 모인 3백여 명 중 남모(南毛)와 준정(俊貞)이란 아름다운 두 여자를 뽑아 원화라 하였다. 그러나 권력도 나눌 수 없듯이 아름다움도 서로 다투다가 질투의 불길이 솟아 준정이 남모를 자기 집으로 유인하여 억지로 술을 권하여 취하게 되자 끌어다가 강물에 던져 죽여버린다. 결국 준정은 사형에 처해지고 무리들은 흩어져 버린다. 이후에는 얼굴이 아름다운 사내를 뽑아 곱게 꾸며서 화랑(花郎)이라 칭하고 받들게 했는데 무리들이 구름처럼 모였다. 그들은 도덕과 의리로써 서로 연마했고, 노래와 음악으로 서로 즐기면서 산과 물에서 노닐고 즐겨 멀리 가보지 않은 곳이 없었다. 이런 와중에 간사함과 정직함을 알게 되어 착

한 이를 뽑아서 그들을 추천하여 국가의 인재로 썼던 것이다.

진흥왕은 말년에 머리를 깎고 중 옷을 입었으며, 왕비도 여승이 되어 영흥사에 살았다. 진흥왕의 장지는 애공사(哀公寺) 북쪽의 봉우리에, 진지왕은 영경사(永敬寺) 북쪽에, 문성왕은 공작지(孔雀趾)에, 헌안왕도 공작지(孔雀趾)에서 장사 지낸다. 이것만 보아도 엉터리다. 왕릉이라기보다 귀족 정도의 무덤 같은데 여기 누워 있는 왕들은 말이 없다.

조연의 역할은 더욱 빛나고

마을 길로 내려왔다. 마을 길은 온갖 사연이 묻어나기 때문에 언제 보아도 정겹다. 성종 때 학자 황정(黃玎, 1426~1497)의 학덕과 효행을 기리기 위해 만든 도봉서당(桃峯書堂)을 맨 먼저 만난다. 김유신과 설총, 최치원을 모신 서악서원도 이른 아침이라 문이 잠겨 있다. 제 역할이 끝난 서원이나 고택들을 한때 방치했다가 현재 숙박이나 예절 등의 체험 공간으로 활용하며 명맥을 유지하고 있다. 여기 서악서원이나 도봉서원도 신라문화원에서 숙박 공연 체험 공간으로 살리고 있어 다행이다. 벌써 아침때가 되어 태종무열왕릉 주차장 앞에 여러 식당 중에 연화식당을 골랐다. 다행히 맛이 괜찮아 "아지매, 반찬 맛있게 하네예."라고 하니 주인 아지매 왈 "배고프면 다 맛있습니더."라고 한다.

주차장 옆 김인문(629~694) 묘로 발길을 옮겼다. 여기 있는 비각의 거북이는 태종무열왕릉 것과 거의 비슷한 짝퉁 같다. 김인문은 태종무열왕의 둘째아들로 삼국이 치열한 각축을 벌일 때 당나라에 거의 살다시피 하며 외교와 군사에 지대한 역할을 하여 마침내 신라가 삼국을 평정하는 데 큰 공을 세운다. 251년 23살의 나이로 당나라에 가서 백제와 고구려를 칠 적엔 당나라 군대와 신라군의 합동작전으로 즉 오늘날 한미 연합부사령관(사령관은 소정방) 역할을 했다. 일곱 번이나 당나라에 가서 총 22년을 보내고 66세에 죽는다. 그러면서 오직 신라 통일에 인생을 불사르고 마침내 당나라까지 몰아내는 조국을 보고 행복하게 죽었을 것이다. 신라 자주 노선의 희생양이 되어 옥에 갇히기도 했지만 그는 문무를 겸비한 보배로운 인재였다.

그 옆에는 김양의 묘가 따가운 햇살을 받으며 누워 있다. 김양은 태종 무열왕의 9세손으로 선조의 피를 이어받았는지 나면서부터 재주가 뛰어나고 기상이 걸출했다. 왕위 쟁탈전에서 반대파 배훤백이 쏜 화살을 맞고 전세가 불리하자 숨어 지내면서 3년 뒤(839) 역 쿠데타로 다시 조정에 나와 지난날 자신을 쏘았던 배훤백을 불러 "개도 그 주인이 아니면 짓는 법인데, 그대는 그대의 주인을 위하여 나를 쏘았으니 의사(義士)다. 나는 원망하지 않을 것이니 그대는 안심하고 두려워하지 마시오."라고 한다. 참으로 감동이다. 지금 이렇게 통 큰 포용력을 가진 정치인이 과연 있는가?

여기 김양 군사와 대구에서 맞서 싸우다 패전한 김흔은 패전의 책임을 지고서 죽지를 못했으므로 다시는 벼슬하지 않고 소백산으로 들어가 갈포옷을 입고 나물 먹고 살다 산속에서 죽는다. 37살의 나이에 스스로를 책임질 줄 아는 참군인 김흔을 생각하니 애잔함이 일렁인다. 오늘날 영광스런 별을 네 개씩이나 달고도 온갖 방위산업 비리에 무기 브로커를 하고도 추하게 장관해먹겠다고 부끄러운 줄 모르는 똥 별들을 생각하면 한심할 따름이다.

장산 토우총(獐山土偶塚)으로 향했다. 7월의 짙은 녹색이 온 벌판을 누비고 있었다. 여느 마을과 같이 사람은 구경하기 힘들다. 산속으로 올랐다. 산길을 올라 제일 높은 집 마당을 통과해야 되는데 그것도 닭장 안을 지나야 한다. 새들이 놀라 구구지지 달아난다. 마당 언덕을 오르자 곧바로 무덤이 나온다. 이 안에서 사람과 짐승 모양의 토우가 나와 장산 토우총이라 했다. 예전에는 안에 들어가 보았지만 지금은 철문으로 막아놓았다.

무덤 위에는 쑥쑥 잘 자란 소나무 한 그루가 용감하게 서 있고 참나무 두 그루도 우뚝 서 있다. 풀잎이 무성하게 제멋대로 자라고 있다. 풀이라도 잘라주지. 닭 몇 마리가 먹이를 쪼며 잘 놀고 있다가 나를 발견하자 총총걸음으로 산길로 달아난다.

효현 솟티마을 경로당을 지나 다시 국도를 만나 효현다리 못 미쳐 오른쪽 길로 한참 걸어가면 법흥왕릉이 나온다. 농로라 간혹 차도 지나고 자전거도 쌩쌩 달린다. 나는 풋풋한 풀 내음 풍기는 벌판을 고독한 방랑자가 되어 걷는다.

법흥왕릉 입구에 들어서자 소나무들이 좌우에서 기립해 반긴다. 대개의 왕릉이 그렇듯 여기도 굽이굽이 오르는 맛이 괜찮다. 입구에 오토바이가 한 대 보이고 노인 두 분이 참외를 깎아 먹으며 쉬고 있다. 나는 예의로 가볍게 묵례만 했는데, 옷매무새를 고치면서 '우리는 문화재 지킴이입니다.'라고 말한다.

아무런 보람도 없고 의미도 없는 지금 같이 할일 없이 시간만 때우는 것은 노인 일자리가 아니다. 노인들에게 고된 일을 시켜서는 안 되겠지만, 왕릉 반경 10미터 정도는 관리할 수 있을 것이다. 큰 고분들이야 어차피 기계로 하지만 여기처럼 독립된 왕릉들은 벌초라도 하게 해야 한다.

법률과　불법을　세우다

불법을 흥하게 했다고 법흥왕(法興王)이라 했는데, 신라는 여러 우여곡절 끝에 이차돈의 순교로 불교가 공인(527)된다. 고구려(372), 백제(384)에 비해서 약 1백50년이나 뒤쳐진 것은 토착 세력의 반대가 심했기 때문인 듯하다. 비록 늦게 출발했지만 신라는 불교를 구심점으로 온 국력을 결집시켜 비약적으로 발전하였고 불교는 결국 삼국을 평정하는 원동력이 된다.

　　왕릉 뒤로 천천히 올랐다. 왕릉은 초라하고 작아서 과연 키가 일곱 자나 되고 너그럽고 후하며 사람들을 사랑한 데다 나라의 기틀을 세운 자의 왕릉인가 의심스럽다. 27년 왕을 하다 죽어 조카이자 외손자인 진흥왕과 같이 애공사(哀公寺) 북쪽 산봉우리에 장사 지냈다 했는데 그렇다면 두 왕릉이 같이 있어야 하는데 진흥왕릉은 선도산의 동쪽에, 여기 법흥왕릉은 서쪽에 있으니 어딘가 엉터리다. 그렇다면 여기서 약 5백 미터 서쪽에 있는 애공사지도 1669년 당시 경주부윤 민주면(閔周冕, 1629~1670)이 『동경잡기』에 애공사지(지금의 효현리 삼층석탑)로 전한다고 해놓았는데 그렇다면 애공사지도 엉터리고 두 왕릉도 엉터리다. 이 『동경잡기』는 신라(경주)의 풍속과 문물, 전설과 역사 등을 풍부하게 전해주는데 작자 미상이었으나 당시 경주부윤 민주면이 진사 이채(李採) 등과 함께 증수하여 간행한다. 그러나 민주면이 휴가를 얻어 서울(한양)에 간 사이에 경주부에서 진상(眞祥)이란 부인이 남편을 살해하는 사건이 일어나 파직되고 얼마 후인 마흔한 살 나이에 안타깝게 죽는다.

　　이 왕은 율령을 반포하고 모든 관리들에게 공복과 복색의 차례를 제정

하였다. 나라의 정무를 모두 주간하는 상대등(재상)으로 삼아 책임 정치를 시작했다. 지금의 위정자는 여기 법흥왕에게 한 수 배워야 한다. 불교를 공인한 왕답게 살생을 금지하고 비로소 독자 연호 건원(建元)을 정하였다. 말년에는 지방 관원들이 가족을 데리고 부임하게 했다. 이처럼 나라의 기틀을 세우고 조카며 외손자인 진흥왕에게 왕위가 이어진다. 이 법흥왕릉도 진흥왕릉으로 추정했던 태종무열왕릉 뒤의 4기의 고분 중 제일 위의 것이라 생각한다.

시간은 잘도 흘러 벌써 열한 시가 훌쩍 지나 있다. 왔던 길을 되돌아 비산비야의 야트막한 산에 쓸쓸히 누워 있는 희강왕릉과 민애왕릉으로 향했다. 고속도로 밑으로 하여 망성마을 길로 접어들었다. 멀리서 고속도로의 차 소리, 무심한 송아지 울음소리가 묘한 대조를 이루고 더위는 따가운 햇살로 계절을 알린다. 앞가슴과 등줄기의 옷이 젖고 목에서도 땀이 흐른다. 그래도 새소리가 아름답게 들리고 맑은 바람이 가슴을 적신다. 찌들고 가난하게 보여도 언제와도 정겨운 마지막 마을을 지나 산길을 조금 오르자 희강왕릉 2백50미터, 민애왕릉 1백50미터 팻말이 보인다.

쓸쓸히 누워 있는 희강왕, 민애왕

전보다 소나무들은 많이 자랐지만 아직도 평범한 산등성이 길이다. 희강왕
이 일으킨 왕위 다툼의 칼부림을 생각하니 갑자기 서늘한 기운이 돈다. 42
대 흥덕왕이 죽자 서로 왕을 하려고 칼부림하다 삼촌 균정을 죽이고 왕이
되는 제륭이 여기 누워 있는 희강왕이다. 그때는 12월 음산한 겨울에 권력
다툼의 피비린내가 서라벌에 진동했을 것이다. 그러나 칼은 칼로 망하듯이

자신을 도와준 시중 김명의 반란으로 불과 2년 만에 스스로 목을 매 죽었다. 왕릉이라기보다는 조선시대에 조금 떵떵거리고 살았던 사람들의 묘보다도 볼품없이 비스듬히 누워 있다.

다시 발길을 돌려 민애왕릉으로 갔다. 그래도 여기는 큰 소나무들이 쭉 늘어서 있어 제법 위엄이 있어 왕릉 가는 길 같다. 왕릉에 이르자 풀들이 아무렇게나 자라 앞으로 쓰러지고 뒤로 누워 미친년 산발한 머리 같다. 민애왕이 죽을 때 이랬을까? 희강왕을 핍박하여 죽게 한 뒤 스스로 왕을 했으나 1년 만에 장보고에 의탁한 김우징의 복수로 병사들에 잡혀 죽었다.

지금처럼 쪼글쪼글하고 풀만 무성한 이 왕릉이 민애왕릉이 맞는가?

1984년 수리시에 원화 10년명(元和十年銘) 골호(뼈단지) 토기가 발견되었다. 이는 민애왕릉(838~839)이 아닌 헌덕왕(809~826) 때다. 원화 10년은 815년이니 헌덕왕에게 칼 맞아 죽은 애장왕(800~809)이거나 그 앞의 소성왕(798~800)일 가능성도 있다.

천천히 둘러보았다. 스무 개의 지주석이 자신의 의무이지만 별로 행복해 보이지 않게 무덤을 받치고 있고 상석 두 개가 외로움을 이기고 앉아 있다. 왕릉 뒤 언덕을 올랐다. 급경사 아래 왕릉을 보니 세상사 한 줌의 흙무덤일 뿐이다. 아름답게 살아도 부족한 이 세월을 일부 사람들은 왜 그리 추하게 사는지 모르겠다. 희강왕과 민애왕은 같은 편이었지만 권력 앞에서는 상대를 죽이고 자신도 죽는 인생 비극의 드라마만 연출하였다. 왔던 길을 천천히 내려왔다. 벌써 두 시가 다 되어간다. 배도 고프고 갈증도 난다. 택시를 불러놓고 천천히 걸었으나 오지 않아 동네슈퍼에서 막걸리 한 사발을 단숨에 들이켰다.

길은 멀어도
마음을 울리는 왕릉

대개의 신라왕릉이 경주 중심부나 변두리에 있지만 진덕여왕릉과 흥덕왕릉은 경주에서 멀리 떨어져 있다. 특히 흥덕왕릉은 동해 바닷가에 있는 대왕암보다도 더 멀리 있다. 왕릉이 멀리 떨어져 있다는 것은 그럴 만한 사연이 있다는 것이다. 신라의 마지막 경순왕은 신라를 고려에 이양하고 왕건의 딸 낙랑공주와 결혼하여 개성에 살다가 죽어 황해도(경기도 연천 장단)에 있다. 문무대왕은 바다로 침입하는 왜를 진압하겠다는 염원에 나라를 지키는 호국용이 되겠다고 동해 바닷가에 수중릉을 만들었고, 흥덕왕릉은 사랑하는 왕비가 먼저 죽어 함께 묻힌 합장릉이라 안강읍 위 육통리의 아름다운 소나무 숲에 싸여 있다.

특히 흥덕왕릉은 마치 숨겨놓은 보물마냥 환상의 아름다움을 안겨준다. 언제 가더라도 그 자리에서 아름다움을 뽐내고 있어 즐겨 찾는 왕릉이다. 진덕여왕릉도 현곡의 오류리 외진 산기슭에 홀로 누워 있어 찾는 이 드물지만 가보면 잔잔한 울림을 받을 수 있다. 남에서 북으로 흐르는 형산강의 서쪽에 있는 강변의 왼쪽 길을 걸어 이 왕릉들을 만나보기로 한다.

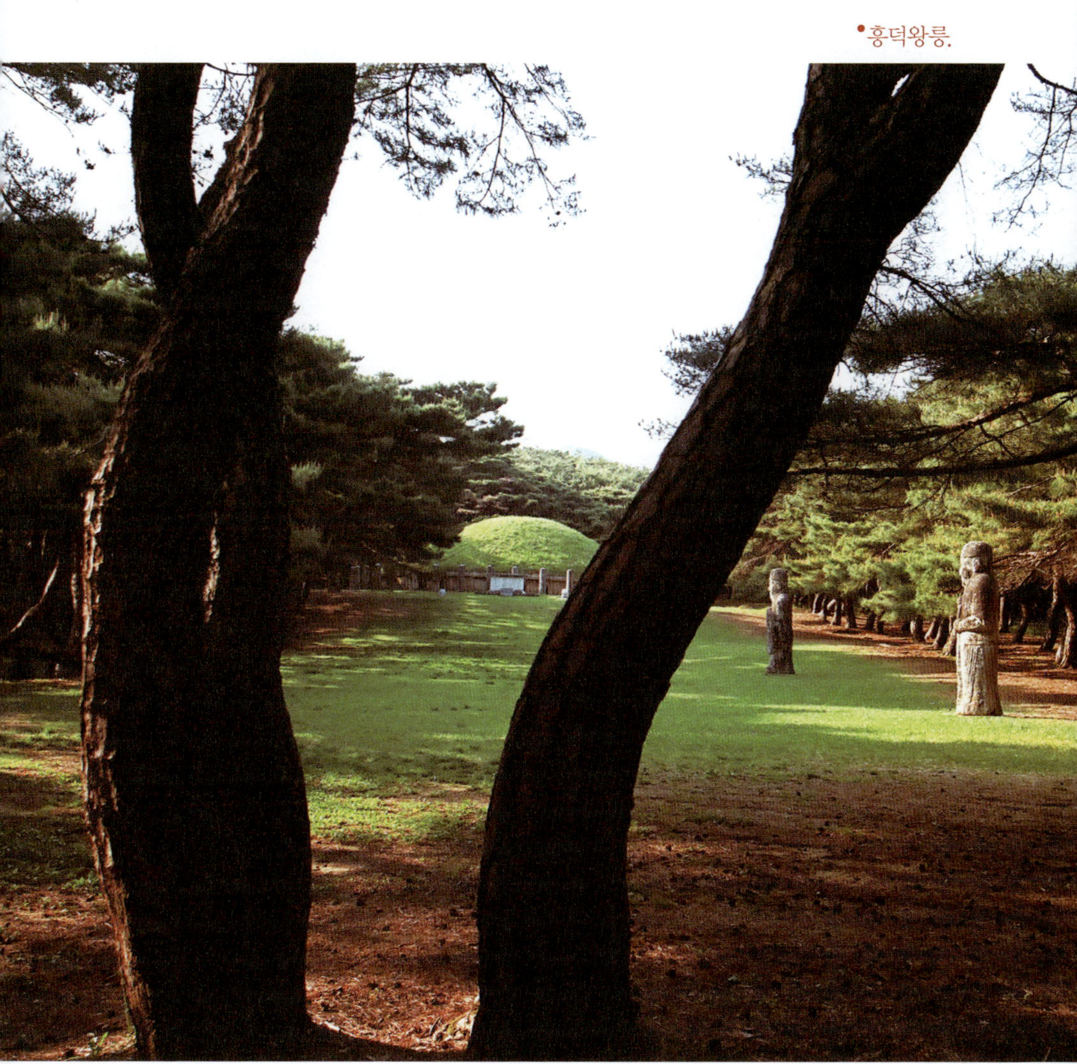

325

구국의 명장 김유신 묘를 지나며

길이 멀고 여름이라 새벽에 길을 나섰다. 지난번처럼 봉황대에서 출발하여 서천교를 지나 오른쪽 형산강 길을 걸었다. 여기는 봄이면 벚꽃이 만발한 벚꽃터널이 된다. 가벼운 발걸음으로 김유신 묘로 올랐다. 운동하는 아저씨, 아줌마들만 보인다. 꼴불견 운동하는 모습이 여기도 어김없이 보인다. 공기 탁한 길거리도 아니고 이 좋은 공기에 온통 얼굴을 가려 화성에서 온 외계인 모습을 하고 워킹 중이다.

김유신 묘는 아주 크진 않지만 난간을 두르고 십이지신상이 빈틈없이 지키고 있는 권위로 봐서 거의 왕릉 수준이다. 좌우에는 태대각간 김유신 묘와 흥무대왕릉비가 서 있다. 흥덕왕 때 추증한 흥무대왕의 마지막 능(陵) 자가 물기 머금으면 묘(墓) 자로 보인다고 누군가 물을 뿌렸는지 비의 하단이 젖어 있었다.

김유신은 삼국통일의 주역으로 워낙 스타라서 온 국민이 다 알고 있다.

『삼국사기』의 열전도 상중하로 비중 있게 다루었다. 김유신을 한마디로 정의하기는 대단히 어렵지만, 내가 보는 김유신은 전략과 전술이 뛰어났고 자신에게 엄격하면서 솔선수범했다. 김유신(595~673)은 전쟁에 첫 등장하는 진평왕 51년(629)부터 삼국을 통일하는 문무왕까지 수많은 전쟁터에서 삼한통일의 꿈을 현실로 바꾼 불세출의 위대한 명장이다.

김유신이 존재하던 신라 당시와 오늘날의 우리 현실을 생각하며 김유신 사당을 천천히 돌아나왔다. 흥무공원 입구에는 "화백과 화랑의 혼을 이어 받아……"로 시작하는 '경주시민헌장' 비가 서 있다. 오늘날의 화백과 화랑정신은 무엇인가? 화백은 여러 다양한 의견을 민주적 절차에 의해 도출해내는 소통 과정이고, 화랑정신은 주어진 자신의 길에 몸과 마음을 바쳐 매진하는 것이 아닐까?

걸어가다 도로와 철길 사이 아주 좁은 틈 판자로 엮은 공간에 사람이 사는지 빨래가 널려 있다. 마음이 찡하다.

산다는 것은 또 무엇인가? 나는 왜 걷고 있는가? 국가와 민족을 위한 거창한 것이냐. 나 개인의 만족이냐. 아니면 누구를 위한 것이냐. 모두 다 맞을 수도 있고 아닐 수도 있다. 그러나 이렇게 혼자서 걷는다는 것은 행복하다. 책을 쓰기 위한 것도 있지만, 결국 나의 존재를 위해 걷고 또 걷는다. 바람, 풀, 새, 저 강물, 살아가는 모든 만물이 제 역할을 하며 사는 이 순간들이 극락이 아닌가.

갈 길은 멀어도 발걸음은 가볍다. 경주 동국대 병원 앞 늪지대에 이르니 낚시꾼 두 명이 낚시에 열중하고 있었다. "고기 좀 잡았습니까?"라고 묻자 "쯩……." 순간적으로 중국 사람이구나 생각하여 "니 하오 마?" 하니 싱긋이 웃는다. 머나먼 타국에 와서 무슨 생각을 하며 낚시할까? 담배 한 모금에 시름을 달래는지 허공에 퍼지는 연기 속에 이국에서의 고단함을 날려보내는 것 같다. 다행히 시에서 금장대 주변을 정리하면서 주차장을 만들고

다리를 해놓아 편하게 건넜다. 다리를 건너자마자 앞서 말한대로 여기저기
떠돌다 2016년 4월 경주의 문화예술인들이 세워놓은 경주기생 홍도의 추
모비가 있다. 이제 홍도는 꿈에도 그리던 고향 경주를 바라보면서 꽃피고 달
뜨면 이 금장대에 올라 못다 부른 슬픈 곡조의 노래를 목 놓아 부를 것이다.

금장대 암각화가 있는 절벽에 섰다. 선사인들은 무슨 생각을 하면서 여
기에 암각화를 새겼을까? 삶의 즐거움과 고단함, 짧은 행복에 불안과 두려
움을 예술적 작품으로 새긴다는 목적보다 무슨 강렬한 기원이 아닐까? 유
유히 흐르는 강물은 온갖 세월의 영욕을 아는지 모르는지 잔물결만 일렁이
며 자신의 길을 간다.

암각화 위에는 경주시에서 사라진 금장대 누각을 세워놓았다. 오늘날
의 누각은 상징성은 될 수 있지만 누각 원래의 기능은 사라졌다. 정자나 누
의 첫 번째 기능은 누에서 바라보는 풍경이고 두 번째가 누각 자체를 바라
보는 것인데 지금은 어느 누에서나 아파트와 빌딩숲만 보인다. 여기도 천년
도읍지의 아름다운 옛 모습은 사라졌고, 온통 국적 불명의 아파트에 날카롭

고 차가운 경주시립문화예술회관까지 세워져 있어 시선이 어지럽다. 아무리 공간 확보의 현대적 건축이라도 천년 고도 경주의 문화예술회관이라면 고도의 격에 맞게 할 수는 없었을까? 정면 5칸, 측면 2칸의 이 금장대도 기둥이 너무 굵어 시원스럽지 않고 너무 빵빵하다. 이 시대 대한민국 전반적인 현상인데 수입 목은 굵기가 거의 무한정이고 나무가 많이 들어가야 업자들은 돈이 되니까 자꾸만 굵고 높게 올린다.

슬픈 사랑은 바람결에 흐르고

금장역 옆으로 둑길을 걸어 진덕여왕릉으로 향했다. 신라 때 사냥터였다는 용림(龍林)에는 등나무가 마치 용 모습으로 이리저리 용트림하고 있다. 한 총각을 같이 사랑한 두 자매는 총각의 전사 소식(오보)에 서로 부둥켜안고 울다 연못에 빠져죽고, 훌륭한 화랑이 되어 살아 돌아온 총각은 그 소식을 듣고 자신도 그 연못에 빠져죽었다는 슬픈 이야기가 전한다. 그 총각이 죽어 생겼다는 팽나무는 아직도 싱싱한데 두 자매의 혼령으로 살아난 사랑의 등나무는 예전에는 싱싱하게 총각의 팽나무를 감싸고 있었는데, 지금은 원줄기는 죽었고 잔 줄기들만 애처롭게 버티고 있다. 마침 한림대학교 연구팀들이 식물들을 채집하고 있었지만 천년의 사랑에 지쳤는지, 사랑이 사라졌는지 휑한 슬픔만 맴돈다.

　　오류다리 건너 마을을 지나서 팽나무 그늘 아래 잠시 쉬었다. 마을 쉼터였지만 제 역할이 끝났는지 시멘트는 깨졌고 풀은 무성했으나 바람만은 시원했다. 진덕여왕 옛 주차장에서 남의 묘 앞으로 지나던 옛길은 막았고, 주차장은 5백 미터 뒤 저수지 앞에 새로 만들어놓았다. 풀섶에는 왕거미 한 마리가 따가운 햇살을 받으며 거미줄을 쳐놓고 먹이를 기다리고 있다. 저렇게 해서 점심이나 먹을 수 있을까? 곤충들도 인간의 삶만큼 팍팍하구나. 여기부터 왕릉 왼쪽 옆구리로 비스듬히 올라가게 해놓았다. 숲 가꾸기로 소나무만 남기고 정리하여 아주 아름다운 소나무 몇 그루가 사람의 기운을 돋운다. 먹어서 힘이 솟기도 하지만, 이처럼 기품 있는 아름다움을 보아도 기운이 솟는다. 왕릉에 오르자 정면에서 말(십이지신상)이 반기고 그 옆에 양이 순하게 껌뻑이고 있었다. 왕릉 뒤에는 석물이 없고 소나무가 자라고 있었지만 선덕 왕릉보다 결코 작지 않았다. 제자리를 잃어 모아 놓은 석물 위에 조용히 앉았다. 여기 진덕여왕은 선덕여왕이 비담의 난으로 스트레스에 죽고 배턴을 이어받은 과도기적 여왕이었다. 전시 상황에서 김춘추, 김유신이 실

권을 쥐고 있어 형식적 여왕이었다.

진덕여왕은 등극한 지 9일 만에 비담의 난을 평정하고 관련자 30여 명을 처형한다. 비록 당나라에 아부가인 태평송(太平頌)를 비단으로 수놓아 바치곤 했지만, 위기의 신라를 구하고자 한 고육지책으로 생각된다. 진덕여왕은 선덕여왕의 사촌 동생으로 조용히 왕을 지냈지만 타고난 자질이 풍만하고 고우며, 키가 일곱 자나 되는 오늘날의 쭉쭉 빵빵 미인이었다. 진덕여왕도 8년째 하다 죽는데 『삼국유사』에는 언급이 없고 『삼국사기』에 사량부(沙梁部)에 장사 지냈다 하는데 거기가 어디일까? 사량부는 경주 시내 서쪽 흥륜사(지금의 경주공고) 일대로 추정하니 여기와는 엄청난 차이가 있다. 신라의 십이지신상 중 조각 기법이 빈약하여 신라 하대로 추정하니 여기가 아닐 수 있다. 이곳은 이렇게 외따로 떨어져 있어 두 번이나 도굴당하는 수모를 겪었다.

신라 때 만든 천년의 석물 위에 앉아서 이런저런 생각에 잠기다 내려왔

•나원리 5층 석탑.

다. 매미 우는 소리는 여전히 청량해 나그네의 심신을 달래면서 배웅하고 연못에는 어느 강태공이 홀로 낚싯대를 드리우고 있다.

논둑길을 가로질러 새로 난 산업도로에 접어들었다. 옛 국도면 운치라도 있지만 지리한 길을 걸어야 했다. 논과 벌판, 산으로 이어져 시각적인 피로는 없었지만 차들은 쌩쌩 다녔다. 벌판에는 짙은 초록빛 벼들이 바람에 일렁이며 쑥쑥 자라고 있었다. 다시 왼쪽으로 쭉 들어가 살결이 백옥같이 희다고 백탑이라는 별칭이 붙은 나원리 5층탑으로 향했다. 나원마을로 들어서자 멀리서 염불 소리가 들린다. 시골 성당의 종소리와 산사의 염불소리는 사람의 마음을 편안하게 해주며 속세에 지친 몸과 마음을 달래주는 역할을 한다. 하얀 개망초가 길가에서 하늘거리고 있었다. 비산비야의 야트막한 산기슭에 준수한 5층탑이 처연하게 서 있다. 국보의 위용을 풍기지만 찾아오는 이 없는 산골에 있다 보니 나원사의 염불 소리만 요란하다. 염불 소리는 절에서 멀어질수록 평온하고 극락이 서려 있다. 신라인들은 여기에서 무슨 사연을 새기며 무엇을 소망했을까. 나는 이런저런 상념에 잠기며 근래에 만들어 볼품없고 아무런 울림이 없는 나원사 절을 둘러보고 다시 길을 재촉했다.

멀고 먼 흥덕왕릉 가는 길

벌써 열한 시 삼십 분이 지나고 있다. 아침도 먹지 않고 거의 다섯 시간을 걸었는데 배가 고프지 않다. 근처에 식당이 없는 걸 알고 몸이 알아서 대응하는 것 같다. 여기서 흥덕왕릉까지 가는 길은 멀고도 멀다. 더구나 호젓한 오솔길도 아니고 차가 쌩쌩 다니는 산업도로라 지루하고 재미없다. 더운 날씨에 태양은 내리쬐지만 벌판에서 불어오는 바람이 그렇게 고마울 수가 없다. 초록의 들판과 형산강 물결을 보니 마음이 평온하다. 한참을 걸었는데도 안강읍이 13킬로미터가 남았단다. 걷고 또 걸었다. 아스팔트 길이라 발이 피로하고 쉴 곳도 없다. 겨우 도로 옆에 아무렇게나 자란 아카시아 그늘 아래에서 쉬었다. 발이 점점 아파오는 데다 시간도 점점 흘러 점심시간이 훌쩍 지나버렸다. 새로 난 이 도로변에는 아무 것도 없다. 옛 도로로 나와도 식당은 없었고 한참 만에 지친 몸을 이끌고 주유소에 물이라도 사 먹으려 들어갔다. 물은 팔지 않았지만 마음씨 좋은 주인아주머니가 냉장고에서 미숫가루 한 그릇을 건네준다. 눈물이 날 정도로 고마워 단숨에 마시자 극락 같았다. 각박한 세상에 이런 고마운 분도 있다. 다시 몸을 추슬러 걸었다. 한참 만에 식당 하나 만나 겨우 밥을 먹었다. 안강읍을 지나고 다시 북으로 지루하게 걸었다. 평생을 문화 유적을 찾아 다닌 터라 걷는 것은 자신 있지만, 발바닥이 땅을 디딜 때마다 아파서 힘들었다. '마음이 유쾌하면 종일 걸을 수 있고, 괴로움이 있으면 십 리 길도 지친다.'라고 세익스피어가 말했지만 나는 발바닥이 아프니 걷기가 괴로워 육체가 정신을 압도하는 것이 아닐까 생각했다. 흥덕왕릉 거의 다 와서 고려 말 학자 익제 이재현을 모신 구강서원은 들어가지 않고 마지막 힘을 내 흥덕왕릉에 다다랐다.

흥덕왕릉! 언제와도 황홀한 아름다움을 선사해 내가 한국에서 가장 아름다운 왕릉으로 꼽는 곳이다. 들어가는 입구 굽이굽이 서 있는 이 소나

무 숲 때문이다. 천천히 걸어 왕릉 앞에 가서 누워버렸다. 고요하고 편안했
다. 시간은 여섯 시를 가리키니 약 열두시간을 걸었다. 치열한 삶의 현장을
마감하고 지친 몸과 마음을 달랠 수 있는 사람은 그래도 행복한 사람이다.
해는 서산으로 기울고 바람은 고요하고 하늘도 침묵하고 뻐꾸기만 울어댄
다. 아! 깊은 평화다. 여기 누워 있는 흥덕왕도 사랑했던 장화왕비와 나처럼
편하게 누워 있을 것이다.

그러나 살아생전에 이 흥덕왕과 왕비의 삶은 결코 편하지 않았다. 우여
곡절 끝에 왕이 되었지만 2개월 만에 왕비가 죽는다. 왕비와 사이가 안 좋
았다면 큰 충격이 아니겠지만, 몹시 사랑했던 사이라 흥덕왕의 고통이 몹시
컸을 것이다. 새 왕비도 구하지 않고 짝 잃은 앵무새가 자신의 처지 같아 거
울을 달아주고 시도 짓는다. 슬픔은 이어져 왕자 김능유는 당나라에서 돌
아오다 풍랑을 만나 죽는다. 아들 잃은 불행은 종제 균정과 조카 제륭이 왕
위쟁탈의 죽고 죽이는 피비린내 나는 역사를 잉태하는 결과를 낳는다.

그러나 바다를 주름잡던 장보고를 청해진 대사로 임명하여 일본, 중

국, 신라를 잇는 삼각무역의 구심점을 삼아 해상왕국을 구사한 큰 업적이 남았다. 김대렴이 중국으로부터 차(茶) 씨를 갖고 와서 보급한 것도 이 흥덕왕 때다. 왕릉을 지키는 사자들도 목에 금목걸이를 걸고 평화롭게 앉아 있고, 십이지신상들도 저마다 개성을 뽐내며 서 있다. 칼 찬 무인, 수염 휘날리는 문인 석상들도 순하고 착한 마음으로 서 있어 마음에 저절로 평화가 온다. 정처 없이 흘러가는 구름도 점차 어둠 속으로 안기고 있다.

천천히 이리저리 걸었다. 거대한 거북은 솔밭에서 오도 가도 못한 채 슬픈 눈만 껌뻑이고 있다. 흥덕왕 때 설치한 청해진의 슬픈 운명을 알았는지 언제나 슬프게 앉아 있다. 여기서 나온 '흥덕'의 비석 파편으로 흥덕왕임을 알았지만 그 파편을 연세대 박물관에서 갖고 갔는데 행방불명되었다. 동쪽 끝 솔숲에서는 많은 사람들이 카메라를 숨기고 숨죽이며 기다리고 있었다. 파랑새를 찍기 위해서다. 조금 있으니 어둠을 뚫고 푸른 하늘색의 파랑새가 푸드덕 날아와 금방 날아가 버린다. 그리고 정적이 감돈다. 흥덕왕이 사랑한 장화왕비의 혼령이리라. 집으로 돌아와 아팠던 발을 살펴보니 발바닥에 작은 계란만 한 물집이 생겨 있었다.

산 넘고 물 건너
왕이 갔던 길

11길 반월성에서 문무왕릉

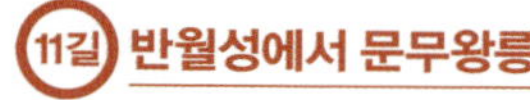

•대왕암에 떠오르는 붉은 해같이 찬란한 대한민국의 희망을 꿈꾸어본다.

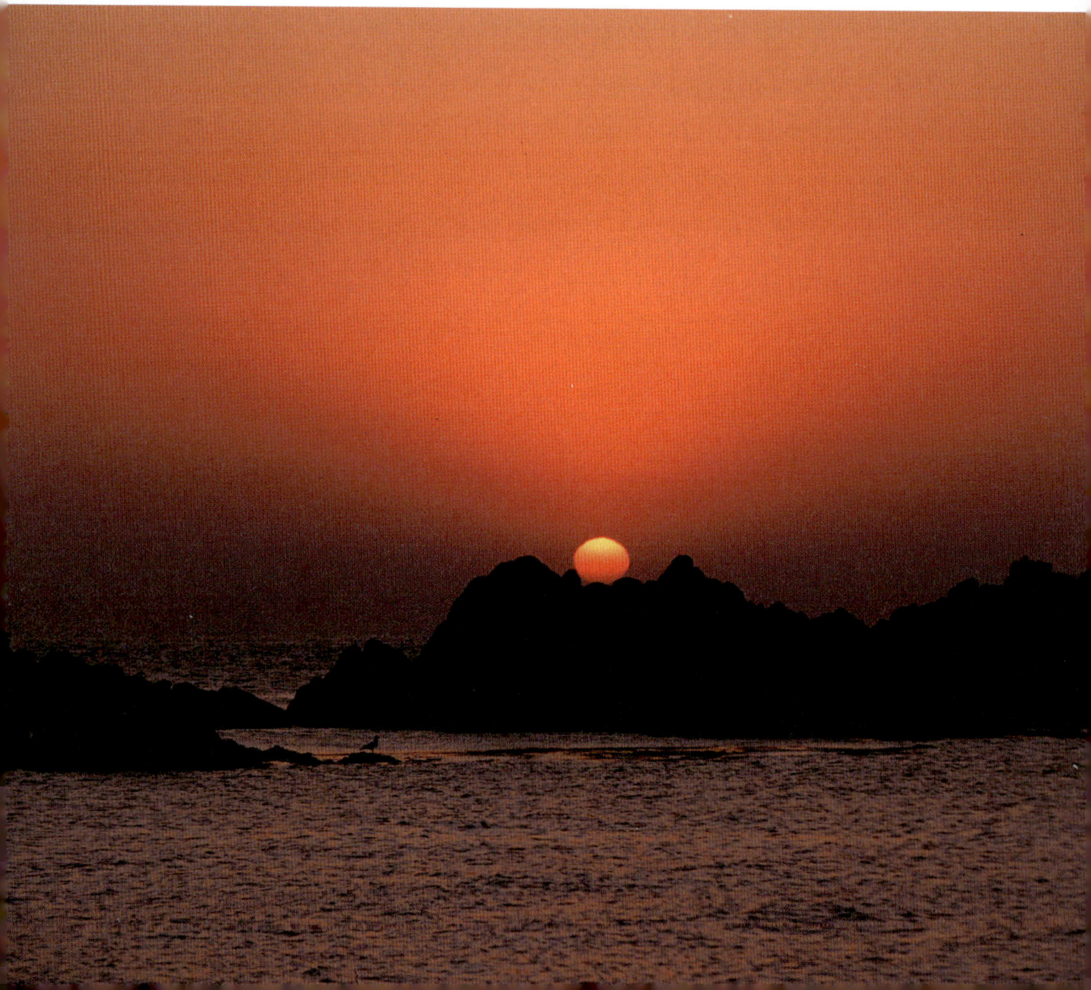

바람 부는 12월에 신라 최초의 시조왕인 오릉에서 시작하여 오늘 가는 이 길이 '왕의 길'의 마지막 길이다. 신라의 왕들은 산과 물을 어떻게 넘고 건넜을까? 지금같이 터널을 뚫을 수 없으니 산을 넘거나 둘러가는 길, 즉 둘레길뿐이다.

경주에서 동해로 가는 직선 길은 거대한 함월산, 토함산을 넘어야 한다. 그래서 중국으로 갈 때는 주로 울산을 통해서 갔다. 문무왕이 누워 있는 대왕암은 신라 때나 지금이나 먼 길이다. 통일군주 문무왕은 죽어서 이 길을 넘었고 신문왕은 수레를 타고 태자(효소왕)는 말 타고 이 길을 오갔다. 그들은 무슨 생각을 하면서 동해 바닷가를 찾았을까? 나라를, 백성을, 아니면 자신들의 안녕 때문일까? 오늘날 왕(대통령)들이 내가 죽어 나라 지키는 호국용이 되겠다는 문무왕의 유언을 곰곰이 생각한다면 나라를 어떻게 통치해야 할지 알 수 있을 텐데, 유언이나 알고 있는지 모르겠다.

먼 길 떠나는 나그네 되어

지난번 흥덕왕릉과 같이 길고 긴 코스라 아침 일찍 출발하려 했는데 실탄(필름)을 못 구해 생각보다 늦어졌다. 교동김밥 집에 들르자 주인 아지매가 알아보고는 근래는 들리지 않았다고 말을 붙인다. 예전의 허름하고 초라한 구멍가게에 비하면 깔끔하게 인테리어를 해놓아 한결 기분이 좋다. 구멍가게와 닭도리탕(닭볶음)도 그만하고 오직 김밥만 팔아도 주문량이 많아 줄을 선단다. 이처럼 맛이 좋은 집이 잘되니 기분은 좋지만 대량으로 하다 보니 예전의 맛보다는 뭔가 2퍼센트 부족하다. 김치와 단무지도 없고…….

혹시 필름이 있느냐 물으니 가게 접고 남은 필름을 한통 그냥 준다. 유효기간이 많이 지났지만 마음이 고맙다. 필름 집은 문 닫고 없고 홈플러스

대형마트에도 없다. 이제 슬라이드를 접듯이 필름도 구하기 어려워 디카로 바꾸어야 하나보다.

간신히 필름 몇 통 구한 뒤 반월성에서 출발하여 동궁을 지나 황룡사지 남문으로 향했다. 남문 앞에 수없이 쌓여 있는 신라 석물들(2017년 황룡사지 정비 때 옮겼다)을 보니 추억이 아른거린다. 부산 문인, 언론인, 교수 지인들이 연중행사로 달 밝은 보름에 천년의 돌확에 막걸리를 부어 마셨던 기억이 새롭다. 어느 추운 겨울날 황룡사 정수 스님이 애기를 낳고 얼어 죽어가는 거지 여인에게 옷을 벗어주고 알몸으로 달렸던 대로 실행하다가 얼어 죽을 뻔했던 기억도 아련하다. 몽고의 말발굽 아래 불타는 황룡사와 번성하던 국찰 황룡사를 떠올리며 황룡사지를 걸었다. 80미터 목탑의 화려했던 건물들이 사라지고 무심한 돌들만 뒹굴어도 신라의 흥망성쇠를 느낄 수 있는 폐허의 아름다움이 사무치는 곳이다. 황제의 절 분황사로 곧장 발길을 옮겼다. 분황사는 언제 와도 단정한 그리움이 잉태되는 정결함이 묻어난다. 다시 북천다리를 건너 석탈해왕릉으로 갔다. 왕릉은 크지 않지만 왕릉을 향하여 누워 있는 소나무가 묘한 상상을 일으킨다.

석탈해왕은 누구인가

박혁거세가 나정 우물가, 김알지가 계림 숲에서 태어났다면 석탈해는 멀고 먼 바닷가, 왜의 동북쪽 천리의 다파나국(『삼국유사』에는 용성국) 왕자로 태어난다. 그러나 7년 만에 알로 태어난 운명이라 사람이 알을 낳으니 상서롭지 못하다고 버림을 받는다. 그래도 어머니는 안타까워 알과 보물을 함께 배에 띄워 보내고 아진포(지금의 경주시 양남면)의 뱃사공 아진의선에게 길러진다. 탈해는 고기잡이를 하여 양어머니를 봉양하면서도 타고난 기골과 지혜로 신라 남해왕의 사위가 되고 군사 정치를 총괄하는 대보의 벼슬을 하다가 석씨 최초의 왕이 된다.

의문을 가질 필요는 없지만 역사 줄거리의 행간을 유추해보면 재미있는 사연들이 많다. 물론 윤리란 것도 오늘날의 잣대로 이해되어서는 안 되지만, 고대사회의 성(性)은 자유분방하여 오늘날의 거의 프리섹스 수준이라 나정 우물가에 버려진 아이인 박혁거세도, 계림 금계에서 나온 김알지도, 궤짝에서 나온 석탈해도 사생아일 가능성이 있다. 고구려의 주몽 어머니 유화가 처녀의 몸으로 해모수와 통정하여 부모에게 쫓겨난 것처럼, 석탈해가 왕비의 몸에서 탄생되었지만 버림 받을 운명이라면 왕비가 사통해서 낳은 아이일 가능성이 많다. 현실적으로 생각하면 아마도 이럴 것이다. 왕비가 7년이나 아이를 못 낳은 것은 왕이 고자일 수 있다. 그래서 초조한 나날을 보내던 왕비는 불륜으로 임신한다. 왕은 왕비를 내쫓지는 못하고 아이를 내쫓는다. 왕비가 모성애도 있지만 영원히 살아갈 수 있는 방법으로 택한 것이 궤짝에다 금은 보화를 모아 넣은 것과 백성들을 같이 태워 보낸 이민선일 것이다. 이에 더해 어디에 가던 함께 살아갈 어부들과 철의 장인들도 함께 보냈을 것이다. 그래서 처음 닿았던 곳이 김해의 금관가야국이었는데 이미 철을 다루는 가야와는 경쟁의 관계에다 이민을 받아들이지 않아 신라 땅 아진포로 왔을 것이다.

　　그리고 석탈해가 신라 상층부에 진입할 수 있었던 것도 같은 왜국의 귀화인으로 신라 정치에 큰 역할을 하고 있던 호공(瓠公)의 힘이 결정적이었겠지만, 무언가 특별한 장점이 있어야 가능한 것이다. 그 장점은 무엇일까. 항해술과 고기잡이에 철을 다룰 수 있었기 때문이다. 사방이 바다인 용성국에서는 거친 파도를 헤치고 안전하게 항해하는 체득된 항해술의 노하우가 있었고, 고기잡이는 생존과 관련되어 그 기술이 탁월했을 것이다. 이때 어린 아이는 양어머니 아진어선이 키웠고 같이 왔던 사람들로부터 왕자라는 사연도 들었을 것이다. 귀화인의 이름도 성도 모르다가 궤가 올 때 까치 한 마리가 울면서 따랐으므로 까치 작(鵲)에서 새 조(鳥)를 떼어버리고 석(昔)씨로, 포장한 궤를 열고 나왔다고 탈해(脫解)라 했다. 이렇게 석탈해는 아진포 바닷가에 정착하여 어부로 살면서 양어머니를 지극정성으로 봉양했다. 그 지극정성에 감응한 양어머니는 “너는 보통사람이 아니다. 체격과 모습이 특이하니 마땅히 학문을 배워서 공명을 세울 것이다.”라고 말하고 학문에 정진하도록 했다. 이때부터 석탈해는 학문에만 매진하고 지리까지 통달하여 수도로 입성한다. 토함산에 올라 지세를 살피던 중 초승달같이 생긴 산봉우리(월성)가 있어 내려와 살펴보니 호공이 살고 있는 집이라 잔꾀를 부려 그 집 옆에 몰래 숯과 숫돌을 묻어놓고 이튿날 아침에 호공의 집에 가서 자기 할아버지가 살던 집이라고 우긴다. 호공도 무슨 뚱딴지같은 소리냐고 대들어 결판이 나지 않자 관가에 고발한다. 무슨 증거로 너희 집이냐는 관리의 물음에 우리 집은 본래 대장간이었는데 잠시 이웃 지방에 나간 사이에 빼앗겼다며 땅을 파서 확인해달라 하니 묻어두었던 숯과 숫돌이 나와 결국 호공의 집을 차지한다. 그때나 지금이나 법은 증거제일주의다. 이것으로 탈해가 지혜롭다고 여겼고 남해왕의 사위가 된다.

　　나는 이처럼 수단과 방법을 가리지 않은 것을 지혜롭다고 하는 것에 불만이 있는데, 곰곰 생각해보면 호공보다 탈해 선조가 신라에 먼저 귀화하지

왕의 길을 걷는 즐거움

는 않았더라도 잠시 살았다고 본다. 이를 안 호공은 같은·외국에서 온 왕자 탈해를 위해 양보하는 척 챙겨준 것이라고 상상해본다. 탈해의 선조가 대장간을 했다는 것은 철을 다룰 수 있는 집단이라는 것이다. 철은 청동에 비해서 엄청 단단해 칼, 갑옷 등의 무기와 농기구에 사용할 수 있었으므로 당시로서는 최첨단 산업이었다.

문화적으로 미약했던 일본이 발달할 수 있었던 것도 백제의 왕인박사와 아직기, 고구려의 담징 등을 받아들여 새로운 문화를 전해 받았기에 가능했다. 누가도 예수의 12제자도 아닌 이방인 의사였지만, 예수의 복음을 전해 듣고 이방인을 향한 예수님의 마음과 하나님의 소망을 담은 「누가복음」을 전하지 않았는가. 신라도 호공과 석탈해, 처용 같은 걸출한 이방인을 받아들였기에 다양한 문화와 함께 새로운 문화가 창조되었을 것이다. 나는 석탈해를 생각하면서 왕릉을 세심하게 관찰했다.

　　신라와 고려까지는 개방된 사회라 귀화인들이 나라에 큰일을 했다. 고려에 과거제도를 도입한 쌍기는 원래 중국 후주 사람이었다. 조선 초기에는 장영실이나 박연 같은 귀화인도 있어 지대한 역할을 했지만 하멜 일행같이 표류한 서양 사람들을 활용 못하고 바깥 세계와 단절의 골이 깊어가 결국 나라를 잃은 비운의 역사도 있지 않은가.

의문의　석탈해왕릉

석씨가 8명의 왕을 배출했지만 알려진 왕릉은 이것뿐이다. 앞에서 말한대로 1730년 박씨 문중과 김씨 문중이 새로 17개 왕릉을 추가할 때 석씨는 세력이 미약했는지 참여하지 않았다. 문중 세력의 중요한 받침을 하는 족보도 철종 12년(1861)에야 만든다. 아름답지만 초라한 석탈해왕릉을 보니 떵떵거린 김씨, 박씨 문중과 달리 옛 영광을 가슴에 묻고 침묵으로 살아가는 석씨 문중 같아 안쓰럽지만 왕릉은 조용한 아름다움을 흘리고 있었다.

　　석탈해왕(재위 57~80년)은 유리왕과 서로 왕위를 양보하다 환갑 지나고 진갑(62세)에 왕위에 올라 24년간 했으니 평균수명이 짧은 당시에 여든일곱 살까지 장수한 왕이다. 그러나 이 석탈해왕릉도 아닐 가능성이 크다. 『삼국사기』의 장지 기록은 "성의 북쪽 양정(壤井) 언덕에 장사 지냈다." 했고, 『삼국유사』에는 "재위 23년(79) 만에 죽어 소천구(蔬川丘)에 장사 지냈다." 하여 양정과 소천이 어딘지 모르겠지만 언덕에 지냈다는 것은 중복되어 있는데 여기는 소금강산의 서쪽 언저리라 맞지 않고, 1974년 12월 마지막 날 새벽에 23명의 도굴꾼들이 봉분 위에서 파고들어 가 구제발굴했는데 신라 묘제 형식의 일반적인 적석목관분이 아니고 굴식돌방무덤 즉 횡혈식석실분(橫穴式石室墳)으로

이 형식은 통일 전후기에 나타나는 묘제 형식이기 때문이다. 더구나 소천구에 장사 지낸 뒤에 신(神)이 말하기를 "나의 뼈를 조심해서 묻으라." 하여 뼈를 부수어 소상(塑像)을 만들어 대궐 안에 안치하니, 신이 또 말하기를 "나의 뼈를 동악에 두라." 하니 그래서 그곳에 받들어 모셨다. 그러나 동악은 토함산이기 때문에 더욱 맞지 않고 두개골의 둘레가 석 자 두 치, 몸통뼈의 길이는 아홉 자 일곱 치에 치아는 하나같이 엉켰으며, 뼈마디는 사슬처럼 이어져 이른바 천하에 둘도 없는 장사의 골격이라 초라한 이 왕릉과는 어울리지 않는다.

헌덕왕은 왜 조카를 죽여야 했을까

다시 남쪽 헌덕왕릉으로 향했다. 곧은길이라 재미없었지만 수로에 석질 좋은 돌을 보는 재미가 있었다. 나는 헌덕왕을 볼 때마다 어린 단종을 죽이고 왕이 된 세조가 연상된다. 38대 원성왕은 3남 2녀를 두지만 큰아들 인겸(혜충태자)이 일찍 죽어 장손자(39대 소성왕)가 왕이 된다. 이 소성왕도 1년 5개월

하고 죽어 장남 청명(40대 애장왕)이 왕이 된다. 앞선 왕들이 이렇게 수명이 짧아 애장왕도 열세 살 어린나이에 왕이 되자 삼촌 언승(훗날 헌덕왕)이 섭정을 한다. 그러나 애장왕이 성인이 되자 친정 체계로 제대로 왕 노릇을 하려하니 삼촌과 갈등이 생길 수밖에 없었다. 결국 삼촌은 조카인 애장왕을 죽여 버리고 자신이 왕이 된다. 그가 여기 누워 있는 헌덕왕이다. 18년 동안 왕을 하면서 뚜렷한 정치적 업적은 없지만 쿠데타로 왕이 되다 보니 정통성이 약점이었다. 세조가 쿠데타로 왕이 된 후 끊임없이 명나라의 승인이 필요했듯이 헌덕왕도 당나라의 요구조건을 들어줄 수밖에 없었다. 즉위 2년에 겨울인데도 왕자 김헌장을 보내어 금, 은, 불상, 불경 등을 바치고, 당의 순종(順宗)을 위하여 명복도 빌어주었으며, 당의 내란에 군사 3만을 파병하여 도와준다. 역사는 반복되는지 1962년 박정희 소장이 쿠데타를 하고 제일 먼저 미국에 가서 아부하면서 인정해달라는 것과 같다. 세상에 공짜 없듯이 미국의 팽창 전쟁에 우리 국군을 월남에 파병해야 했다.

　　세조가 어린조카 단종을 폐하고(화근을 없앤다고 사약을 내림) 자신이 왕이 되자 사육신이 생겼듯이, 헌덕왕의 조부인 김경신(원성왕)보다 왕위순위가 높았지만, 북천의 물이 넘쳐 건너지 못한 김주원(강릉김씨 시조)의 아들 김헌창은 반란을 일으킨다. 난은 평정되었지만 정통성이 깨지니 이미 중앙정부의 힘이 서서히 무너지고 있었다. 임기 없이 죽을 때까지 왕을 하는 시대인데도 조카를 죽이고 등극한 헌덕왕은 18년을 못 넘긴다. 조선의 세조(재위 1455~1468)도 조카 단종을 죽이고 절대 권력을 쥐었지만 14년 왕을 하다 죽었다. 대한민국 초대 이승만 대통령은 4년 중임제였던 것을 대통령을 영구히 하겠다고 연임 제한 철폐(사사오입 개헌)하여 독재했다가 12년(1948~1960)만에 국민에 의해 쫓겨났고, 며느리가 시어머니 욕하면서 배운다 했듯이 못된 것은 본받는다고 쿠데타로 대통령이 되어 4년 중임 제한을 철폐하고 국민의 직접선거도 통일주체대의원이라는 이상한 사람들을 뽑아놓고 간선제

로 6년 임기의 유신헌법을 만들었던 박정희 대통령도 자신의 권력 유지를 위해서 인권을 짓밟으며 수많은 민주인사들을 죽이며 철권 통치를 했지만 18년을 못 넘기고 부하의 총탄에, 그것도 안가에서 여대생과 인기 여가수를 좌우에 앉혀놓고 술 마시다가 죽었고, 그의 큰딸 박근혜는 대통령의 딸로 18년, 아버지 박정희의 명예를 위하여 정치에 뛰어들어 정점인 대통령까지 되었으나 나라를 개판 만든 오욕의 죄로 탄핵되어 18년을 넘기지 못했다. 독일에서도 보수파가 18년을 넘기지 못하고 사민당(사회민주당)소속의 좌파 슈타인마이어가 대통령에 당선되었다.

이처럼 십팔(18)이라는 숫자가 넘지 못할 벽이라면 참 고마운 것이다. 독재하거나 비정상이거나 했을 때 막아주는 벽이니까. 헌덕왕(809~826)도 쿠데타를 진압했지만 18년을 못 넘기고 죽어 여기에 누워 있다.

다시 솔밭을 빠져나와 김주원이 장마로 건너지 못한 북천 길을 걸었다. 따가운 가을 햇살은 갈대에 부딪혀 사방으로 부서지고 있었다. 나그네의 발길도 가을 하늘만큼이나 상큼하다. 길모퉁이 바위에 숙종 33년(1707)에 세운 알천제방수개기(閼川堤防修改記)가 있어 찬찬히 살펴보았다. 알천(북천) 물살에 제방이 무너져 나무와 돌로 둑을 쌓았고 원래 물길대로 터주었다는 사실을 적어 길이 후세에 전한다고 적어놓았다. 그리고 관련된 이름을 새겨놓아 실명제를 실천했다.

동쪽 깊은 산에서 흘러오는 북천 물은 지금같이 덕동 댐과 보문 호수가 담아주는 장치가 없었을 때는 홍수가 나면 엄청 불어났을 것이다. 그래서 봉덕사에 매단 성덕대왕신종도 휩쓸려 여기 북천가에 뒹굴었고 건너편 숲 머리 마을 이름도 하도 하천이 넘치니까 제방을 쌓고 나무를 심었기 때문이다.

신라가 힘이 미약할 때 궁성 역할을 했던 명활산성 입구가 나온다. 보문 호수를 끼고 걸었다. 호수를 바라보는 청주 한씨의 청암정 건물은 기능은 잃고 존재만 보여주는데, 그 옆에 살고 있는 집에서는 보문 호수에서 물고기를 잡아 팔고 있었다. 이 보문 호수는 영국 사람이 설계하여 우리 정서와는 맞지 않았지만 40년 넘는 세월이 흘러 조금씩 조화를 이루어가고 있다. 보문 호숫가를 걸으니 물결처럼 아련한 추억들이 일렁인다.

천군동(千軍洞) 3층 석탑 앞에 갔다. 어느 절터인지 알 수는 없지만, 이름대로 천명의 군사가 주둔했던 군사 지역이라 군인들의 안녕과 염원을 빌었을 것이다. 나는 천년의 탑 옆에서 홀로 김밥을 먹었다. 엑스포장 입구에는 신라 왕릉 모형을 만들어놓았는데 짝퉁 냄새가 물씬 풍긴다. 덕동 호수 길은 우리나라 대개의 국도가 그러하듯 인도가 없어 위험을 안고 걸어야 한다. 현재 우리나라의 도로 옆을 걷는 것은 생명을 담보한 킬링 로드(죽음의 길) 같다. 그래도 간간히 보는 덕동 호수는 아름답다. 호수를 지나고 추령계곡에 접어들자 산천은 더욱 아름답다. 산간마을의 벼들은 익어가고 감은 풍성함을 더해주며 산천은 다홍으로 물들 준비를 하는데 계곡의 맑은 물은 가을의 영롱함을 안고 흘러가고 있다.

황룡마을 입구에 닿았다. 평지 길 계곡보다는 산 고갯길을 넘고 싶어 옛 산길을 올랐다. 가파른 산길은 굽이굽이 휘어질 수밖에 없다. 정상에 오르니 스님도 보살도 없이 인기척 하나 없는 절집만이 소리 없이 서 있다. 퇴락한 옛 흔적은 없고 별 감동 없이 지어져 있다. 길은 끊어져 무성한 잡초뿐이다. 어찌할까 한참을 서성이는데 차 한 대가 절 마당에 서더니 건장한 스님이 내린다. 합장하며 "스님, 기림사 가던 옛날 길 갈 수 있습니까?"라고 물으니 "길도 없고 멧돼지가 위험합니다."라고 한다. 아쉽지만 발길을 돌려 몇 굽이 내려오자 어미 멧돼지와 새끼들이 나를 보고 순식간에 사라진다. 나를 방어할 수 있는 것은 가방에 꽂힌 피리(단소)뿐인데 멧돼지가 알아서 도망가버린다.

다시 추령터널 옆 모찻골로 접어들어 산골을 걸었다. 이런 두메산골은 사람도 자연도 짐승도 순박할 것이다. 약수터는 옛 영광을 흔적으로 보여주

347

고 그 옆의 닭백숙 집은 생기는 잃었지만 여전히 영업은 하고 있으며 그 옆에는 몇 년 전부터 생긴 큼직한 서양풍 펜션이 궁전같이 서 있다. 정겨움을 풍기는 개울가 외딴집은 외로움을 안고 여전히 그 자리에서 나를 반긴다.

본격적으로 산골짜기 입구에 닿았다. 스님도 떠나고 몇 년째 비워둔 어설픈 절집이 이제는 흉물이 되어가고 있었다. 철학 운명상담소의 간판만이 속세와의 끈을 이어주고 있다. 입구에 있는 신문왕 호국행차길 간판에 수렛재 1.4킬로미터, 용연폭포 3.5킬로미터 표지판이 눈에 들어온다. 어두워지자 불 켜진 전광판이 귀신불 같다. 산 그림자 내리고 날은 어두워 산새들 울음이 더욱 적막한데, 덩달아 폐허의 집 닭 울음이 산골을 울린다. 일단 여기서 발길을 돌렸다. 10월의 마지막 밤이 이렇게 저물고 있었다.

깊이 빨려 들어가는 산길

세상사 바쁘고 바빠 8일 뒤에야 이곳에 왔다. 다시 찾은 추원마을은 고요하여 시간이 정지된 듯하다. 8일 만에 산천은 많이 변해 있었다. 통실통실 알찬 배추와 붉게 타는 단풍이 내 마음도 풍성하게 물들인다. 어지러운 속세를 벗어나 고요한 산길로 접어들자 멧돼지가 자주 출몰하는 지역이니 가급적 두 명 이상 탐방하라는 경고문이 붙어 있다. 지금이 교미 시기라 흥분하면 사람을 해친다는 것이다. 마주쳤을 때 소리 지르지 말고, 침착하게 행동하고, 나무 위나 바위에 숨으라는 문구를 마음에 새기며 걸었다. 멧돼지의 위험은 감수하더라도 나는 가야 한다. 가는 곳곳에 사람이 살았던 흔적이 보인다. 자연에 의지하며 오순도순 순박하게 살았을 산골 사람들의 모습을 생각하니 정겨움이 밀려온다.

"왕이 지나갔는데 와 이리 꼬불꼬불하노?"

"최 사장, 김 사장, 족발 20만 원 어치 사왔나."

우루루 무리지어 지나가는 사람들이 주고받는 소리다. 이런 때는 한참 먼저 가든지 보내고 뒤처져가는 것이 상책이다. 호젓한 숲길은 인간의 발자국이 닿으면 언제 오염되고 개판될지 모른다. 자신을 돌아볼 수 있는 이런 명상의 길은 혼자만의 즐거움도 지극한데 떼를 지어 즐기는 문화도 한국의 여가 문화다. 어느 것이 옳고 그러다는 것이 아니라 혼자 놀고 즐길 줄 모르는 현대인들이 문제다. 인생은 혼자인데. 바람이 일렁인다. 어지러운 내 마음을 위로라도 하는 듯.

이 모찻골도 마차가 지났다고 붙은 이름인데 원래 이름인 신문왕이 마차를 타고 갔다는 마찻길이 마찻골, 모찻골로 불리었을 것이다. 이 모찻골 고개에서 쉬면서 저 멀리 동해를 본다. 이 길은 사람의 발길이 닿지 않아 온갖 동식물의 천국이지만, 길가에 수없이 이어진 진달래 군락은 인간이 느낄 수 있는 극락 세계다. 나는 매년 진달래가 붉게 물들 때 술 한 병 허리에 차고 진달래에 취하러 이곳에 온다. 우리 '경주 길' 회원들도 1년에 한번은 매년 정기적으로 이 코스를 밟는다. 여기의 진달래가 서정적인 아름다움을 흘리

지만, 신록이 품어내는 싱그러운 풋풋한 맛도 가슴을 울리는 곳이다.

아래로 내려오자 평평한 분지가 나오고 맑은 계곡에는 신문왕이 세수했다는 세수방(洗手房)이 있었지만 산천이 변했는지 지금은 아래로 내려가야 한다. 그 옆에는 숯을 만들어 팔던 흔적이 있다. 숯은 참나무 숯이 가장 좋다. 숯을 만들어 파는 사람도 사라진 지금은 굵은 참나무들이 자신들의 조상들이 인간을 위해서 죽어갔던 흔적 옆에서 시위하듯 빽빽이 서 있다. 여기는 50여 년 전 박정희 대통령 시절 간첩들에게 밥을 못해주도록 강제로 이주당한 사람들이 살았던 곳이다.

숲속 산길은 사람의 마음을 정화시켜주는지 마음도 덩달아 가벼워진다. 고갯길에 오르자 연경묘향탄산인계하불령봉표(延慶墓香炭山因啓下佛領封標, 연경의 묘에 쓸 향탄(목탄)을 생산하기 위한 산이므로 나무를 베지 못하도록 임금의 명을 받아 봉표를 세움)의 내용을 바위에 새겨 놓았다. 조선 23대 순조(1790~1834)의 아들 효명세자의 묘(묘호 연경)에 사용할 제수 경비를 마련하고자 기록했던 것인데, 어지러운 정세 속에 부정부패를 개혁하고자 했던 효명세자의 슬픈 운명이라고 설명해놓았다.

그럼 효명세자는 누구인가? 호학의 군주 정조(1752~1800)가 죽고 아들 순조가 열한 살 어린 나이에 왕위에 올랐지만 외척에 둘러싸여 정치다운 정치도 못해보고 모든 권력과 이권을 그들에게 농락당하고 백성의 삶은 피폐해졌다. 순조는 오직 아들 효명이 이 모든 것을 해결해주리라 믿고 순조 12년(1812)에 왕세자로 책봉하고 15년 뒤인 1827년에 부왕의 명으로 대리청정을 하였는데 어린 나이(18세)인데도 불구하고 어진 인재를 등용하고 백성을 위한 정책 구현에 노력했으나 대리청정 4년 만인 22세에 죽는다. 이때 그의 외척인 풍양 조씨 일파가 대거 등용되어 기존의 안동 김씨 일파와 정치 세력 투쟁에 정국은 혼란하고 민생은 도탄에 빠진다. 효명은 이 모든 것을 바로잡고자 정치력을 발휘할 무렵 죽음을 맞는다. 세상은 이처럼 악이 정의를 이기는 모순도 있다.

용은 하늘로 승천하고

용연폭포에 닿았다. 장쾌한 폭포가 떨어진다. 화가 최북(1712~1786)이 금강산 구룡연에서 술에 취해 천하 명인 최북이가 천하명산 금강산에서 마땅히 죽어야 된다고 외치며 물속으로 뛰어들려 했듯이 폭포는 순간의 아름다움을 유혹하는 곳이다. 하얀 물줄기는 1초도 쉼 없이 쏟아져 순식간에 검푸른 소(沼)가 되었다. 물속에 잠겨 있던 용이 다시 하얀 물줄기를 타고 하늘로 승천할 것 같다. 여기서 점심을 먹던 신문왕에게 궁성에서 말을 타고 달려온 태자 이공(훗날 효소왕)이 아버지(신문왕)께서 용에게 받은 검은 옥대 한쪽을 떼어 이 물에 담갔더니 용이 되어 물줄기를 타고 하늘로 승천했고 그 자리가 못이 되어 용연이라 불렀던 곳이다. 용도, 사람도 가고 없어도 그 흔적은 남아 있다.

　계곡 길 아래로 내려오자 기림사 뒤편이 나온다. 익을 대로 익어버린 감은 그 자체가 예술이다. 대적광전 앞의 감나무가 기림사 새 건물들보다 울림이 더 크다. 남쪽을 진압한다는 진남루(鎭南樓)는 유사시 승병들의 군사적 목적의 건물이었지만 기능이 사라진 지 오래다. 그 앞에 흐르는 물 한 잔에 목을 축이고 나니 일주문까지의 길은 정겹다. 점심시간이 지나 산채비빔밥 한 그릇으로 충전하고 다시 문무대왕암으로 걸었다. 냇물은 흐르고 동네 집들은 이어지지만 어수선하다. 우리나라 산천을 돌아다녀보면 도시와 농촌 할 것 없이 항상 어수선한 진행형이다. 언제쯤 정리된 아름다운 도시와 아늑한 시골의 정경이 살아날까?

　범바위가 있는 호암마을을 지나니 제 기능 잃은 양북초등 안동분교가 풀섶에 방치되어 있다. 교적비에는 1964년 11월 15일 개교 1996년 3월 1일 폐교, 졸업생 5백45명을 배출했다고 기록해놓았다. 이 학교를 다닌 이들은

용연폭포.

•기림사 대적광전과 감나무.

어디서 살까, 이 학교를 그리워
하며 순박하게 살겠지.

조금 지나자 골굴사가 나
온다. 입구에는 선무도 총본산
골굴사, 매일 오전 11시, 오후 3
시30분 무료공연(월요일 제외) 선
무도 화랑 사관학교 등의 잔뜩
힘준 글들이 난무하다. 입구에
는 온갖 자세를 취한 선무도 스
님상이 도열해 있다. 그래도 느
티나무 가로수에 "당신의 욕심
이 여러분의 즐거움을 훔쳐갑니
다."라는 아름다운 문구가 위안
을 준다.

그 옛날 문무왕, 신문왕들
은 수레를 타고 기림사까지 왔다
가 이 대종천에서 배를 타고 감

은사지로 갔을 것이다. 문무왕의 혼이 어려 있는 대종천 가는 길에는 자동차
가 수없이 다닌다. 아스팔트 길은 발도 힘들고 운치도 없는 데다 생명을 담보
로 맡겨놓고 걸어야 한다. 그래서 찻길보다는 제방 둑길을 걸었다. 자갈 둑길
이 제법 이어지다 흙길을 걸으니 잊었던 정이 살아나는 듯 발걸음도 가볍다.
물은 건천이라 거의 말랐다. 물이 조금 보이자 오리 떼가 줄지어 놀다가 나의
인기척에 푸드덕 날아간다. 한참을 지나자 이번엔 고니 한 마리가 냇가 갈대
숲을 헤집고 뛰어간다. 이와는 대조적으로 하천 건너에는 거대한 레미콘 공
장이 버티고 있고 왼쪽 산기슭에는 한수원 본사 직원 사택이 신축되어 새로

운 도시를 이루고 있다. 여기서 조금 떨어진, 말도 안 되는 장소인 장항리 산골에 한수원 본사를 생각하니 원전에 의존하는 에너지 문제가 갑자기 떠오른다. 이제는 원전 방폐장 처리가 새로운 골칫거리로 등장했다. 처음에 부안 위도로 정하고 밀어붙일 때 엄청난 주민 반발에 백지화되고 경주, 군산, 영덕, 포항, 새로운 곳을 선택하여 지원금을 많이 준다는 달콤한 사탕발림을 해놓고 주민투표로 경쟁시켜 경주(89.5%)가 군산(84.4%)보다 찬성이 많아 대왕암 아래 월성원자력으로 최종 결정이 났다. 그런데 저장 동굴에는 물이 많아 공사 기간이 몇 년이나 연장되고 있으면서도 정부와 한수원은 문제없다고 밀어붙이고 있다. 군림하던 권위는 확 없애버린 큰 장점이 있었고, 욕은 많이 얻어먹어도 진정성이 있었던 노무현 정부였지만, 방폐장 문제는 대단히 잘못되었다. 애초에 첫 단추를 잘못 끼웠다. 정부에서 방폐장을 저장하기 가장 안전한 곳을 물색하여 이해를 구하고 지원금을 주었으면 얼마나 좋았겠는가? 친년 고도 경주와 원지력 발전소와 방폐장은 정말 어울리지 않는 단어

•골굴사 입구 선무도 조각들.

이며, 함수관계가 나오지 않는다.

　이제 어둑어둑 깊은 어둠이 밀려온다. 오랜 시간 걸었다. 감은사지가 육중한 몸을 버티며 밤을 맞이하고 있었다.

영광과　상처,　고독한　영혼을　파도에　맡기고

바다에 가까이 닿으니 파도가 울고 있었다. 바다는 태풍 같은 것을 제외하면 겨울바다가 더 강하다. 파도가 철썩일 때마다 돌 구르는 소리가 예술이다. 여기 자갈 구르는 소리는 영혼을 치유하는 영롱한 울림으로 한국의 아름다운 소리 중 하나다.

오늘은 마치 용이 된 문무왕이 울부짖는 것 같다. 같은 왕으로써 요즘 시대 왕들에게 슬픈 분노를 담아. 나도 그 어려운 전쟁 상황에서도 백성을 보살피면서 통일했는데 어찌하여 오늘날같이 좋은 시절에 무엇이 아까워 통일도 못하느냐고, 옹졸한 대통령이라 하면서 마구 울부짖는다. 파도가 수없이 밀려오고 간 자리에 밀려온 자갈이 바다 산으로 쌓여 있다. 파도는 계속 울음을 토한다. 이견대(利見臺)를 바라보고 나서 미술사 1세대 고유섭의 '나의 잊히지 못하는 바다' 비에 갔다. 나이 마흔에 요절했지만 '모르고 오래 살면 뭐합니까?'라는 말을 남기고 가슴에 불덩이 하나 간직하고 살다간 분에 대한 예의로 머리 숙여 합장하고 대종천과 바다가 합수하는 곳에 있는 나의 오랜 단골 대왕횟집으로 갔다. 지난 일이 주마등같이 지나간다. 12월 하순 추운 겨울날 신라 왕릉을 찾아 걸은 후 1여 년 만에 여기 문무왕에서 끝을

맺는다. 회 한 점과 소주 한 잔으로 짧았으나 긴 여정의 지난 일을 회상하면서 왕릉을 걸으며 만난 왕들에게 배운 희망과 수용의 지혜를 떠올린다.

오늘따라 하얀 파도가 구름처럼 밀려와 자갈 구르는 소리가 민초들의 아우성 같다.

왕이란 무엇인가. 백성들의 고통에 눈물을 닦아주고 기쁨을 안겨주어야지, 왜 지금의 왕(대통령)들은 이다지도 한숨과 불안과 불신만 안겨주고 참담한 고통만 주는가. 신분제가 완벽했던 신라의 왕들도 백성을 어루만지며 희망을 안겨주었는데, 평등의 민주국가에서 국가와 국민에 큰 봉사하라고 뽑아준 것을 왕조시대보다도 더 권위적이고 소수의 기득권자들을 위한 이익과 권력을 위한 정치를 하는가. 하늘이 가만히 있겠는가.

원래 11월의 바다가 애매하다. 가을바다도 아니고 겨울바다도 아닌 그러나 그 틈새를 이어주는 순정을 바치지 않는가?

앞으로의 왕(대통령)들은 국민에게 희망과 행복의 끈을 이어주고 남과 북의 갈라진 틈을 하나로 연결하여 여기 문무왕같이 통일의 밧줄을 이어주기를 기원해본다. 호국이란 무엇인지가 문무대왕의 유언 속에 있으니 진정 감동을 받고 실천할 일이다. 저 사납게 밀려오는 파도는 어쩌면 저리도 이권을 챙기고 권력을 다투는 위정자들 같은지. 그러나 이권과 불의가 성난 파도가 되어 아무리 밀려와도 대종천 앞에서는 무릎을 꿇고 사라진다. 단지 하얀 물거품이 된 자신의 존재만 확인시키고.

천년 고도를 살다간 선인들과 왕들의 만남의 순간이 밀려오는 파도 한 자락보다 짧았지만, 걷고 걸으면서 의미와 가치를 부여하는 사유가 있어 행복했노라고 느낌표를 찍어보면서 다시 이슬같이 맑은 소주 한 잔을 가슴에 부었다.

이재호와 함께 신라 왕릉 가는 11길

왕의 길을 걷는 즐거움

초판 1쇄 발행 2017년 8월 8일
6쇄 발행 2024년 4월 18일

지은이 이재호
펴낸이 이재호
교정교열 주소림
디자인 DesignZoo
인쇄 SJC성전

펴낸곳 힐링아트
등록 2015년 3월 13일 제 2015-000003
주소 경북 경주시 배반중리길 71-20
전화 010-8516-3030
이메일 kjsuojae@hanmail.net

ISBN 979-11-955127-3-7 03910

• 값은 표지에 있습니다.
• 파본이나 잘못된 책은 서점에서 교환하여 드립니다.